JONATHAN KAUFMAN

從上海到香港，最後的金融大帝

令中共忌憚，支配近代中國經濟200年的猶太勢力

THE LAST KINGS of SHANGHAI

The Rival Jewish Dynasties that Helped Create Modern China

沙遜 & 嘉道理金融王朝

★普立茲獎得主★ 喬納森・考夫曼——著 王聖棻、魏婉琪——譯

給芭芭拉，以及莫莉、班和尼克——他們帶著愛和歡笑，共同經歷了這次冒險。

目次

第三部

流亡與回歸

《從上海到香港，最後的金融大帝》一書中旁徵博引諸多史料，為利讀者查閱出處，徵引之內容請參見書末「注釋」；譯注則隨頁附上。

野人文化　編輯部

登場人物

沙遜家族

大衛・沙遜（David Sassoon, 1792 - 1864）

家族族長。出身於巴格達的知名猶太家族，和八個兒子建立了橫跨亞洲的商業帝國。儘管從來沒有學過中文或英文，但他帶領家族掌控了中國貿易，征服、並一手打造了上海。他控制鴉片交易，為未來的英國國王提供資金，並為首相提供建議。

伊利亞斯・沙遜（Elias Sassoon, 1820 - 1880）

伊利亞斯生性獨來獨往，身材瘦長，戴著眼鏡。他在上海創建沙遜家族的生意，最終遍及中國各地。即使和兄長激烈爭吵後與家族決裂，也不影響他的事業成功。

芙蘿拉・沙遜（Flora Sassoon, 1859 - 1936）

大衛八個兒子其中一位的妻子。她是傑出的學者，也是出色的商人，丈夫去世後，她接管了沙遜家族在孟買和上海的事業。她在家中工作，因為在當時的印度，婦女甚至不被允許踏進商業辦公室。她在沒有人看好的情況下，把生意經營得有聲有色，直到丈夫的兄弟們在家族政變中把她趕了出去。

瑞秋．沙遜．比爾（Rachel Sassoon Beer, 1858 - 1927）

沙遜家族當中才華橫溢的女性之一，是社會革新主義者，也是早期的女權主義者。她反對反猶太主義，並進一步成為英國最有影響力的女性新聞工作者，擔任《觀察家報》和《泰晤士報》的編輯。然而，她遭到家族的蔑視，在被判定精神不正常後，抑鬱孤獨而死。

維克多．沙遜（Victor Sassoon, 1881 - 1961）

億萬富翁，花花公子，三十歲時因傷不良於行。維克多把上海變成一座世界級的城市，他提供資金給國民黨政府、反抗日本人，並拯救了數千名逃離納粹的猶太難民。然而有位朋友卻是這樣評價他：「維克多總是在錯誤的時間、錯誤的地點，做出錯誤的決定。」

愛蜜莉．哈恩（Emily Hahn, 1905 - 1997）

中文名項美麗。《紐約客》雜誌駐上海的美國作家。她是維克多．沙遜的情人和伴侶，比他更早看出共產黨的崛起與殖民時期上海的不平等。但維克多嫉妒哈恩和一位中國作家的風流韻事，並沒有聽她的勸言。

嘉道理家族

埃利・嘉道理（Elly Kadoorie, 1865 - 1944）

一開始，埃利只是沙遜家族的學生和員工，但很快他就開始尋找自己的財富。他始終是個外人，卻和孫逸仙這樣的中國革命家、跟他一樣來到中國的移民、以及當地的中國人建立了良好關係。他累積的財富讓他成為亞洲最富有、也最有權勢的其中一人。

蘿拉・嘉道理（Laura Kadoorie, 1859 - 1919）

蘿拉出生在一個有錢有勢的英國家庭，為了嫁給埃利，她拋下一切，移居中國。在上海，她在戰爭中倖存下來，並見證了這裡的貧困和轉變，成為上海最具解放性的女性。她的死讓這個家庭破碎，也讓她成為中國人著迷和敬仰的人物。

羅蘭士・嘉道理（Lawrence Kadoorie, 1899 - 1993）

埃利和蘿拉的長子。羅蘭士體格健壯，肩膀結實有力，酷愛飆車，曾經夢想成為律師，但被父親強迫進入家族企業。共產黨占領上海後，他拒絕放棄中國，在香港重新復興了家族財富。一九七〇年代中國擺脫孤立狀態後，鄧小平及中國人接受了他。

賀理士・嘉道理（Horace Kadoorie, 1902 - 1995）

羅蘭士的弟弟。他哥哥愛交際，他卻靦腆害羞；他哥哥一七五公分，體格像個拳擊手，他卻又高又瘦。賀理士終身未婚，和父親一起住在上海最大的豪宅裡，後來又遷居到香港一幢遠離市中心的鄉間別墅。他和他哥哥有著非同尋常的情誼，並且一起拯救了一萬八千名逃離納粹的猶太難民，之後又幫助了三十六萬逃離共產主義的中國人在香港重建生活。

在中國

怡和洋行（Jardine, Matheson & Co., 1832-）

為了和中國進行鴉片貿易而建立的大型英國商行。洋行領導人說服英國入侵中國，並且向外國人開放上海。面對著沙遜家族更好的商業策略及技術，怡和洋行在一八七〇年代放棄了鴉片貿易，並在接下來的半世紀中，對沙遜家族充滿怨恨。

何東（Robert Hotung, 1862 - 1956）

二十世紀初香港首富。他成為埃利．嘉道理的商業盟友和朋友，這兩個外人對上海的英國機構發動一系列企業突襲，讓他們控制了這座城市的大部分地區。

塞拉斯．哈同（Silas Hardoon, 1851 - 1931）

哈同和沙遜家族一樣是巴格達僑民，他受到沙遜家族雇用，在上海的沙遜公司工作。一九二〇年辭職，成為一名房地產大亨。

孫逸仙（Sun Yat-sen, 1866 - 1925）

中國的喬治・華盛頓，他領導的革命推翻了滿清王朝。早期他與埃利・嘉道理結成聯盟，雙方都從中受益，兩家族的關係一直延續到二十一世紀，也鞏固了嘉道理家族和中國的關係。

宋慶齡（Soong Qing-ling, 1893 - 1981）

孫逸仙的妻子，在美國受教育，之後轉向信仰共產主義，是一位有手腕的外交家。孫夫人後來成為中國共產黨的副主席，也是中國和許多西方人士的聯繫人，包括嘉道理家族在內。

何鳳山（Ho Feng-Shan, 1901 - 1997）

二戰期間駐維也納的中國外交官，為逃離納粹的猶太人簽發了數千份出境簽證，其中許多人逃到了上海。

榮氏家族（Rong Family, 1873-）

中國最成功的商人，他們從十九世紀開始就向沙遜家族和嘉道理家族取經，乘著中國的政治浪潮，從資本主義到共產主義，再回到資本主義。他們與嘉道理家族的聯盟協助推動了香港轉型，但隨著中國在二十一世紀變得強大後，他們的崛起也對嘉道理家族造成威脅。

犬塚惟重（Koreshige Inuzuka, 1890 - 1965）

反猶太的日本上校，在維克多・沙遜的奉承和說服之下，保護了一萬八千名在二戰期間逃到上海的猶太難民。

蔣介石（Chiang Kai-Shek, 1887 - 1975）

反共的中國國民政府領導人，他操縱西方商人、美國政客和公眾輿論，以支持他鎮壓異議人士以及對抗毛澤東的內戰。一九四九年，他的軍隊被迫逃離上海，離開中國大陸，在台灣島上建立了新政府。

毛澤東（Mao Zedong, 1893 - 1976）

這位中國共產主義革命家曾經是哈同的房客。毛澤東酷愛上海的激進主義，憎恨它的資本主義。在他和妻子江青改造中國的過程中，這座城市發揮了關鍵作用。他的死，鋪平了嘉道理家族重返上海，以及上海對沙遜家族重新評價的道路。

鄧小平（Deng Xiaoping, 1904 - 1997）

一九七八至一九九二年的中國領導人，決心要讓中國現代化。他命令官員與羅蘭士．嘉道理接洽，以建設中國第一座核電廠，並且在人民大會堂歡迎嘉道理家族重返權力圈。

一九三〇年代的上海外灘

前言

我走進和平飯店涼爽的大理石大廳，將上海的高溫拋在身後，那是一九七九年夏末某個悶熱的日子。

當時我二十三歲，還是個初出茅廬的駐外記者。經過三十年的冷戰，美國剛剛和中國建立了外交關係。中國已經開始向世界開放。飯店坐落在外灘的弧線上，濱江步道就順著這條弧線，沿著繁忙的黃浦江而下。飯店正面有如一艘雄偉巨艦的船頭，伸向大海下了錨，將俯瞰下方河流、充滿裝飾藝術建築的天際線牢牢定住。自從一九四九年左右，中國就被保存在琥珀中。該年，共產黨奪得政權，從資本主義和外國侵略中「解放」了這個國家。所有的一切都只有黑與白。沒有大型看板，沒有廣告，也沒有為街道增添活力的繽紛店面。路上擠滿了結實厚重的黑骨架腳踏車，車流偶爾會被方方正正的黑色轎車截斷。豪華轎車的乘客車窗上掛著白色蕾絲窗簾，裡頭藏著共產黨官員。中國人無論男女，身上都皺巴巴地套著白襯衫和呆板的深藍色「毛裝」，每個人的衣服看起來都大了一號。三十年來，中國一直與世隔絕，當然也與大多數美國人隔絕。「紅色中國」曾經在韓戰與美國作戰，在越戰中站在北越那一邊，譴責美國是「走狗」和「帝國主義分子」，並揚言發動核子戰爭。七年前，理查．尼克森（Richard Nixon）以總統身分訪問中國，打破了中國的隔絕狀態，但這個國家依然讓人感覺格格不入、充滿威脅。中國共產黨領導人毛澤東在三年前去世，在他生命的最後十年，帶頭發動了混亂到幾近內戰的文化大革命。他的接班團隊在鄧小平帶領之下，迅速逮捕、監禁了以毛澤東遺孀江青為首的激進「四人幫」，以及她的左派文革追隨者，其中有許多人就來自上海。

每一場對話都有標準程序，不管對方是政府官員帶出來的「普通」農民或工廠工人、共產黨官僚，甚至是計程車司機，都是從譴責被推翻的四人幫開始：

「四人幫當權的時候，我們的乳牛產奶量從來沒達標過，但四人幫被捕之後，牛奶產量提高了百分之三十。」

「我們工廠在四人幫當權的時候，紡織品產量一直沒辦法達標。打倒四人幫之後，我們的工人更有效率了，產量也增加了三倍。」

這些面談實在生搬硬套得過了頭，以至於有一次，我們在飯店房間裡（這樣才能避開中國官方陪同人員的窺探）穿上毛裝，戴上帽子，演起了幼稚的滑稽短劇：「四人幫當權的時候，我丈夫碰都不碰我一下，打倒四人幫之後，我們可是一星期上床三四次呢！」二十多年後，當我以《華爾街日報》分社社長的身分回到中國居住時，和一位北京的計程車司機聊起這段荒誕時光。他笑了。「當年我開計程車，他們會告訴我們要跟外國人說什麼，像是『四人幫當權的時候怎樣怎樣……』。」

如果說一九七九年的上海是一部對白生硬的黑白電影，那麼走進和平飯店那一刻，就像是走進了一部一九四〇年代的電影。彩色的，配的還是法文字幕。

拱形天花板上垂掛著吊燈。牆上的壁燈從大廳順著走廊一路延伸，照亮通往鋪著地毯的大理石階梯的路。某個角落貼著海報，為一支每晚表演的爵士樂隊做宣傳。

我朝一排電梯走去。年長的服務生迎上來，他穿著白褲子、裁短的白外套，戴著一頂小白帽。

「Puis-je vous aider? Que voulez-vous voir?」（有什麼我可以幫忙的嗎？您想看什麼？）

「Je ne parle pas français.」（我不會說法文。）我結結巴巴地用遺忘已久的高中法語回答。

「Quel dommage.」(真可惜啊。)他微笑著說。實在是太可惜了。

這是什麼地方?在一個已經變得單調、平等主義、管制嚴密,還有點古怪的極權共產主義城市和國家中防腐保存了三十年之後,這個保有歐式奢華、幾近享樂主義的遺跡究竟是什麼?

過了十年,我才再次訪問上海。那是一九八九年,就在天安門事件幾天後。在這場屠殺中,北京有數百名學生被殺,中國各地也陷入了震驚和軍事封鎖。我花了很多時間偷偷和學生以及其他中國人說話。我參觀了「少年宮」,那是我獲准進行、為數不多的正式訪問之一。我知道,這會是一場人畜無害、和外面正在沸騰的憤怒形成明顯對比的表演:中國的孩子們彈著鋼琴、上著芭蕾舞課。這是「被強迫」的常態。

我對這場宣傳活動的看法是對的,但這座「宮」令我不知所措。這是一棟歐式宅邸,就算放在巴黎或倫敦郊區也不會有什麼不合適的那種「豪宅」。到處都是大理石;有挑高的天花板和精緻的吊燈,房間一間比一間華麗,鑲嵌著原木地板,還有雅致的護牆板和壁爐。一座弧形樓梯通向二樓。這裡感覺像英國貴族的家。「這不意外。」我的中國嚮導認真地告訴我。從一九二四年到共產黨執政的一九四九年,這二十五年間,這裡一直是富有的英國資本家家族——嘉道理的家。我停住了。嘉道理家族?我在香港的時候就知道他們,以羅蘭士.嘉道理爵士為首的嘉道理家族,是香港最富有、最有權勢的家族之一,他們擁有傳奇般的半島酒店(**Peninsula Hotel**),這家飯店有優雅的大廳、出名的下午茶,還有精緻(而且昂貴)的客房。嘉道理家族還擁有香港最大的電力公司,有海底隧道的股份,山頂纜車也是他們的產業。他們是「大班」——一個遺留至今的殖民地詞彙,用來表達權力、金錢,以及可追溯至鴉片戰爭時代的家族起源。

他們不是中國人。事實上,我知道他們是猶太人。我在香港當記者的時候,嘉道理家族曾經為我去過的一間猶太會堂提供資助。

當時我沒有機會多了解嘉道理家族，因為我為報導去了柏林，在那兒報導柏林圍牆的倒塌，以及俄國和東歐共產主義的崩潰。我整整十五年沒回到中國，即使這時它已經再次出現在世人眼前，復活了。

二〇〇二年，我回到上海，為《華爾街日報》報導中國如何以全球經濟強國之姿崛起。為了報導，我來到一個遠離江邊、遠離繁華商業區的社區。中國這時已經開始了解旅遊業的好處，並且重新開放了另一個猶太家族——沙遜——在一九二〇年代建造的猶太會堂。共產黨政府把猶太會堂變成博物館，入口處刻著希伯來字母，但內部已經被扒得光禿禿，一點過去的痕跡都沒留下。二樓是個小圖書館，裡面有一位上了年紀的中國服務人員。我們坐下來聊了聊他的回憶。他還記得一九四九年革命之前，猶太家庭住在上海的事。他曾經為他們一些人工作過，為他們燒爐子。他說，因為某種原因，他們在星期六不能做這件事。我明白了，他是「安息日異教徒」（Shabbos goy），是受嚴格遵守猶太律法的猶太人雇用的非猶太人，奉派去做猶太律法不准他們在安息日做的事。

我問他知不知道沙遜這個姓氏。據我所知，他們是在共產黨奪得政權之前，建造並擁有和平飯店的富裕家族。

「當然知道，」他說，「華懋飯店嘛。」他用的是這家飯店在一九三〇年代剛開業時的名字，後來共產黨給它改了名。「沙遜這個姓氏沒有人不知道。」他說，強調似地點了點頭。

共產黨是在上海成立的，而沙遜家族所享有的財富，與促成共產黨勝利的貧窮、飢餓和絕望形成了鮮明的對比。

「你會恨他們，恨他們那麼有錢嗎？」我問。他點點頭。這不意外。

我還記得和仍然受到反猶太主義毒害的老一輩德國人、捷克人和波蘭人談話的情景，我小心翼翼地問：「你恨他們，是因為他們是猶太人嗎？」

他停頓了一下，若有所思。

「不，」他說，「我們恨他們，是因為他們是英國帝國主義分子。」

離開時，我在外面看到兩名上了年紀的中國婦女在附近市場上挑水果。她們看起來夠老，說不定會像那名管理員一樣，還記得一九四九年共產黨占領之前的上海。

我走到她們面前，在中國助理的協助下，向她們解釋我正在參觀那座古老的猶太會堂建築。「解放」之前（中國人這樣稱呼一九四九年共產黨的勝利），猶太人可能就住在這一帶。她們還記得嗎？

「你回來拿家具嗎？」其中一名女人興高采烈地問。

「什麼意思？」我困惑地問道。

她拖起兩袋食品雜貨，拒絕了我幫她拿東西的提議，大剌剌地領著我們穿過街道，爬了一段樓梯，來到她住的房間。很明顯，這裡曾經是一棟大公寓的一部分。現在被分割成一排房間，用合板和布料隔開，總共容納了六個家庭。一張年代顯然早於二戰的紅木雙人床占據房間一角，旁邊還有一個配套的五斗櫃。

「猶太人啊，他們就住在這裡，」她說，「然後他們走了，留下這些家具。」我很快和我的中國助理討論了一下。她的意思是猶太人被中國人或日本人帶走，驅逐出境了？還是被帶到集中營，「被消失」？還是被殺了？

不，不，那個女人解釋。「戰爭期間他們住在這裡。解放之後，猶太人待了一陣子，然後就走了。為了以色列，為了巴勒斯坦。很遠的地方。」她又指了指紅木床和櫃子。

「你回來拿家具嗎？」

某種意義上，我想我是的。

幾十年來，中國共產黨的統治者一直掩蓋著沙遜和嘉道理兩家族的故事。這兩個彼此競爭的外國家族在十九世紀來到中國，並且建立了各自的王朝。從一八四二年第一次鴉片戰爭結束，到一九四九年共產黨掌權這段期間，政府用大量的政治宣傳，粉刷了由兩家族所塑造的這個世紀。他們抹去歷史，然後動用國家神話和故事爭取人民的支持，就像全世界的政客一樣。中國各地的小學教室裡都有一張海報，上面寫著「勿忘國恥」——永遠不要忘記國家的恥辱。共產黨領導層希望學童記住，像嘉道理和沙遜家族這樣的外國人，生活是如何奢華，如何剝削中國工人階級，又是如何把中國公民囚禁在骯髒、無知和鴉片煙霧之中；直到毛澤東和他忠誠的共產黨游擊隊推翻這些貪婪的資本家，中國才得以重新站起來。隨著中國實力增長，與美國的競爭加劇，理解中國自己說出來的故事是很重要的。這些故事可以幫助我們理解中國運作的動力是什麼；挖掘它們背後的真相，也可以提供我們和中國打交道，以及中國和世界打交道的不同方式。

中國共產黨版本的歷史中，有很多是事實，但還有其他事實存在。上海是中國的大熔爐，所有形塑中國的力量——資本主義、共產主義、帝國主義、外國人和民族主義——都匯聚在這裡。一八九五年，上海已經有了可以和倫敦匹敵的現代有軌電車系統及煤氣廠。到一九三〇年代，在大班維克多．沙遜的領導之下，這座城市的摩天大樓和天際線已經和芝加哥不相上下了。那時的上海，是世界第四大城市。當世界其他地區陷入大蕭條時，蔣介石政府與沙遜家族合作，穩定貨幣，並創造出口榮景。上海成了中國的紐約，是金融、商業和工業中心；它也成了中國的洛杉磯，是流行文化之都。上海的出版社出版了一萬多份報紙、雜誌，上海的電影製片廠製作了數百部電影，當中許多都是以這座西化城市為背景。大學蓬勃發展，政治亦然。上海的國際租界在管理上，就像個商業共和國。一個由商人組成的七人委員會，包括沙遜家族的代表，共同管理這座獨立於中國法律之外的城市。矛盾的是，這形成了一種相對自由的政治氛圍，得以保護中國的運動人士；改革者和激進分子免於受到國民政府對言論自由、共產主義和抗議活動的限制。後來毛澤東成為共產黨領導人，黨內第一次全國代表大會就是在上海召開，地點離沙遜與嘉道理家族的商業總部和宅邸只有幾公里。

沙遜家族和嘉道理家族共同協力，打造出一座讓他們成為億萬富翁的城市，也激勵了一整個世代的中國商人，讓他們成為成功的資本家、企業家。在他們的協助之下，上海創造出一種蓬勃發展的企業文化，而這種文化在一九四九年被共產黨消滅了。維克多・沙遜使上海和香港成為「壯遊」（Grand Tour）的一站，向全世界的上流人士打開中國的大門。他在華懋飯店宴會舞廳舉辦的假面舞會吸引了諾維・考沃、查理・卓別林和美國社交名媛華里絲・辛普森[1]，據說幾年之後，她用以引誘英國國王放棄王位的性技巧，就是在上海學到的。

在「咆哮的二〇年代」（Roaring Twenties）和一九三〇年代，中國中產階級與富裕階層集體湧入上海，他們深受這裡的經濟機遇以及中國其他地方沒有的生活所吸引：迷人的百貨公司、飯店、夜總會和賭場。在比英、美、法及其他國家提前經歷了幾十年的停滯和倒退之後，許多中國人相信，

1 諾維・考沃（Noël Coward, 1899-1973）：英國演員、導演、劇作家、作曲家。華里絲・辛普森（Wallis Simpson, 1896-1986）：美國名媛，英國溫莎公爵（原為愛德華八世）之妻。

上海正在打造一種全新的、充滿活力的中國文化——開放的、國際化、準備迎接二十世紀的文化。沙遜和嘉道理家族幫中國打開了世界的大門，也幫世界打開了中國的大門。

當日本入侵中國，並加入德國陣營成為軸心國時，沙遜和嘉道理家族聯合起來，創造了二戰的一項奇蹟。一萬八千名歐洲猶太人為了逃離納粹，從柏林和維也納出發，經歷八千公里的旅程湧入上海，當納粹代表要求日本占領者將猶太難民裝上駁船，並沉到黃浦江心的同時，維克多・沙遜卻和日本人達成了祕密協商。沙遜和嘉道理家族一起達成了歐洲、巴勒斯坦，甚至美國猶太人都做不到的事情：他們保護了每一個來到他們這座城市的猶太難民，其中還有數千名兒童——包括後來成為美國財政部長的麥可・布魯門塔爾（Michael Blumenthal）、藝術家彼得・馬克斯（Peter Max）、好萊塢高階主管麥可・梅道佛（Michael Medavoy），以及哈佛法學院教授勞倫斯・特萊布（Laurence Tribe）。

當共產黨占領上海，奪取了嘉道理和沙遜家族的飯店、豪宅和工廠之後，嘉道理家族撤退到中國南端的英國殖民地香港，沙遜家族則逃往倫敦、巴哈馬群島，甚至德州的達拉斯。但他們對上海的思念從未停止。

這本書裡的世界，就像我們今天的世界一樣，是由創新、全球化，以及日益嚴重的不平等和政治動盪所定義的。早在馬克・祖克伯（Mark Zuckerberg）、史蒂夫・賈伯斯（Steve Jobs）、微軟和谷歌努力應對中美雙方政治壓力的很久以前，沙遜和嘉道理家族就已經在上海、香港、孟買和倫敦的辦事處掌握了全球經濟，並且在與中國合作的道德和政治困境中掙扎過了。沙遜和嘉道理家族都讓我們看見，企業（尤其是開明的企業）能做出多麼偉大的事。他們去了政府不願意去，或不能去的地方。他們的決定改變了億萬人民的生活。一九三〇年代，當世界各地陷入大蕭條，沙遜家族協助穩定了中國的經濟。他們在全球資本主義中培養出一整個世代的中國人，為中國今天驚人的成功鋪好了道路。嘉道理家族為上百萬香港人帶來電力，改變了那些生活節奏幾百年來都沒有改變過的地區。一九四九年後，身在香港的嘉道理家族決定與逃離共產主義的上海工廠老闆合作，這個決定打開了全球市場，並刺激香港的發展，也為二十一世紀的出口繁榮奠定基礎，使中國成為世界工廠。

然而，儘管沙遜和嘉道理家族在政治和經濟方面都很精明，卻錯過了正在他們辦公室和豪華客廳外醞釀的共產主義革命。令他們錯愕的是，共產黨在一九四九年取得了勝利，沙遜和嘉道理家族失去一切。然而，他們遺留的影響，至今仍在中國、美國及世界其他國家的關係中揮之不去。不管是參觀博物館、遊覽中國、舉行商務會議或外交談判，都必須提及中國受到外國剝削和帝國主義的歷史、所遭受的屈辱，以及絕不讓這些事情重演的決心。從對鴉片貿易的憤怒，到上海外灘引人注目的天際線，再到香港未來的緊張局勢，今天中國所做的每個決定，幾乎都籠罩在這兩家族的歷史和遺緒裡。

讀者可能會注意到，雖然中國是這個敘事的中心，其扮演的角色卻往往處於邊緣，這反映了這兩家族所居住的那個特殊殖民世界。即使是生活在上海那段時間，由於語言、財富和殖民地的刻板陳規，他們和中國人的關係也很疏遠。證據顯示，他們在中國生活的近兩百年時間裡，從來沒有一名中國人能打進兩家族的核心圈子，也不曾有過一名沙遜和嘉道理家族的人費心學過中文。同時，他們與大多數中國人的距離，使中國，特別是共產黨領導人和歷史學家，很輕易就對兩家族草率對待或加以諷刺，並且極力弱化他們的作用和影響力。這本書的其中一個目標就是納入這種複雜性，幫助我們理解嘉道理和沙遜家族所做的種種選擇。他們有許多行動是與時俱進，或者先於時代腳步的，即使當時的理由是利益驅使或家長式領導（paternalism）；但在其他例子當中，他們卻接受了當時的殖民地作風，對後果視而不見。他們本身的猶太背景，使他們在不同世界穿梭這件事，變得更加複雜。接下來的故事，並不是一八四〇年後的中國故事，而是還原中國歷史的一塊拼圖。

當中國將學生、企業和遊客送往海外，進入許多人認為的「中國世紀」時，中國領導人迴避了歷史的複雜性。他們喜歡把中國描繪成歷史上的受害者，即便中國正在崛起。如果中國依然貧窮、弱小、與世隔絕，那麼上海、沙遜和嘉道理家族的故事可能會成為一件奇事、一段可能發生的另一種歷史。但中國今天面對的問題——和外國人合作；不平等和腐敗；在這世界找到一席之地；在民族主義和開放、民主與政治控制、多樣性與變革之間取得平衡——都是當時塑造上海會面對的問題，也是嘉道理和沙遜家族每天都要面對的問題。和兩家族一樣，上海的成長、發展，以及這座城市的鬥爭與矛盾，也是本書的重點之一。

能有「第二次機會」的國家很少。中國在二十和二十一世紀的故事，是一個大國在內部腐敗、在西方殖民主義和日本帝國主義推動下走向衰落，然後奮力重新崛起的故事。如果中國成功了，不僅僅是因為它仿效了北京精神，這個中國政治權力中心擁有一群擁護專制、鎮壓異見的領導階層；也是因為它仿效了上海，一座優雅、勤奮、老練、開放、國際化的城市，還有一群曾經幫助中國進入現代社會，如今已經被人遺忘的王孫巨賈。六十多年來，上海和中國一直把這段歷史藏在壁櫥和碗櫃裡，藏在老辦公室保險箱的發黃文件裡，也藏在拉上了百葉窗、坐在廚房桌邊喝茶時低聲講述的故事裡。

二〇一四年，一家中國飯店公司聘請了費爾蒙飯店集團（Fairmont）來修復維克多・沙遜那家曾經優雅俯瞰著外灘的華懋飯店。在這之後不久，我回到那裡，被領著走上一段窄窄的樓梯，離開大廳，來到一個擺滿玻璃櫃和展示架的小房間。買下這家飯店不久後，新業主在當地中文報紙刊登了一則小廣告，尋找這家飯店一九三〇年代輝煌時期的古董和文物。他們以為大概會找到幾份舊菜單，或是紀念菸灰缸。結果，好幾百位上海人響應。他們帶來的浮雕餐盤、水晶玻璃杯和雅致的印刷菜單淹沒了飯店。在他們送來的照片裡，有穿著及地合身旗袍的中國女人，有穿著西裝的中國男人，他們在飯店宴會廳慶祝婚禮和生日；背景的維克多．沙遜爵士戴著單片眼鏡，拿著手杖，十足的英國貴族派頭。五十年的共產主義歲月，讓中國經歷了革命、饑荒和文革。然而，就像我在小吃攤遇到的那名每晚睡在西式大床的女人一樣，幾百個中國家庭把這些過往碎片保存在遍布全上海的公寓壁櫥裡——像是一段回憶，一個曾經承諾會有個不一樣中國的上海夢。

這也是他們的家具。

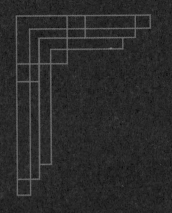

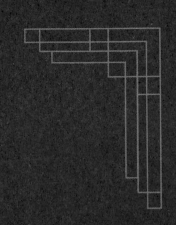

第一部

上海在呼喚我

沙遜一家從巴格達來到上海，靠著鴉片貿易，
他們在上海爆富。一八七〇年代，流入中國的鴉片
有百分之七十都控制在沙遜家族手中……

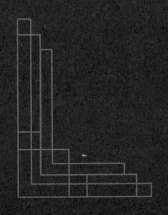

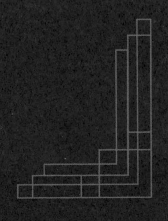

大衛・沙遜

第一章 一家之長

穿越一條又一條的黑暗街道，巴格達最富有的人逃亡了。

就在幾小時前，大衛．沙遜的父親把他從監獄裡贖了出來，巴格達的土耳其統治者不但關押他，還威脅沙遜一家如果不繳納高昂的稅款，就要把他絞死。這時，已經有一艘船停泊在港口，等著把三十七歲的大衛帶到安全的地方。他腰間繫著一條錢帶，披著披風，僕人們把珍珠縫在披風的內襯裡。一位家族史學家這麼寫著：「他悄悄穿過城門，在頭巾和拉得高高的斗篷之間只看得見他的眼睛；這座城市曾是他數代親人的榮耀之地❶。」彼時是一八二九年。他的家族是真正的皇室成員，已經在巴格達生活了八百多年。

即使到了十九世紀，猶太人逃離暴虐統治者依然是常見的歷史主題。猶太人在一二九〇年被逐出英國，一四九二年被逐出西班牙；威尼斯從一五一六年開始，就下令將他們限制在猶太隔離區（ghettos）。這時，大屠殺的恐怖尚未到來。

但大衛．沙遜的逃亡不同。猶太人一直生活在歐洲社會的邊緣，但有一千多年的時間，猶太人在巴格達繁榮昌盛。這座城市在聖經中被稱為巴比倫，從西元七十年到一四〇〇年代，這裡比歐洲任何一個城市都更像文化交會點，甚至勝過耶路撒冷❷。當歐洲深陷在中世紀的黑暗時，巴格達卻是世界上最國際化的城市之一。這裡是領先世界的數學家、神學家、詩人和醫生的家園；羊毛原料、銅和香料沿著商隊路線穿越沙漠，集市擺滿了珍珠和銀器；商人、醫生和藝術家聚集在巴格達的咖啡館；統治者的宮殿外，環繞著七平方公里的綠蔭園林，裡面還有噴泉和養滿魚的湖泊。

在這個世界裡，猶太人發展興旺。他們第一次來到這裡，是西元前五八七年，當時的巴比倫國王尼布甲尼撒二世（Nebuchadnezzar II）圍攻耶路撒冷，勝利後，他把一萬名猶太工匠、學者和領袖（猶太人中最優秀、最聰明的一群人）帶到巴格達，從此進入《聖經》所說的「巴比倫之囚」時期。《詩篇》中記錄了這些流離失所猶太人的絕望：

我們曾在巴比倫的河邊坐下，
一追想錫安就哭了。

「巴比倫之囚」改變了猶太歷史的實際進程。猶太人的學術和宗教創新自此蓬勃發展，提供他們宗教、政治和經濟工具，以及思考的方式。他們將會利用這一切，在接下來的千年乃至於今日的世界各地，生存、茁壯。「巴比倫之囚」標示了「猶太流散」（Jewish diaspora）的開始，也就是猶太人在世界各地分散、游離，最後生存下來，即使當時他們只占人口的一小部分。拉比們修改了猶太教儀式，讓猶太教適應現代生活，也讓猶太人得以參與商業活動。尼布甲尼撒雖然擄走了猶太人，卻沒有把他們當奴隸對待。他轉而要求猶太人加強巴格達的經濟，鼓勵他們成為商人，在廣闊王國中的不同地區之間貿易。猶太人對巴格達的商業生活實在太重要了，甚至許多從事貿易和金融業的非猶太人在週六（猶太人的安息日）也跟著不上班。當波斯人占領巴格達，並給了猶太人返回耶路撒冷的機會時，只有少數人接受，大多數人都決定留下來。巴格達猶太人認為自己是猶太人中的貴族，就像幾世紀後在倫敦和紐約的猶太人一樣。巴格達猶太人也許在週六會渴望回到耶路撒冷，或在當地的猶太會堂做禮拜，但在其他六天裡，他們抓住身邊的所有機會，建造了一個繁榮的大都市。

在領導（不只帶領，還有培育）這個充滿活力和自信的社群過程中，沙遜家族逐漸發跡❸。藉著在中東地區交易黃金、絲綢、香料和羊毛，沙遜家族成了巴格達最富有的商人。從十八世紀末開始，鄂圖曼土耳其人將沙遜家族的族長封為「納西」（Nasi），也就是「猶太人的王子」，做為讓統治者與巴格達有影響力的猶太族群打交道的中間人。沙遜家族的文件中，還保存著用土耳其文和阿拉伯文書寫的備忘錄，證明納西的權力之大。沙遜納西為婚姻祝福、解決宗教糾紛；而在為鄂圖曼統治者提供建議方面，尤其是經濟事務，納西也扮演了關鍵角色，他協商貸款、規劃預算、設計並徵收新稅，他是實質上的財政部長，負責建立現代金融體系。當納西前往皇宮晉見巴格達的土耳其統治者，會坐在寶座上，被抬著穿越街道；不管猶太人或非猶太人，都會恭恭敬敬地低下頭。

在這些關係的支撐下，沙遜家族建立了一個從巴格達延伸到波斯灣和亞洲的跨國經濟帝國。這個家族在巴格達的集市販賣豐富的商品，還派家族成員到貝都因人的部落去採購，用棉衣、鞋子和香料換取他們的羊毛。來自中東各地、印度與中國的商人，穿梭在納西的豪華住宅和庭院，懶洋洋地躺在他用圍牆圍起來的院子裡，在甜橙樹的樹蔭下躲避近五十度的高溫；地下的儲藏室存放著這個家族的黃金。

到了十九和二十世紀，隨著沙遜家族的財富增長，他們已經習慣被商業盟友和競爭對手稱為「亞洲的羅斯柴爾德家族」[1]，因為他們的財富和影響力迅速傳遍中國、印度和歐洲。但私底下，他

1 羅斯柴爾德家族（Rothschilds）：十八世紀末崛起的德國猶太巨富家族，是近代世界最富有、最知名的家族之一。

們認為這樣的比較帶有誤導性——而且有點貶低身分。在沙遜家族心目中，羅斯柴爾德家族只是暴發戶，一個貧窮的家庭，在一代人的時間裡，從歐洲貧民窟一躍成為擁有政治影響力的家族。然而，或許沙遜家族並不為中國皇帝、印度國王或英國皇室所知，但他們可是一直富有、顯赫、有權有勢了好幾個世紀。

大衛·沙遜生於一七九二年，從小就被訓練成為未來的納西。他是個具有非凡語言天賦的商業天才，十三歲起就陪著父親去帳房（銀行和會計事務所的前身），精算沙遜家族的收入。早上集市一開始營業，他父親就讓他去學習如何換算不同的貨幣、掌握不同的度量衡系統。在家裡，則請人來教他希伯來語（宗教語言）、土耳其語（政府語言）、阿拉伯語（巴格達語言），和波斯語（中東貿易語言）。到了晚間，儘管從來沒費心學過英語，當英國東印度公司的代表來訪時，大衛也列席旁聽；代表從孟買迢迢而來，鼓勵沙遜家族擴大到印度進行貿易。身高一八〇公分的大衛非常優秀，遠遠超過他的家人和他未來要領導的人民。他的社群同意了讓大衛繼承納西身分的決定；他展現出令人信任的特質和權威。按照慣例，他年滿十五歲便奉父母之命，與富商之女結婚。他的妻子很快就生下了四個兒子。

就在大衛準備接下他引以為傲的納西身分時，沙遜家族和巴格達猶太人享受了幾個世紀的舒適地位崩潰了。巴格達的鄂圖曼帝國統治者之間出現權力鬥爭，另一個派系開始敵視掌權的猶太人；由於急需資金來刺激崩潰的經濟，土耳其人開始騷擾並囚禁沙遜家族和其他富有的猶太人，並要求贖金，還有個富有的猶太人在牢房外被勒死了。眼看情勢越來越壞，有些猶太商人逃往印度，尋求英國殖民地的庇護。

動盪的政治局勢嚇壞了大衛的父親，於是他做出一個不尋常的決定，辭去納西頭銜，把權力移交給大衛，雖然依照傳統，大衛必須等到父親去世。但大衛拒絕了，他正確意識到，這個職位不會再有太大的權力。不僅如此，他還不顧父親的勸告，逕自代表巴格達的猶太人和沙遜家族，向君士坦丁堡的土耳其蘇丹求助，指控這個城市的統治者貪汙腐敗。但是，他對帝國政府的信任是一項錯誤，背叛的消息很快就傳回巴格達，他被逮捕，土耳其帕夏（首長）下令絞死他，除非家人付錢來贖。大衛年邁的父親，親自出馬行賄救兒子出獄，讓他喬裝打扮，匆匆穿越城市，還租了一艘船要把他送到安全的地方。

大衛在憤怒和無助中離開了巴格達。結褵二十五年的第一任妻子去世後，此時他剛剛再婚，卻撇下了新娘和孩子；沙遜家族所有的榮耀，他們的財富和地位，原本都是承諾要給他的，如今卻被奪走了。船駛離時，他轉過身，對著逐漸消失的海岸，流下了眼淚❹。

§

大衛在布什爾（Bushire）上岸，這座港口城市由伊朗控制，土耳其人鞭長莫及，局勢惡化時，許多離開巴格達的難民都在這裡落腳。儘管他們傳回家鄉的都是賺大錢和大獲成功的故事，但事實上，他們都擠在貧窮街區尋求微薄的生計，不斷掙扎。離開巴格達之後的頭一晚，大衛就睡在碼頭邊倉庫的地板上，是一個水手借給他的。他身邊還放著一把槍，用來射擊到處亂竄的老鼠。

幾個星期過去，他逐漸振作起來，情緒也好轉了。布什爾的商人都知道沙遜的大名，也聽說過那場針對猶太人的運動。有幾位以前曾和家族打過交道的人借錢給他，這樣他就可以建立信用。他的父親依然在巴格達，安排滿載貨物和貨幣的商隊走私，送來兒子這裡。就像許多被迫逃亡的難民一樣，大衛面臨著一個選擇：要麼向肯定會毀了他的憤怒與抑鬱屈服，要麼在三十七歲的這一年，重新塑造自己。剛開始那幾個月，他收到來自巴格達的消息，深受鼓舞，巴格達的反猶太人運動正在緩和，他的父親也開始行賄，好讓全家人都能到布什爾和他團聚。這位曾經被安排要當上巴格達納西的人，現在成了布什爾的商販，他把自己精通多種語言的能力運用到工作中，用阿拉伯語和阿拉伯船長聊天，用希伯來語和猶太難民同胞交談。他開始出口阿拉伯和亞洲的馬匹、椰棗、地毯與珍珠。他慎重穿上昂貴的阿拉伯長袍和頭巾，會見東印度公司的英國代表，讓他們想起他們的同事在巴格達會見沙遜家族的情景。有位英國人寫道，他們對他「高貴的威儀」讚不絕口，並鼓勵他搬到孟買，在那裡開一家公司。薩謬爾．札卡里亞（Samuel Zacharia）是大衛的朋友兼同胞，也是一位中東貿易商，他借了一筆無息貸款給大衛，讓他從孟買起步[5]。

札卡里亞看到的（英國人也看到了），是一位和其他在布什爾洗盤子的移民、難民截然不同的人。他比大多數商人受過更好的教育，學識和經驗甚至比大多數政府官員和英國官員更好；驅動他的，是一種近乎莎翁戲劇般的力量，他不是掙扎著追求更好生活的貧窮難民，而是被剝奪了天賦權力的王室後裔。如今，他下定決心，要把這一切奪回來，如果不能在巴格達做到，就要在別的地方完成。他自小就被期望著長大後要統治商業帝國和輔佐皇室，他追尋的目標並不是從貧窮的無名小卒躍升成財富和影響力的掌握者；他是在尋求復辟。

一八三〇年，也就是大衛從巴格達出逃後一年，他的家人和他在布什爾團聚。這段漫長的旅程耗盡了他年邁老父的最後一絲氣力，抵達不久後，他就死在大衛的懷裡。和妻兒團聚之後，大衛開始考慮孟買所擁有的潛力；幾年後，在妻子剛懷孕的時候，他終於決定採取行動，尋求英國統治下的保護，以及機遇。

在孟買上岸後，大衛．沙遜加入了政治和經濟實力都處於鼎盛時期的大英帝國❻。當時，世界上近三分之一的地區都在英國控制之下，包括印度、澳大利亞、馬來西亞、敘利亞和埃及的部分地區。英國人在歐洲擊敗了拿破崙，並指揮著世界最大的海軍，權力和金錢就在倫敦這座世界最大的城市流動。有些國家建立帝國，主要是為了掠取奴隸或自然資源，不然就是為了在自己和敵人之間建立屏障，而大不列顛王國建立的則是一個讓貿易、金融和商業更加昌盛的帝國。一八三九年，英國首相帕默斯頓勳爵（Lord Palmerston）向議會表示：「政府在世界各地的最大目標，就是擴展國家的商業版圖❼。」幾十年來，英國東印度公司在印度和亞洲等地一直擁有獲國家認可的貿易壟斷權。一八三二年，也就是大衛來到孟買的那一年，英國政府結束了東印度公司的壟斷，向私營公司和個體商戶開放整個亞洲的貿易。一個自由放任的新時代就此開始。

從大衛和家人抵達孟買那一刻起，他就和英國和擴張主義站在同一陣線；儘管他膚色黝黑，又是移民，卻選擇支持帝國主義。這並不意外，大衛認為自己屬於上流階層；沙遜家族之所以會在巴格達崛起，部分原因就是他們為土耳其統治者提供建議和服務。他的人生之所以出現逃離巴格達這個重大事件，是因為誤讀了巴格達的政治，以為蘇丹會和他立場一致，反對巴格達統治者，才引爆一連串事件。他下定決心，他和他的家族再也不會那麼脆弱了。

大衛在一個幸運的時間點來到印度。擴張中的大英帝國不但開放了貿易路線，也開放了英國人的思想。英國本身依然是個階級森嚴的社會，俱樂部和擁有地產的貴族看不起「外來者」，但商界和政界卻對他們寬容得多。在印度，英國需要野心勃勃的企業家將貿易推展到不斷壯大的帝國前沿。孟買的新任英國總督羅伯特．格蘭特爵士（Sir Robert Grant）在離開倫敦前往印度之前，曾經兩次在議會提出議案，要求結束對英國猶太人的一切歧視❽。這些法案一開始是被否決的，但很快地，官方對英國猶太人的歧視結束了。也許孟買的英國俱樂部永遠都不會接納猶太人，但猶太人的財產和生意現在受到法律保護，而且比過去任何時候都好，甚至在巴格達也如此。這個城市的新任英國統治者，是猶太人公認的好朋友。

大衛對英國人的印象是發自內心的好。他用希伯來語稱英國政府為「malka chasa」——公正善良的政府❾。「我相信英國人，因為他們站在歷史正確的一邊，」大衛這樣告訴他的家人。沒有賄賂，因為英國是個法治國家，相比之下，在巴格達，賄賂就是做生意的方式。英國殖民當局很歡迎他，因為他們認為他聰明、有文化，是個有用的盟友。透過翻譯，大衛開始和孟買的英國總督以及一位英國考古學家會面、討論《舊約》。

大衛成了親英派。他委託一位學者將《天佑女王》（God Save the Queen）的歌詞翻譯成他的母語，猶太阿拉伯語，還請來家教為他的兒子們上英語和英國史。來到孟買五年後的一個夏日午後，他帶著兩個最大的兒子，十九歲的阿卜杜拉（Abdullah）和十七歲的伊利亞斯（Elias），加入了這個城市海邊的人群，聆聽維多利亞女王在倫敦登基的加冕宣誓。他的兒子想穿英式西裝背心、打英式領帶，大衛不准。這三位沙遜家人，都穿著巴格達服裝——白色的穆斯林襯衫配上鼓鼓的白色束腳踝長褲；大衛還纏著繡花頭巾，身穿黑袍。當英國軍樂隊開始演奏，這三人也在人群裡，用英語高喊：「天佑女王❿！」

然而，大衛從來沒有失去他的移民視角，也就是他身為局外人的敏銳度。即使在孟買這樣的大都市，碼頭和狹窄的小巷已擠滿各種不同背景的人，但即使在這裡，許多人仍然覺得大衛看起來異國感十足，令人望而生畏。一位家族傳記作者這樣寫道：「高、瘦、肌肉結實，有著一張淺肉桂色的、艾爾・葛雷柯[2]筆下人物般的臉，下巴鬍子已經些許花白⓫。」儘管他和總督交情相當好，但身為一個外人，意味著他和主導印度貿易的英國公司及銀行之間沒有聯繫，這些公司和銀行是不會和巴格達人或猶太人打交道的。

他需要開創性的思考[12]。比如說，輪船從英國航行到印度需要五個月，但大衛聽聞一項叫做蒸汽輪船的發明，可以把旅程縮短到數週。他把賺來的錢投資在購買更多的碼頭空間上，打賭很快就會有更多船隻頻繁來到孟買。這表示，當一艘船停泊在沙遜家的碼頭時，在貨物還沒運到集市前，大衛就能第一個挑選貨物，而輪船離開的時候，會有一半的貨艙裝滿運往英國的沙遜商品。他在碼頭和船長們用阿拉伯語、波斯語和土耳其語交談，讓他得到許多關鍵商業情報。透過這些船長，大衛了解到，英國工業棉紡廠的發展可能會拉高對印度原棉的需求。他明白和本地商人直接洽談的價值，所以他學會了印度斯坦語，並且和印度最大的棉花貿易商之一成為密友。從他那裡，大衛得知英國中間商抱怨印度買來的棉花綑包裡石頭太多，大衛利用這些資訊，進口了新式軋棉機，成功解決這個問題，生產出更暢銷的貨物。當他被英國銀行的「老同學關係網」拒之門外時，轉而協助創立了孟買銀行，讓他能夠出資建造新的鐵路，以便更快速地把棉花運出農村。二十年後，當美國內戰北方封鎖南方，切斷了英國最大的棉花供應來源時，大衛正好站在最完美的位置，直接填補了缺口，一口氣賺進數百萬美元。

大衛成為中東傳統貿易業務和大英帝國統治下發展起來的新全球體系之間的橋梁。在亞洲做生意，意思是必須面對各種不同度量衡、不同貨幣和不同語言，對此，大衛實施了標準化。在公司內

---

2 艾爾．葛雷柯（El Greco, 1541-1614）：西班牙文藝復興時期畫家、雕塑家、建築家，所繪人物以瘦長、怪誕為特色。

部，沙遜的員工處理業務時，用的是猶太阿拉伯語（用希伯來文書寫的阿拉伯語），也就是他們從巴格達帶來的語言；但是當涉及商務往來，大衛要求給客戶、供應商和其他公司的信函，都要用精確的英文書寫，儘管他自己幾乎完全不會讀、說這種語言。他下令辦公文具和公司支票上的沙遜商標要用希伯來文和英文雙語印刷，他也改用更加正式的會計系統，也就是英國主流公司使用的分類帳和複式簿記法。他不喜歡討價還價，雖然這是商人們在碼頭和集市上做生意的典型方式，他喜歡英國人端正得體的模式。他認為，在危機時刻表現得冷靜穩重，對生意大有好處。

大衛意識到，要成功就必須靈活，即使領導著一個強大的新帝國，也要保持自己的身分和價值觀。他宣誓效忠大英帝國，也準備讓自己的兒子和企業為英國效力，但因為猶太教的背景，讓強硬擁護英國殖民主義的他顯得不那麼尖銳。在巴格達，沙遜家族多方支持慈善事業，在孟買他們也持續進行，他們建造猶太會堂，並支持陷入貧困的猶太人；大衛和他所在階層的許多人一樣，在印度也擁有奴隸，但他釋放了奴隸，並且在官方文件裡登錄，以確保那人不會再被奴役；他還捐款建立了第一座接收印度病人的醫院。要是以現在的眼光回來看，人們可以輕易批評擁護殖民主義和帝國主義的大衛，在歐洲、俄羅斯，以及後來的美國，許多猶太人都面臨類似的困難，像是殖民主義帶來的道德選擇，基於過度的資本主義轉而擁護社會主義和革命。在工業化和現代金融席捲全球之際，大衛開創了一個未來大家都很熟悉的形象：憑著技能和才幹，取得驚人財務成功的自由派猶太商人；然而，他個人的艱辛歷史和他信奉的猶太價值觀，卻讓他在社會和政治上更具有進步性。

在巴格達，沙遜家族依靠的是幾世紀以來遍布中東的人際網和親屬關係，但現在，大衛在一個尚未建立網絡的新國家起步，這個人際網該如何經營？要怎樣才能培養出一支忠誠的員工隊伍，讓這些人接受他的技術培訓，並且準備好利用新式通訊、工業化和運輸帶來的機會呢？

他提出了沙遜學校的想法。

大衛建立了一個相當於沙遜公司的城鎮，目的是吸引猶太難民（這些難民一開始來自巴格達，後來鄂圖曼帝國各地都有人來），並且將他們培養成忠誠的員工⑬。貧窮但奮發向上的家庭，把十幾歲的兒子從巴格達、敘利亞、伊朗和阿富汗送到這裡來。孩子們在大衛・沙遜慈善機構註冊入學，那裡用的是大衛委託編纂的教科書，學習阿拉伯語、地理、算數、簿記和希伯來語，然後他們會受雇成為職員，追蹤沙遜倉庫的貨物買賣情況，不然就是被派去和英國買家談判棉花綑包的銷售問題。每逢星期六，也就是猶太人的安息日，沙遜倉庫會關閉，員工們就在大衛・沙遜的宅邸舉行宗教儀式。後來，這個儀式改為在他建造的孟買第一所猶太會堂舉行。如果員工生病，他們可以去浦那（Poona）附近的沙遜綜合醫院尋求治療，這家醫院是大衛建造並捐贈給當地的。如果他們還想繼續研究，則可以參加講座，或者使用大衛・沙遜工藝講習所（David Sassoon Mechanics Institute）的圖書館，那裡以機械模型和科學技術講座為最大特色。退休後沒有家人照顧的員工，可以獲得食物補貼金；死後，可以埋葬在沙遜捐贈的猶太人公墓。大衛的社會網路從學校一路照顧到墳墓，吸引越來越多賣力工作的人來到他的倉庫和辦公室。以今天的幣值計算，他每年要為這一切花費三十萬美元，但這一切為他帶來了抱負、才能和忠誠。

來到孟買還不到十年，大衛・沙遜就成了印度最富有的人之一。孟買的英國總督稱讚他是「我們第一個富有而可靠的非歐洲商人」。他只不過才剛剛開始。

§

當英國透過激進的貿易政策、快速的技術創新，以及利用外國人和大衛・沙遜這類局外人的野心和洞察力在全球擴張的同時，中國卻變得更加封閉、僵化、對外界漠不關心，而且傲慢。中國的缺陷源自於它的成功。直到一八〇〇年，中國還是個占有主導地位的世界強權，統治和影響遍及全亞洲。東南亞貿易的船隻、來訪的商人和外交使節團，晉見中國統治者時都必須恭敬順服——行著名的叩頭禮，也就是在接近皇帝時俯身敬拜，直到額頭觸地。至於中國與非中國人的關係，則由口口聲聲說外國人文化不如中國的官員們負責處理。

英國也有自己的傲慢，他們拒絕遵守這些規則，英國外交官和軍方官員拒絕叩頭。從十八世紀末開始，也就是美國獨立戰爭給大英帝國擴張主義帶來第一次打擊的幾年後，英國和中國在一系列不斷升級的外交和軍事對抗中發生了衝突。英國派遣特使到中國，要求中國開港通商，以便進行貿易，並銷售英國商品。他們提議讓一位英國大使常駐北京，並將英國最先進的技術，如鐘錶、望遠鏡、武器和紡織品做為禮物送去。一七九三年，在一封乾隆皇帝寫給喬治三世，後來經常被引用的信中，他斷然拒絕了英國的努力，並且十分驚訝這位英國國王居然對中國的優越性如此無知：「我們什麼都有[14]。」信中寫到，「我不看重奇特或精巧的物品，也不認為貴國的產品有什麼用處。」[3]但是，全球勢力的平衡正在改變，這位遭受羞辱的英國使節被皇帝解職而離開中國時，他告訴上級，中國只是在虛張聲勢，它的軍隊很弱，無法承受英國的壓力。他寫道，中國就像一艘漏水的船，「是艘一流的軍艦，然而已經又老又瘋，幸運的是，在過去一百五十年裡，一批又一批有能力又有警覺的軍官成功讓它一直浮在海上，而且僅憑它的體型和外表就震懾他們的鄰國[15]。」事實上，這位英國使節預言，中國這艘船已經在傾斜了，很快就會「在海岸被撞得粉碎」。

鴉片貿易成為引爆點[16]。在十九世紀的歐洲和英國，鴉片是治療疼痛和緩解焦慮的最佳藥物；

阿斯匹靈要到一八九九年才獲得藥物專利。鴉片也會讓人上癮，產生幻覺和幸福感。「有的時候，我好像一夜之間就活了七十年、一百年。」一位十九世紀的英國鴉片癮君子寫道。原來中國人真正需要的商品是鴉片。在十七、十八世紀，歐洲對中國商品的需求，特別是絲綢、瓷器和茶葉，促成了典型的貿易不平衡。英國用白銀購買這些商品，中國卻沒有購買任何東西做為回報。為了反擊這種情況，英國東印度公司開始鼓勵銷售鴉片，儘管好幾位中國皇帝都擔心鴉片上癮的危險，並試圖限制或禁止鴉片。英國人在印度種植鴉片，然後賣給中間商，隨後這些中間商在中國境內和腐敗的中國官員合作，讓官方無法擊沉船隻或沒收鴉片，從而獲得巨額利潤。孟買近三分之一的貿易額，都與國家批准的鴉片交易有關。走私鴉片進入中國的業務，是由怡和洋行（Jardine, Matheson & Co.）主導，這家英國公司的創辦人是兩名蘇格蘭商人；甚至早在英國向皇帝施壓要求讓船隻進入中國銷售手錶、時鐘和武器的時候，鴉片成癮就已經是個巨大的社會問題了。到了十九世紀初，每十名中國人當中就有一名鴉片上癮；相比之下，在一九九〇年代，公眾對鴉片類藥物危機和美國「毒品戰爭」高度關注的時期，只有不到百分之二的美國人對鴉片類處方藥物、古柯鹼和海洛因等烈性毒品上癮。負責剷除鴉片貿易的中國官員林則徐，在一封慷慨激昂的官方信件直接向喬治國王的繼任者維多利亞女王呼籲：「你的良心在哪裡？」他宣稱，中國出口到英國的產品，茶葉、絲綢、手工藝品等都是有益的，但是維多利亞女王的臣民卻「出售害人的產品，只為了滿足你永不饜足的欲

3 原文為：「其實天朝德威遠被，萬國來王，種種貴重之物，梯航畢集，無所不有。爾之正使等所親見。然從不貴奇巧，並無更需爾國製辦物件。」出自《大清高宗純皇帝實錄》一四三五卷十二頁，乾隆五十八年八月十九日（一七九三年九月二十三日）。

望……假如有另一個國家的人把鴉片賣到英國，並引誘你的人民去購買吸食，貴國陛下也必然會恨之入骨，深惡痛絕。」[4]維多利亞女王沒有回應。當林則徐在皇帝的指示下，把一箱箱鴉片倒進海裡，並且開始挾持英國官員當人質的時候，怡和洋行不但給英軍提供詳細的地圖和戰略，還讓公司船長從旁協助，他們對於進入中國的最佳路線和中國海軍的弱點瞭如指掌。

一八三九年，英國入侵中國，也就是後來所稱的第一次鴉片戰爭。正如五十年前那位被中國皇帝斷然拒絕的英國使節所料，中國被擊敗了，而且是輕而易舉地被擊敗。一八四二年簽訂的《南京條約》，不但把香港割讓給英國，還開放了五個城市讓西方國家進行貿易，其中包括一個之前鮮為人知的城市——上海。在中國做生意的外國商人無須繳稅，也不受中國法律約束，即所謂的「治外法權」身分。任何商業或法律糾紛，都會提交給英國法官，並根據英國法律裁決。嚴格來說，鴉片貿易仍然是非法的，但在一場毀滅性的軍事失敗之後，中國人不太可能在這麼短的時間之內再次直接挑戰英國商人。這就是中國史學家所說的「百年恥辱」之始。林則徐對維多利亞女王的良心呼籲成了一場徒勞，最終也無法阻止英國入侵，最後他遭到流放。

大衛・沙遜支持英國入侵中國。他開始涉足鴉片買賣，買了艘船，從孟買倉庫和辦公室裝載鴉片，並雇用船長把船開往中國。這趟航程很危險，由於中國人認為鴉片是非法的，沙遜的船不得不先把毒品卸在南方廣州港附近的小島上，再賄賂中國官員，並且付錢給中國經銷商分銷毒品。儘管如此，運往中國的鴉片每箱依然有一百英鎊淨利，相當於今天的一萬美元。大衛定期前往加爾各答鴉片交易所競標鴉片；他購買土地、建造倉庫、存放其他商人購買的鴉片，並為鴉片商和貿易商提供信貸，這是很常見的商業策略。他的規模太小，沒辦法和大公司競爭，他只有一艘走私鴉片用的蒸汽輪船，怡和洋行卻擁有十二艘大型蒸汽輪船，外加數百艘小船，但大衛已經在這個利潤豐厚的行業裡站穩了腳跟。

印度讓大衛．沙遜成為富翁，也讓他成了英國人。他帶著全家人搬到孟買馬拉巴爾山（Malabar Hill）的一棟豪宅，這裡有涼風吹拂，高高聳立在城市的汙穢和喧囂之上。他的新家仿照義大利宮殿設計，並以位於波茨坦的腓特烈大帝普魯士宮殿之名，命名為「無憂宮」（Sans Souci）。一八五三年，他宣示成為英國公民，並用希伯來文寫下了自己的名字，因為他還不知道怎麼用英文寫。四年後，英國東印度公司雇用的當地印度傭兵在土兵叛變[5]中起義，英國對印度的控制面臨重大威脅；大衛全心全意與英國結盟，向定居孟買的其他巴格達家庭募款籌集資金，還做了一個戲劇性的宣示，親自到孟買政府大樓和英國官員會面，主動提出要召集並裝備一支猶太軍團，以便在內戰時為英國作戰。當時並不需要這樣的志願軍，但大衛還是買了政府債券，為英國軍隊的部署提供資金，並在孟買股市大舉投資，以顯示對英國統治的信心。他還宣布，他的家人和所有員工都「允許經常隨意穿西式服裝，好讓別人知道你是站哪一邊的」。英軍鎮壓叛亂後，大衛不但率領火把隊伍遊行慶祝，還在無憂宮舉行了宴會和舞會。軍樂隊迎接新殖民地總督埃爾芬斯通勳爵（Lord

4 原文為：「中國所行於外國者，無一非利人之物。利於食，利於用，並利於轉賣，皆利也。中國曾有一物為害外國否？……設使別國有人販鴉片至英國，誘人買食；當亦貴國王所深惡而痛絕之也。」出自林則徐《諭英國國王書》，一八四〇年一月十八日。

5 土兵叛變（Sepoy Mutiny），土兵指西方軍隊中的印度士兵。一八五七年，信奉伊斯蘭教的士兵間盛傳來福槍子彈的紙皮包裝上使用牛油豬油混合的潤滑油，直接觸動印度教和伊斯蘭教士兵的禁忌。最後演變成反抗東印度公司對印度土兵和正規英兵施予差別待遇。東印度公司與二十一個土邦聯手討伐譁變軍隊，最終雖被剿除，但東印度公司管轄的領土也被移交給英國政府直接管理，印度自此由大英帝國內閣印度事務大臣直屬，稱為英屬印度。

Elphinstone）蒞臨，他向大衛敬酒的時候說：「我們不能忘記，當兵變發生，有人面臨危險、驚慌失措的時候，沙遜先生和他的家人是第一個站出來支持英國政府的[17]。」大衛的長子阿卜杜拉開始自稱「阿爾伯特」（Albert），向全名為愛德華・阿爾伯特的威爾斯親王致敬。至此，這個親英家族已完全英國化。

這時的孟買，正熱烈討論與中國的貿易前景。英國積極鼓勵企業追隨米字旗，並且承諾提供英國軍隊和砲艇保護。距離大衛在巴格達街上狂奔、趁夜逃離，已過了十多年。他在巴格達成功了，在布什爾成功了，在孟買也成功了。新的機遇在招手。他的創業目光看向於北方，凝視中國，聚焦上海。

大衛・沙遜（坐者）和三個兒子，攝於一八五八年孟買

第二章 兒子們的江山，鴉片的帝國

道台大人坐在他位於上海城牆內的官衙裡，等候外國人抵達的消息❶。道台相當於中國的市長，是由北京宮廷派來的中國皇家官員，負責監督上海的法院、警察、交通和稅收。這份工作的報酬相當不錯，更重要的是，它是通往更高職位的跳板。前任道台領導的那段時間，上海日益繁榮；幾百年前，馬可波羅甚至還懶得造訪這座城市，直接繞去了南方的杭州。但現在，上海已經發展起來，這座城市坐落於流經中國中部的長江河口附近，腹地寬闊，而且鄰近太平洋，這一點非常重要。儘管中國仍然限制對歐洲的貿易，但因為上海和日本、東南亞等地進行貿易，這座擁有二十多萬居民的城市變得生機勃勃。不管什麼日子，港務人員都要指揮幾百艘中國帆船（舢舨）把貨物卸到岸上的大型石砌倉庫；一開始為了防範海盜，上海周邊建起六公里厚的磚牆，城牆的後面是各種商店，門口掛著紅底金字的招牌，裡頭出售商品和食物。街頭小販、茶攤、剃頭擔子、裁縫和鞋匠擠在小巷；圖書館員推著流動書車讓人借書，雜技演員在街角表演。上海有十幾種不同方言，也有十幾種不同的食物氣味，活力和開放讓這座城市充滿生機；反觀北京，這個古板的首都在多年前拒絕英國使節、不歡迎外國人。一位外國遊客寫道：「上海人總是彬彬有禮，和藹可親，用微笑和禮貌的問候迎接我們。」

然而，道台知道改變即將來臨。一年半以前，英國入侵了大清帝國。當時是一八四三年，中國人被迫簽署一份條約，開放了包括上海在內的五個城市，與英國進行貿易。在南方的廣州，人們抵制英國商人到來；歐洲人在街上遭到攻擊，逼得英國人不得不退到租來的房子裡以策安全。道台希望上海不會那樣，這是個商業城市，貿易和金錢並不少見，接待外國人時態度即使稱不上熱情，至少也算得體。

在這個十一月的傍晚，道台在這座城牆包圍的城市中的官衙接到消息，說有一艘英國小輪船已經在上海海岸下錨，第一批外國人到了。道台並沒有到岸邊迎接，他決定讓他們等一等。

天一亮，道台就派了兩頂舊轎子到碼頭，把英國代表團接去官衙。成群的中國人聚眾圍觀，嘲笑這些「英國佬」濃密的落腮鬍，相較之下，中國人的臉光滑多了。一位中國人寫道，洋人的「腿腳屈伸有困難」，讓他想起「蹦蹦跳跳的滿洲小馬和水牛」。一位英國外交官寫道：「中國人得知我們有姓氏，而且明白父親、兄弟、妻子、姊妹等家庭成員的區別時，就算不到震驚的程度，也還是非常詫異。簡而言之，他們驚訝於原來我們活得並不像一群畜生。」

「英國佬」帶了一個翻譯來，這是明智之舉，因為道台大人和他手下的官員都不會說英語。英國人要求一個用來設立辦事處、安置他們的人員的地方，但道台禮貌地拒絕了，因為已經沒有可用的位置了。

然而，一位上海商人開口了，他說城裡有一棟五十二間房的大宅可以出租。他們在那裡住了一段時間，但很快的，道台開始感到不安，因為英國人們待在城牆內。他擔心，他們奇怪的習慣會影響上海的和諧，於是把他們送到城牆外河邊的一片空曠沼澤地帶。這塊地上零星立著幾株桑樹和老墳，中國人認為這裡鬧鬼；河流上游的居民都把排泄物倒在沼澤地旁的水道裡。道台認為，這些新來的人不出幾年就會離開，上海只要撐得比他們久就行了。

§

七年後，大衛．沙遜的次子伊利亞斯．沙遜登陸上海。他的到來，標誌著沙遜家族朝向真正全球化企業擴張的起點。怡和洋行打開中國大門、擴大帝國版圖，靠的是英國的砲艇和大砲，而大衛．沙遜則是有效地利用自己的兒子，讓他們成為他的大使、情報員、推銷員和顧問❷。在那個還沒有電話或電報機的時代，消息從印度傳到上海或倫敦要花好幾個月，但這八兄弟就像團隊一樣發揮作用，從位於中國沿海的前線，延伸到日本，最後跨越大西洋、到達倫敦，他們和要求甚高的父親相互支持，憑直覺了解正確的商業動態。全球化的企業需要有全球化的家庭，為了讓兒子們熟悉每個國家，以及商業經營的每一面，大衛會讓兒子在各個城市輪流待幾個月，有時候待上幾年，由一位在沙遜學校受過訓練、且和沙遜家有共同宗教文化的人員陪同輔助。老沙遜展現了精明的能力，既能維繫他的全球家族帝國，又能讓兒子們保持忠誠。他給每個兒子的薪水都十分豐厚，也鼓勵他們自行投資，但他們不能成為公司合夥人，只有一家之長獨自統治。他擬了一份詳細的遺囑，列出他對家族、子孫後代的未來期望：男孩要娶來自巴格達的猶太女子為妻，而且要繼續去東正教的猶太會堂。

當大衛的兒子們才十幾歲時，他就帶孩子們到孟買的港口練習和船長討價還價，如同當年父親在巴格達對他的訓練。他給他們看簿記，並且解釋不同的度量衡系統，與不同產品的品質。他堅持讓他們學英語，也要熟悉蒸汽輪船和鐵路之類的新技術，這些技術正在改變商業，並為國際貿易市場創造機會。當他們準備好闖蕩世界，大衛決定把他們的妻子兒女留在孟買，由他的妻子監督。他為這些家庭請傭人、為兒子的妻子請家教，這是非常進步的舉動，因為在印度這個國家女性不常接受教育。大衛預料，到了某個時候，她們可能需要和丈夫一起在海外永久生活，甚至可能是在倫敦，他希望她們做好準備。

展開全球行動的時刻終於來臨，大衛選擇了他的次子，二十四歲的伊利亞斯去中國。和其他兄弟相比，伊利亞斯要更沉默寡言一點。他不像他的手足那樣喜歡西式風格，他還是穿巴格達傳統服飾，身上唯一能和現代搭上邊的東西，是一副矯正近視的眼鏡，讓他看上去像個冷淡勤奮的學者。大衛認為，若要在遠離家人的陌生國家生活，且得經歷嚴酷與孤單的話，安靜敏感、獨來獨往的伊利亞斯，是再適合不過的人選。

伊利亞斯依照父親的要求，把妻子和剛出生的兒子留在家裡，展開了為期七十天的危險航程，從孟買出發到中國海岸。那段航行沒什麼風，船隻在海上一停就是好幾天，乘客們整夜不睡，揮舞著手裡的槍，隨時準備面對海盜的襲擊。伊利亞斯在中國的第一站是廣州，他遵循父親的策略，資助鴉片和紡織品運輸，向規模比較小的商人提供貸款，把自己的產品運到沿海地區分銷。一年後，伊利亞斯把廣州交給在沙遜學校受過訓的副手管理，自己往南航行一一〇公里，來到英國的新殖民地香港。當時，怡和洋行的鴉片貿易正在香港蓬勃發展，伊利亞斯注意到，他們用一種巧妙的信號系統來控制鴉片價格。怡和洋行在印度裝載鴉片，然後用快船運到剛好在香港港外的地方，在那兒等著；與此同時，岸上的怡和員工會追蹤鴉片的價格，當供應減少、價格上漲，怡和洋行就會派一名員工爬上一座叫做「山頂」的山，來到「渣甸山」，從那裡向等候的快船發出信號，表示當下就是開船進港、高價賣出鴉片的好時機。身為鴉片進口商，伊利亞斯的規模還太小，沒辦法建立自己的信號系統，但他非常欣賞這個策略。「追蹤需求」具有何等價值，他一直銘記於心。二十年後，他運用電報和蒸汽輪船的新技術，以類似手段摧毀怡和洋行的優勢，為沙遜家族奪下了鴉片市場的控制權。

伊利亞斯也從香港前往中國其他開放貿易的城市。他的結論是，由於小商販大量湧入，香港太擁擠了。激烈的價格競爭意味著所有產品的利潤都會縮水，包括鴉片在內。最後，他決定將沙遜總部遷往上海，他告訴父親，上海除了比香港更大之外，也離中國北方的寒冷城市更近，他們渴望能購買羊毛紗線和紡織品，沙遜洋行可以從印度運過去這些商品來販賣。

這時是一八五〇年，距離第一批外國人來到上海已經過了七年，而且還增加了一百多人。他們一起住在這片道台分配的沼澤定居地，這裡的生活條件實在太嚴峻了，一位英國醫生鼓勵新來的患者「找地勢高一點的地方」，以避免黃熱病、鼠疫、霍亂和斑疹傷寒。上海和紐奧良、開羅同緯度，一到夏天就成了蒸氣浴場，初來乍到的人必須和痱子、癬及其他皮疹搏鬥，靴子、鞋子也因為發霉而變色。但是，這些外國人並沒有要離開的跡象，他們沿著海邊修建倉庫和辦公室，還多建了一些住宅、一個英式俱樂部，甚至還有一座賽馬場。沼澤消失了，取而代之的是寬闊的歐式街道網，沿著河邊有一條蜿蜒的道路，這些英國人之中有許多和沙遜家族一樣來自印度，他們稱這裡為「外灘」（the Bund），這個烏爾都詞彙意指堤道或河堤❸。

道台曾希望能把外國人隔離起來，以防止西方思想滲透上海。一開始，只有擔任奴僕的中國人能被允許住在「外國租界」，但由於中國農村的內戰，許多中國人被迫逃到有英國砲艇保護的新外國租界避難，他們認為那裡比仍然在皇帝掌控下的上海其他地區安全。一位中國學者在繪製上海新地圖的時候說，現在中國人和外國人已經並肩生活在「車碰車、肩擦肩」[1]的城市裡了。

1 原文出自清末駐德公使李鳳苞一八七五年《上海縣城廂租界全圖》序：「上海為通商要口，中外雜處，轂擊肩摩，公私共聚，尤以地圖為要。」

「上海注定要成為中國與世界各國之間永久的貿易中心❹。」一位剛在上海創刊的英文報紙編輯寫下這麼一句話。還有一位歐洲遊客觀察到，英國船隻和大砲為外灘及其周圍的土地「開闢了道路」，而且「他們很可能永遠都不會被驅逐」。至於道台本人，他很快就被皇帝換掉了，一個又一個中國官員被派往上海處理與外國人的關係，但是誰也阻止不了他們的崛起。

伊利亞斯遵照父親的願景，在三十歲時來到上海，沙遜家族全新的、更加國際化的時代就此開始。那艘在幾年前把他自己和衣衫襤褸的水手、商人一起帶到香港的帆船已經不知行蹤；沙遜洋行買了一艘蒸汽輪船，大大縮短了印度和中國往返的航行時間，也保證旅程更加舒適。伊利亞斯自豪地披著他的巴格達斗篷，帶著帳本、錢袋，還有一個塞在斗篷大內袋裡的金鼻菸盒殺進上海。伊利亞斯身邊圍繞著一群在孟買沙遜學校受過會計、數學和基礎商業貿易教育的助手，他自己也會說好幾種語言，雖然並不包括中文。他立刻開始參觀沿江的倉庫和碼頭，用溫和的聲音和船長們交談。每年有四百多艘船隻從亞洲和歐洲的港口開過來，為的是尋找紡織品、棉花、絲綢和其他產品，一位船長宣稱，上海就是一片「絲綢與金錢」匯流的土地。

伊利亞斯運用父親的經驗，在上海建起自己的倉庫，免去了租用的開銷❺。他把鴉片、印度香料和印度羊毛賣給中國人，然後購買絲綢、茶葉和動物毛皮，再把這些貨物賣給鴉片船長，他們急著裝滿空貨艙，好返航回去印度。他也為其他希望運貨到印度的貿易商做中介，利用自身和中國商人的關係，填滿貿易商的貨艙。開進上海的船開始在伊利亞斯的碼頭爭奪空間，和其他貿易商的競爭也變得非常激烈。伊利亞斯一直擔心有間諜的風險，因為他不會說中文，所以和大多數外國人一樣，不得不依靠會說英語的中國籍中間人，也就是所謂的買辦，以協助他進行交易談判，在充滿中國商業慣例的複雜世界中為他領航。賄賂的機會隨處可見，伊利亞斯和其他外國人一樣，為了把貨物運到中國其他地方，不得不向中國官員行賄，也就是所謂的「回扣」，這讓他們不停抱怨。伊利亞斯還對買辦提出了幾起訴訟，指控他們盜竊，以及不當管理沙遜洋行的錢財。

伊利亞斯對上海影響深遠。他尋求和其他人結盟、做生意的機會，其中包括對來到上海的外國人感興趣、希望和他們合作的新興中國企業家。當時，中國內部的緊張局勢引發了一連串連皇帝都難以平息的叛亂和暴動，最著名的是一八五〇年爆發的太平天國起義，實質上已算是場內戰。成千上萬的中國難民，湧入英國控制的部分上海地區避難，其中許多人是富有的中國商人。伊利亞斯買土地，建造簡單的木屋租給難民家庭，這些人增加了上海的人口，也為這個城市增添移民的活力和野心。

大衛．沙遜是對的，伊利亞斯在情感上最適合與世隔絕的上海生活，但伊利亞斯為此付出的代價也顯而易見：他的家庭被破壞了❻。從孩子出生到現在，已經過了九年，他很少有機會搭船回孟買和妻兒相聚。在上海，伊利亞斯在河邊建了一棟兩層樓的房子，周圍有一道防護牆和一個庭院，他在院子種下牡丹和櫻花，還雇了幾十個留辮子的中國傭人。偶爾他也會去一下剛成立的上海俱樂部，那兒擠滿了外國商人，他會在那兒喝點酒、聊聊天。每到星期天，他就會去新的賽馬場，看看矮小的蒙古小馬繞著賽場跑，但他迴避了其他大多數外籍人士參加的社交活動。

伊利亞斯的對手認為他是個聰明強硬的商人，但又孤僻神祕。他會穿著中國貴族的長袍，戴著眼鏡，在自家庭院散步。平時，他會獨自在外灘漫步，為的是想逃離這個城市的酷熱和骯髒。當他哥哥阿卜杜拉來訪時，商人們都說他比弟弟更合群，也更有魅力。有一次，伊利亞斯被一個醉鬼粗魯地攻擊，他不得不向英國領事館尋求幫助，從此之後，他開始帶槍❼。儘管伊利亞斯一直和這座已經成為他家的城市保持距離，他的成就還是超出了父親對公司的商業期望，他打下了中國的事業江山，並且在廣州、香港和日本建立了蓬勃發展的分支機構，每個分部的運作都會通過上海。他希望自己的犧牲能得到回報。

§

另一方面，在孟買的大衛把伊利亞斯的六個弟弟分派到印度和中國，其中有幾個去和伊利亞斯一起工作。在一八六〇到一九〇〇年間，沙遜八兄弟很少待在同一個城市，但他們總共寫了七千多封信，大衛天天給每一個兒子寫信[8]。他們彼此交換家庭八卦，比較棉花和鴉片的價格、擔心商業間諜、討論改善福利制度以確保員工的忠誠。一位兄弟在美國內戰開打時寫道：「因為美國戰爭帶來經濟利益，我希望下個月的棉花價格會有好消息。」

為了在競爭中取得優勢，大衛想盡辦法加快沙遜商業做決策的速度。如果伊利亞斯想在上海建倉庫、買地建房，或者為貨物運輸融資，他要等孟買或倫敦的銀行家批准商業貸款，這實在太花時間了。於是大衛派了伊利亞斯的弟弟亞瑟去香港，與怡和洋行以及別間公司的企業家一起籌組了「香港上海銀行」（The Hongkong and Shanghai Bank，一八八一年後中文名稱改為「香港上海匯豐銀行」〔HSBC〕），藉此迅速批准中國境內企業的貸款，尤其為像沙遜這樣的董事會成員服務。為了建立總部，亞瑟把伊利亞斯幾十年前購買的一棟大樓租給銀行，幾個月後，這家銀行在上海外灘開設分行，門前放著兩隻威嚴的青銅獅子。很快地，香港上海銀行就成了亞洲財力最雄厚、最強大的銀行。

像怡和洋行這樣的大公司，也許錢賺得比較多，知名度也高，但是沙遜洋行這種可以使用多種語言的新勢力正在迅速崛起。一位競爭對手告訴中國一家英文報紙：「金銀、絲綢、橡膠和香料、鴉片和棉花、羊毛和小麥，不管是從海上或從陸上運來的，都有沙遜洋行經手的痕跡，不然就是印著沙遜洋行的標誌[9]。」歐洲研究者兼作家雅各布・薩菲爾（Jacob Saphir）曾經遊歷亞洲各地，他在一八五九年的記述中說，沙遜家族在中國和印度的收益全部加在一起，「已經累積成一筆巨大的財富，約有五百萬英鎊之多[10]。」幾乎相當於今天的六億美元。

一八六二年，距離把伊利亞斯派到上海執行不確定能否成功的投機任務已快要二十年，大衛把他召回孟買，開始計畫家族接班事宜[11]。大衛已經七十歲，現在是讓伊利亞斯和哥哥阿卜杜拉並肩工作、準備接管事業的時候了。

阿卜杜拉身為長子，本來就受到偏愛，這時更是在家族繼承上遙遙領先。一開始，習慣內省、好獨處的伊利亞斯在上海定居的時候，這個城市似乎還不算重要。阿卜杜拉這個兒子相較起來更合群、也更外向，大衛給了他一個更好的國際任務：他被派往巴格達。地方統治者遭推翻後，沙遜家族在那裡的生意已經重開。這個駐點比上海更輕鬆，也更容易賺錢。沙遜家族的大部分生意仍然通過波斯灣，家族的名號眾所周知，這裡每個人都說阿拉伯語，也是家族的母語。而且，巴格達離孟買比上海近得多，這表示阿卜杜拉可以更常回家看望父親和家人。

他的父親和哥哥都誤判了伊利亞斯在上海這些年的變化和成長程度有多麼巨大。他更自信了，也更有企業家精神，他擴大家族事業，不但跑遍了中國，還在日本建立新的辦事處。他專心致志，決心壯大沙遜家族和父親的成功與影響力。

但伊利亞斯發現，哥哥在孟買的生活十分奢華，比起他在上海為家族事業奉獻，孤獨又艱苦地工作，兩者差距甚大。阿卜杜拉在城外山上一座新建的豪宅大宴賓客，他在巴格達完成一項任務後回到了孟買，陪在父親身邊的時間越來越多。大衛更加頻繁地徵求他的意見，阿卜杜拉也擔任起對外角色，監督家族的慈善捐款。他針對未來的商業成長制定了雄心勃勃的計畫，包括建立工廠生產印度紡織品。他和英國商人及殖民地官員來往甚密，舉辦過一場盛大的舞會，有三百名英國嘉賓與會，還在家裡表演義大利歌劇⓬。會後，《孟買公報》（Bombay Gazette）向阿卜杜拉和他的家人道賀，還說他們「確切希望與孟買的英國社群結盟」。

一八六四年十一月的一個下午，大衛．沙遜在他的無憂宮豪宅花園裡散步，接著回到自己的臥室，給遠在香港、上海、孟買和倫敦的兒子們寫每天的指導信，然後便在睡夢中過世，享年七十二歲。他分散在世界各地的兒子們參加了追悼會，沙遜公司的船隻和倉庫前的英國國旗也都降半旗致哀。

根據大衛的遺囑，阿卜杜拉成為企業的新領導人，伊利亞斯是他的副手。未來情勢變得明朗，伊利亞斯的怨恨也與日俱增。阿卜杜拉以為，伊利亞斯這個內向的家人應該很樂於擔任幕後工作，他提議讓伊利亞斯和他二十三歲的兒子雅各布以巡迴經理的身分管理上海、香港和波斯灣等港口，重複伊利亞斯在二十年前便親自走過的路。等到阿卜杜拉準備好放棄領導人位置的時候，沙遜家族的領導權理所當然就會傳給自己的兒子。伊利亞斯試圖聯合弟弟一起反抗他們的大哥，但阿卜杜拉把弟弟們拉到自己這一邊，將他們外派到倫敦去，並承諾給他們豐厚的收入。也許伊利亞斯在上海展現了承自父親的商業頭腦，但阿卜杜拉擁有著大衛的人格魅力和領導力。

他們的父親死後不到三年，一八六七年秋天，伊利亞斯宣布自己將從家族公司辭職，並開設自己的新公司⓭。他繼承了父親的遺產，至少二十五萬英鎊，相當於今天的兩千五百多萬美元。弟弟們沒有一個加入他的陣營，他們都決定留在阿卜杜拉身邊。阿卜杜拉對家人說，他估計伊利亞斯會在上海成立一家小型貿易公司，對實力雄厚的母公司不會造成任何國際聲譽上的影響。在雅各布的陪同之下，伊利亞斯把新公司命名為E．D．沙遜洋行（E. D. Sassoon & Co.），然後登船返回上海。困惑的中國人於是把阿卜杜拉的公司稱為「老沙遜」，稱伊利亞斯的公司為「新沙遜」。

隨著「新沙遜洋行」的版圖日益擴張，伊利亞斯和兄弟之間的社交聯繫也停止了。他們在婚禮和葬禮上還是會碰面，也互致正式的生日祝福，但僅此而已。不過未來雙方都將受益於他們投資最多、而且最能鞏固他們下個世紀財富和影響力的產品：鴉片。

§

其實在第一次鴉片戰爭之前，也就是伊利亞斯和兄弟決裂、自己開公司之前的許多年，沙遜家族就已經靠走私鴉片到中國賺錢了，但他們仍然是小商人，不能與怡和洋行這種大型英國公司的走私行動相提並論。怡和洋行有裝備精良的快船和雙桅帆船，可以載運在印度合法種植的鴉片，然後裝箱運到中國沿海，進入當時禁賣鴉片的中國銷售。走私鴉片到中國，意思是要避開或擊退海盜和中國巡邏隊，並賄賂中國官員，再偷偷進入廣州和其他中國港口。走私鴉片的利潤令人目眩神迷，比絲綢、棉花或紡織品貿易還要高。即使扣除了運輸費用以及把鴉片流通到中國癮君子手中的成本，怡和洋行每箱鴉片的利潤依然高達三到五成。在一八三二年的某次航程中，一位怡和船長在四天內就賣出了價值二十萬美元的鴉片。

儘管英國打贏了鴉片戰爭，但從技術上來說，鴉片在中國仍然是非法的。像沙遜這樣的小公司別無選擇，只能靠怡和洋行幫他們載運並走私。一八五一年，英國的文件記錄了四十二艘註冊在英國公司名下的鴉片快船，這些公司都和鴉片貿易有關，當中多數船隻都屬於怡和洋行；登記在美國公司名下的有十一艘，新沙遜洋行只有兩艘。怡和洋行創辦人威廉・渣甸（William Jardine）洋洋得意地說，「小資本家」[14]是做不了鴉片生意的。在一八四二年的帳本上，雖然紙頁已經因年代久遠而脆化碎裂，但依然清楚記載著怡和洋行如何在印度以低價收購沙遜洋行手裡的鴉片，然後賣到中國賺取巨額利潤，而且還不斷向沙遜洋行勒索施壓。怡和洋行一位駐上海的主管曾經寫信給伊利亞斯：「我們指示過了，你們的鴉片要是受損，就應該用新鮮、完好的鴉片替換。」在另一個案例中，怡和洋行拒絕付錢給沙遜洋行的鴉片，這些鴉片都是壓成塊狀運送，還要熬煮過以測試純度：「因為鴉片塊外觀不好看，而且煮起來感覺糟透了。」伊利亞斯在他選擇的每一個領域，都建立了有利可圖的事業，但在中國最賺錢的鴉片貿易中，沙遜洋行最多只控制了百分之二十的鴉片市場。

這一切都在一八五七年，也就是伊利亞斯第一次登陸上海的七年後，發生了變化。英國決心打開全中國的貿易市場，而不僅僅是五個城市，而且還要正式讓鴉片銷售合法化，於是再次入侵中國，這就是我們所知的第二次鴉片戰爭。英法聯軍向北京進軍，洗劫並燒毀了圓明園。清廷領導人不久就向英法遠征軍投降，結束了第二次鴉片戰爭，也終結了中國企圖扭轉外國逐漸控制內政的希望。歐洲士兵搶走了圓明園的貴重物品，大英博物館在洗劫期間收到兩塊從門上撬下來的黃銅板，還從園裡帶走一隻北京狗，獻給了維多利亞女王。

中國被迫交出更多領土，南方的九龍半島成了香港的一部分，鴉片銷售也合法了。怡和洋行發布一份新聞稿，為英國的勝利歡呼，並宣稱「使用鴉片並不是詛咒，而是對辛勤工作的中國人有益的慰藉」。

對沙遜家族來說，鴉片合法化改變了一切，販賣鴉片從犯罪變成生意[15]。大衛分散在印度、香港、上海和倫敦的兒子都意識到，他們不再需要怡和洋行的武裝雙桅帆船和走私網路，能自行把貨物運到中國。他們可以在印度購買鴉片，用商用貨輪或他們自己的船隻運輸，然後在另一端雇用中國人為他們分銷鴉片，創造一個「端對端」的全程壟斷系統。

壟斷鍊從印度開始。怡和洋行自己並不生產鴉片，而是透過當地的印度代理商向農民購買鴉片。沙遜洋行決定繞過代理商，直接和印度農民協商，借錢給他們種鴉片，以換取收購鴉片的獨占權。他們尋找種植麻爾窪鴉片的農民，這是在中國最受歡迎的鴉片品種。等到怡和洋行決定採取相同策略，直接向農民購買鴉片的時候，一切已經太遲了。大部分農作物契約早被沙遜洋行鎖定，他們買下鴉片，然後留在手裡，等他們覺得時機成熟再賣出。

接下來是定價。鴉片是在印度買的，但是要在上海賣。伊利亞斯想起香港的「渣甸山」，以及怡和洋行如何暫停鴉片運送、等待價格上升的伎倆，於是他鼓勵兄弟們利用良好的家族情報網，分享鴉片價格的消息，以確保在最佳時機將貨物大量流入市場。加爾各答沙遜辦事處在一封給香港辦事處的典型信件中寫道：「鴉片價格下跌，鴉片貿易出現虧損。我們在加爾各答有大量庫存，要是現在賣掉，會造成巨大損失。」於是沙遜洋行決定不賣，繼續持有這批鴉片，直到價格上漲為止。沙遜家族投資了電報這項新技術，它徹底改變了國家與國家、大陸與大陸之間的通訊。在亞洲發出的第一批電報中，就有一些是從沙遜一個辦事處發給另一個辦事處的編碼訊息，內容多是討論鴉片價格——早在怡和洋行或其他競爭對手得知消息之前，這些消息就已經傳遞完畢。到十九世紀末，沙遜洋行已經成為人們心目中電報技術的頂尖專家，還應邀到下議院做過演講。

最後是分銷[16]。怡和洋行靠的是它長久以來建立的走私者與中國貪腐官員網路；但如今鴉片貿易已經合法，伊利亞斯看見一個觸及顧客的方法，更有效、也更便宜：和潮州人協商。潮州人是中國的一個小族群，定居在沿海地區，但和各地的貿易路線都有聯繫，他們把沙遜洋行的鴉片賣給其他中國人，藉此獲得分潤。由於和沙遜洋行合作，潮州人獲得了巨大的利潤。而為了搶下怡和洋行及其他競爭者的生意，沙遜洋行賣鴉片有時候會打折，或者借錢給中國的鴉片商店。一位西方訪客談到「當地的鴉片販子」越來越有錢，他們看起來「快樂、正派……而且非常文明有禮」。對鴉片貿易持批評態度的人認為，這些生意都是黑幫在經營，事實並非如此，相反的，它創造了一個全新的中國商界企業家階層：「這種貿易是由最體面、擁有巨大資本者進行的，人們認為他們是一流的商人，備受尊崇。」潮州人用販賣沙遜洋行鴉片賺來的錢，投資銀行和商店。

這一切對怡和洋行的影響是迅速而毀滅性的[17]。怡和的管理高層日益恐慌地看著沙遜洋行越來越成功：「密切關注沙遜洋行和投機者的活動，這很重要，因為他們的行為嚴重擾亂了價格，這點我再怎麼強調也不為過。」沙遜的策略得以壓低鴉片價格，以更便宜的定價賣出毒品。這位高階主管寫道：「令我驚訝的是，這種價格，運貨商是非賠錢不可的。」價格下跌對怡和洋行來說，已經成了「毀滅性的打擊」。另一位主管寫道，鴉片貿易「完全垮了」。在某一批從印度運往上海的鴉片中，有十箱來自怡和，四十二箱來自沙遜；另一批貨物中，有兩百六十箱來自沙遜，只有四十二箱來自怡和。到一八七〇年代，儘管伊利亞斯和兄弟之間關係不和，但流入中國的鴉片有百分之七十都控制在沙遜家族手中。

一八七二年，在鼓動英國入侵中國以保護鴉片生意的三十三年後，怡和洋行完全退出了鴉片貿易。他們繼續在棉花、房地產、礦山和航運業賺取巨額利潤，但是鴉片，以及使怡和獲得早期成就的鴉片利潤，現在已經屬於沙遜家族了。隨之而來的權力和晉升管道也是如此[18]，英國在印度的殖民政府依靠鴉片銷售的稅收維持生計；現在，英國總督禮貌地向阿卜杜拉．沙遜，也就是大衛的長子暨選定繼承人詢問「未來十二個月鴉片貿易的可靠消息」時，還會加上一句：「我知道，沒有人比他更有能力提供這些資訊。」幾年後，英國人邀請阿卜杜拉加入印度立法議會，又過不久，便授予他騎士身分，他成了阿爾伯特．沙遜爵士。

中國鴉片成癮者的痛苦很少出現在沙遜家族的信件、電報或帳本中。沙遜家族知道鴉片對中國工人健康造成的損害，一位在香港的英國官員早在一八四四年就寫到，鴉片販子「腐化、降低、毀滅了中國人的道德，與此同時，每小時都有新的受害者」。有一次，伊利亞斯在上海辦事處寫信給加爾各答的辦事處，說必須解雇一名最高層級的中國員工，因為他抽了太多鴉片，成了廢物⑲。在中國的新教傳教士彙編數據，證明毒品的危害，並創建反鴉片聯盟，成員包括上海最重要的幾位醫生。一八七五年，舊金山因為擔心鴉片在中國移民鐵路工人之間傳播，通過了美國第一部反毒品法，將頻繁光顧鴉片館入罪化。西格夫里．沙遜[2]是二十世紀初英國的重要詩人，他與他的家族，及其「巨大的財富」⑳已經分道揚鑣。他寫道：「他們在東方透過骯髒的交易，賺進成千上萬的錢財。」在反鴉片團體的壓力下，英國政府一八九三年在印度成立了皇家鴉片委員會。沙遜洋行的代表在委員會作證時堅稱，如果用量適當，鴉片是安全的，一位高階主管說：「這只是上流階級的娛樂活動。」另一位主管補充：「如果適度吸食鴉片，是非常有益的。」就像歐洲人沉迷飲酒一樣，中國人也本能地受鴉片吸引。沙遜洋行宣稱，事實上，「吸食鴉片的中國人，比那些嗜酒成癮者表現得更好、更安靜，也更理智㉑。」

2 西格夫里．沙遜（Siegfried Sassoon, 1886-1967）：大衛．沙遜曾孫，也是詩人、小說家。其父阿弗雷德．埃茲拉．沙遜（Alfred Ezra Sassoon）由於與非猶太人結婚而被剝奪繼承權。

沙遜家族全力對抗所有限制或禁止鴉片貿易的努力。他們成功的關鍵在於，這個家族在英國政治圈及白金漢宮與日俱增的影響力。一八五八年，和哥哥伊利亞斯一起在上海工作的沙遜・大衛・沙遜（Sassoon David Sassoon, 1832-1867）被父親派往倫敦，為沙遜洋行開設辦事處。沙遜・大衛抓住了這個機會。他討厭上海濕熱的夏天，他還得知，這次可以帶著妻子和年幼的兒子前往，這點是異乎傳統的。於是這家人去了英國。沙遜・大衛在相當於華爾街的倫敦芬喬奇街（Fenchurch Street）設了一個辦事處，又在肯特郡的阿什利公園（Ashley Park）買下一座古老的皇家城堡。在巴格達，沙遜家族被培養成「納西」，也就是國王的顧問和政府的財政支持者，這個家族了解政客、皇室成員和商界之間的相互作用，也懂得在花園派對和豪宅晚宴上達成的交易和結盟。很快的，他的兩個弟弟也加入他的行列，這樣他們就可以購買房產，開始款待英國的上層階級了。他們兄弟間的信件中，對棉花和鴉片價格的關注開始減少，而越來越關心酒宴和晚宴中的皇室成員[22]。在倫敦的兄弟們把剪報寄回印度，吹噓他們在社交禮儀和躋身上流方面日漸增多的接觸機會和交流技巧；當英國貴族訪問印度，他們會互相催促，邀請這些人參加在家族宅邸舉辦的舞會。「這會增加我們家族的聲望。給新聞界發個消息，讓他們在報紙上報導這件事。」

首要目標是英國最重要的人物——維多利亞女王之子兼法定繼承人，威爾斯親王愛德華，大家稱他「伯蒂」（Bertie）。伯蒂在一九〇一年，五十九歲時成為國王，在此之前，他當王儲的時間比任何一位前任王儲都要長。和其他王室成員相比，他在社交方面想法更開明，也更國際化[23]，他和一些知名猶太富豪交好，包括羅斯柴爾德家族在內。他還需要錢來維持揮霍無度的生活。伯蒂喜歡賭博、打獵、玩遊艇，還有一大批情婦，包括女明星和歌手，他會用昂貴的禮物向她們求愛，有關他債台高築的流言始終沒有斷過。

沙遜兄弟開始在羅斯柴爾德家族舉辦的家庭聚會和賽馬會上，向這位英國王位繼承人獻殷勤[24]。沙遜兄弟當中，有一位叫魯本（Reuben），他開始陪伴這位肥胖的王子在捷克接受為期一個月的減肥治療。這家人為伯蒂備足了他喜歡的食物，他想玩橋牌、跳蘇格蘭里爾舞和抽雪茄的時候，不管多晚他們都陪他熬夜。最重要的是，他們幫他還清了賭債，還給他股票內線消息，以及用鴉片做投機買賣大賺一筆的機會，讓他在印度買鴉片股票，然後在上海賣掉獲利。這個家族讓伯蒂賺進一大筆錢，他開玩笑說，自己應該任命這位減肥夥伴，同時也是他的財政大臣魯本・沙遜，去當英國的財政部長才對。

伯蒂訪問印度時，阿爾伯特在他從父親那裡繼承的無憂宮豪宅裡，為王子舉辦了一場派對。阿爾伯特寫信給他在倫敦的兄弟們：「這會花很多錢，但會增加我們家族的名聲。」伯蒂離開後，阿爾伯特請人建造一座王子騎馬的巨型雕像，雕像底部還特意凸出刻畫了阿爾伯特的兒子愛德華。他之所以取這個名字，就是為了向這位未來的國王致敬。

沙遜家族的迅速崛起也引發強烈反彈。許多富有的英國家族雖然土地很多，卻缺乏現金。就像英國貴族突然對富有的美國女性和她們的繼承人產生好感一樣，他們也學會了容忍，甚至歡迎像羅斯柴爾德和沙遜家族這樣的外來者，這些人有能力投資新產業、舉辦精心策劃的派對、招待國王，還能買下破敗的鄉村莊園並整修翻新。一位倫敦作家在評價沙遜家族時表示：「不管你怎麼說，猶太人都是時尚上流階層不可或缺的風味所在，也是智力上的刺激。現在的倫敦有趣又時尚，這些人性化的影響大部分都來自猶太元素[25]。」

但英國貴族中的其他成員卻對這些新來者的出現嗤之以鼻，甚至在他們和沙遜家共進晚餐時，不時會冒出反猶太人的辱罵言語。一位英國公爵「出於宗教原因」，拒絕將自己的鄉間別墅租給魯本．沙遜，儘管魯本和王室關係密切[26]。公爵對朋友們說，他會「收更低的租金，租給更合意的房客」。當威爾斯親王在幾位沙遜家族成員陪同下，到倫敦北部看賽馬時，人群中還有人諷刺地高喊：「恭喜，猶太人的王啊[27]！」

「我很想了解國王的情況。」溫斯頓．邱吉爾在一九〇一年伯蒂加冕前夕寫信給他的母親，「這會徹底改變他的生活方式嗎？他會賣掉他的馬，遣散他那群猶太人？還是會把魯本．沙遜列入皇冠珠寶和其他的典禮服飾中呢[28]？」

當一家之主阿爾伯特．沙遜也決定從孟買搬到倫敦，永遠和兄弟們生活在一起的時候，有家英國報紙刊登了一首打油詩，嘲笑他是個熱愛黃金的「黑鬼」（coon）：

阿爾伯特．阿卜杜拉．沙遜爵士大人
那個穿金戴銀的印度黑鬼呀
買了棟房子叫「女王之門」
六月就要風光搬進去啦[29]

沙遜家族不斷蒐集騎士頭銜和皇室邀請函、與英國王儲一起享用晚餐和減肥療法，並自認是英國人。中國人看到沙遜家族的商業利益在英國國旗下不斷成長，於是也把他們當英國人。但許多英國人一直把他們視為猶太人。

儘管如此，沙遜家族和他們倫敦盟友的利益還是掛上鉤了，雙方協力保持鴉片貿易的蓬勃發展。一八九一年，英國議會在公眾壓力下通過立法，終止了這項貿易。然而，沙遜家族利用他們的政經關係，使這條法律得以推遲實施。一九〇六年，議會通過另一條法律，禁止在中國販賣鴉片。「我們即將遭受巨大損失，我們該找誰賠償呢？」沙遜公司的一位代表寫道，「我們的損失每天都在增加。身為英國商人，我們有權得到政府支持，合法從事貿易。」鴉片依然繼續銷售。一九〇九年，一場國際性的禁鴉片會議在上海召開。三年後，包括美國在內的幾十個國家簽署了一項禁止鴉片貿易的國際協議。沙遜兩家公司的代表聯名寫道，這項禁令將導致「巨大損失」[30]。即使如此，禁令還是生效了。「禁令如今已成事實。」沙遜家族哀嘆，「經營鴉片」成了「刑事犯罪」。

以最美化的角度來看，沙遜家族對鴉片貿易的看法，和後來那些販賣菸草與酒精的企業家非常類似。他們知道這些東西有害，但他們的工作是賺錢，而不是禁止惡習。鴉片是合法的，印度的英國政府對鴉片徵了稅，沙遜公司分銷鴉片也是在中國商人合作之下進行的。

但沙遜家族對鴉片貿易的追求，以及長達數十年來，不斷抗拒鴉片禁賣，反映了將中國視為殖民地的種族主義觀點。在讀沙遜家族關於鴉片的信件的時候，實在不難相信沙遜家族其實和其他英國商人及官員一樣，以一種高高在上的姿態看待中國人，也因為如此，他們與鴉片成癮的毀滅性影響保持了距離。沙遜家族自己避免使用這種藥物，也和許多在上海的英國人一樣，看到使用毒品的西方人都會斥罵指責，如果看到臉上還出現癮君子特有的灰黃氣色時還會罵得更兇。

數百萬中國人遭受鴉片成癮的影響，而鴉片的廣泛使用，再加上其他種種因素，也削弱了皇帝應對西方入侵的能力。一位中國詩人對鴉片從印度沙漠中盛開的紅色罌粟，到盤旋在鴉片吸食者頭上的青煙這一路上的蹤跡發出悲嘆[31]：

炎荒瘴毒金蠶蠱，皂鴉嘬人肌骨腐；
磨脂滴血搗春華，摶就相思一塊土。
相思土碎青煙飛，拌使內地輸金錢；……[3]

鴉片被禁之後，沙遜家族把財富投資在房地產和工廠上，累積了更多的財富。一九四九年共產黨掌權，查封了沙遜在上海所有公司的商業檔案。到了一九八〇年代，中國政府允許兩位中國經濟學家對沙遜在這一世紀的商業往來當中，持有的多項財產進行詳細調查和合算。中國人發現，鴉片所得的利潤為沙遜洋行帶來的收益共有一億四千萬兩（十九世紀中國貨幣的通用單位），相當於二〇一八年的二十七億美元㉜。之後他們把這些錢投資在上海的房地產、股票和公司上，讓利潤翻了一倍多，相當於二〇一八年的五十六億美元。正如法國作家巴爾札克（Honore de Balzac）在反思十九世紀世界各地如沙遜這樣的強盜大亨時所言：「每一筆巨額財富的背後，都隱藏著犯罪。」

3 出自王尚辰（1826-1902）的〈相思曲〉。

蘿拉與埃利・嘉道理

第三章 蘿拉與埃利

大衛．沙遜和他的兒子們僅僅用了一代人的時間，就從逃離巴格達的難民一躍成為英國商界和社交界的頂尖人物。他們坐在印度殖民地的立法會議上，為英國殖民政府提供建議；他們在自家宅邸和國王社交，也到溫莎城堡拜訪國王。他們開發了許多現代資本主義工具，並且有效利用了蒸汽輪船、電報和現代銀行。他們在倫敦的總部有一整層樓的翻譯人員，負責翻譯用希伯來文、阿拉伯文、波斯文、中文和印度斯坦文寫的提貨單、合約、保險單和商務諮詢。被迫向外國商人開放上海的中國皇帝曾經想限制他們的影響力，並希望最終能趕走他們。只是皇帝沒有如願，相反的，沙遜家族的版圖不斷擴張，並且開始改變中國和中國人對商業的看法。上海一份新英文報紙《北華捷報》（The North China Herald）在一八八一年寫道：「在歐洲，沙遜家族的名號沒有羅斯柴爾德家族那麼出名。」但在中國商人之間：「它可是個非常有影響力的名字[1]。」

隨著沙遜家族和其他大亨成功的消息傳開，許多來自英國、美國和歐洲的外國商人也紛紛來到這裡，渴望抓住這個新機會。大衛．沙遜最引人注目的創舉，就是建立沙遜學校，它每年都為家族企業輸入新員工，卻也存在著危險。隨著在中國賺得了錢的消息傳開，窮困卻滿懷雄心壯志的巴格達人也成群結隊地湧向沙遜公司。沙遜家族在打造錢幣的同時，也在打造自己的競爭對手。

當麗瑪．嘉道理（Rima Kadoorie）一家遭遇經濟災難的時候，她聽說了沙遜學校的事[2]。她和先生薩利赫（Salih）原本在巴格達過得很好，雖然沒有他們的遠房表親沙遜家族那麼有錢，但也很舒適了。薩利赫是個「商農」，在巴格達相當於商業銀行家。在巴格達周邊的鄉村，成群綿羊被當成商業交易的抵押品，羊群由游牧民照看，薩利赫擔任銀行家和中間人的角色，提供信貸，並以羊群做為擔保。嘉道理家有七個孩子，六子一女，他們把六個兒子送到巴黎猶太團體開辦的私立學校，孩子們在那裡學習讀寫英語、希伯來語和法語。一八七六年，薩利赫去世了，他的孩子都還是十幾歲的青少年，留下麗瑪獨力撫養。他們年紀都太小，沒有人能接管家族生意。麗瑪聽說沙遜家族在印度和中國發展新業務，將會提供培訓、見習和工作機會，雖然兒子們都還小，但這對他們來說是個大好機會，他們可以寄錢回來供寡母生活。沙遜公司絕對會歡迎他們的，他們在學校和語言方面的訓練讓他們更有價值，信仰讓他們緊密相連。麗瑪決定把四個兒子送到印度為沙遜公司工作❸，最小的兒子埃利當時十五歲，沙遜公司很歡迎這位在巴格達陷入困境的親戚，他是個有商業頭腦的青少年、可靠的職員，而且保證會感恩和忠誠。

埃利從巴格達出發的旅程以及他的人生軌跡，都和大衛．沙遜截然不同。造成不同的因素有好幾個。大衛三十七歲逃離巴格達，當時他已經為人夫、為人父，是一大筆財產的繼承人，而且是以未來的家庭、猶太社區和橫跨中東地區企業領導人為目標培養長大的。埃利則是個十五歲的男孩，雖然會說英語和法語，但缺乏沙遜家族的人脈和社會關係，也缺乏他們擁有的崇敬和尊重。埃利將在中國成長，在那裡做出他最重要的事業和家庭抉擇。從巴格達到孟買，再到上海，沙遜家族一直披著成功和權威的外衣，相比之下，埃利是個力爭上游、靠自己奮鬥才成功的人，並帶有許多創業家一直隱藏著的少許不安全感。大衛覺得自己格格不入，但埃利的處境更加危險。被扔到中國之後，埃利被迫和其他移民及中國人建立聯盟和關係，他的決心和機敏會給許多中國人留下深刻的印象，他們從他的渴望以及和英國當局的對抗中，看見了自己的奮鬥和抱負。他會把家族的命運和中國綁在一起，在沙遜家族的陰影下運作，直到他的家族超越沙遜的那一天。

埃利在孟買待了一段時間，他在那裡的沙遜學校當學徒，學習黃麻、咖啡和紡織品的基本貿易知識，然後被分派到香港，在伊利亞斯的公司裡當見習職員，當時，這家公司還是和家族決裂、自己出來打天下的「叛徒」伊利亞斯剛創立的冒險事業。首先，埃利必須先拿到一張「通行證」——可以讓他走遍整個大英帝國、印度和中國的旅行證件。一八八〇年五月二十日，他抵達香港，到碼頭附近繁忙的沙遜總部報到。一八八〇年，也就是鴉片戰爭結束大約四十年後，隨著英國在香港和上海的租界統治日益穩固，香港充滿了雄心壯志。沙遜洋行總部俯瞰著繁忙的碼頭區，這個家族已經躋身香港主要貿易商之列；埃利的薪水是每個月三十七盧比，他把其中的一半寄回巴格達給母親。

埃利表現很好，很快就被派往北方，到中國沿海設有沙遜洋行駐點的小型港口城市，他最終到了一個叫威海衛的小村落，從上海出發要三天航程，沙遜洋行在那裡有個倉庫。十八歲時，埃利搬進一棟有花園、能看到港口景色的大房子，工作頭銜是「三號辦事員」。再上去，可能就是在上海的高薪職位了。

和許多中國城市一樣，威海衛也飽受衛生條件差勁和疾病反覆爆發的困擾。埃利到達不久，就爆發一場腺鼠疫大流行。埃利的上司們都出城度假和拜訪其他駐點了，暫時負責掌管倉庫的埃利拿出一桶消毒水，在倉庫裡到處潑灑，驅趕傳播疾病的跳蚤和老鼠。當倉庫附近開始有人死亡，埃利便提供消毒水給中國員工；有人付不出錢，他也同意可以晚點再收。

倉庫的高階主管回來後，斥責埃利未經允許就使用消毒水。不管是否因為瘟疫，他把屬於沙遜洋行的東西送人這件事無可爭辯。他被叫去沙遜位於上海的總部，在那裡激烈抗辯，負責這件事的沙遜家親戚勸他別衝動，如果埃利答應「改過自新」，這件事就當作沒發生過。

「如果你們認為人命的價值只到這裡，如果你們這麼不重視人性，那我現在就辭職。」埃利回答。這段故事從此成為他們家族傳說的一部分，因為這段經歷具體而微地呈現了埃利對自己的看法：一個有原則、固執、總是在抱怨別人愚蠢和短視的人。同樣可能的是，年輕而雄心勃勃的埃利，被中國的各種機會吸引，他開始厭倦了為專橫的沙遜洋行工作，於是決定是時候出去獨立創業了。回顧嘉道理家族日後積累的財富時，埃利的兒子羅蘭士總會開玩笑說，他們家應該在嘉道理的家徽刻上一桶消毒水，以紀念埃利離開沙遜洋行這件事❹。

§

在上海的沙遜辦事處辭職後，埃利回到香港尋求哥哥摩西（Moses）的幫助，當年他也被母親從巴格達送到沙遜家族找工作。摩西給了弟弟五百港幣，然後警告他：「就這樣，不要再來找我要錢了。」

埃利帶著他的五百港幣，去了香港最好的飯店——香港大酒店（Hong Kong Hotel），這家飯店有四層樓高，最高處有一座華麗的穹頂和觀景台。飯店裡有寬敞的天井、酒吧、撞球室，還有一座通往客房的大樓梯；建築三面都有帶頂棚的露台，保護客人免受酷熱侵襲。香港的經紀人和交易員每天都會在露台上碰面，交換金融界的內部消息、兜售、購買公司股票，這是正式證券交易所的前身。大衛・沙遜擁有一個足以打開機會之門、也足以吸引生意人的名字，但「埃利・嘉道理」就不是這樣了。他擔心自己的名字聽起來太異國，於是用了一個化名：E・S・凱利（E.S. Kelly）。他認為做生意時，比起「埃利亞澤・塞拉斯・嘉道理」這個帶著濃厚巴格達口音、口袋裡只有五百港幣的名字，「E．S．凱利」會擁有更好的機會。對埃利．嘉道理這樣的年輕外地人來說，露台是個建立人脈的絕佳途徑。埃利和另外兩名交易員一起成立了一家股票經紀公司，名為利安洋行（Benjamin, Kelly & Potts）。現在，他可以根據從其他經紀人那裡收集到的消息，購買公司股份，還可以提早發現投資機會。化名工作使他行動得以隱密，在準備好公開宣布投資之前不會走漏風聲。一八九一年三月，二十五歲的他買下了自己的第一批股份——他每天早上都去的那家飯店的母公司。

埃利的出身不那麼顯赫，經濟狀況實在拮据，因此讓他難以累積進入鴉片貿易所需的資本。他被迫要讓自己的生意更多樣化，並且發展出一個商業夥伴網路，比起從倫敦來此尋求財富的英國商人、甚至是沙遜家族更加廣泛。他成了股票經紀人，擁有幾十家公司的股份，並且在幕後與合作夥伴和公司所有者合作，不斷累積影響力和權力；一個世紀後，美國投資家華倫．巴菲特（Warren Buffett）將會把這套策略發揮到極致。在公共場合，埃利總是彬彬有禮，舉止得體，但在董事會的會議室裡，有時他卻顯得固執無情，也會排擠合夥人，並利用金融風暴奪取控制權。

在追求生意的過程中，埃利開始跨越社會壁壘，這在當時幾乎是前所未聞。香港居民絕大多數是華人，然而這裡是英國的殖民地，華人被當成二等公民對待。他們只能住在某些特定社區，而且禁止進入屹立在市中心、風景優美的太平山。輕微犯罪者會受到公開鞭刑，但這並沒有阻擋埃利和香港最有錢的富商何東（Robert Hotung）結交。何東是歐亞混血的大亨，父親是荷蘭人，母親是中國人，他學了英語，在怡和洋行擔任買辦，和中國人談判商業交易，同時積累自己的資本。他認為自己是中國人，當埃利回到香港，打算買一些新興公司的股份時，何東已經是香港最富有的幾個中國人之一。他們兩人開始投資新穎的新創公司，這些公司加速了現代化的過程，在十九世紀末改變了人們的生活。他們買下的股份包括香港新興的電力公司，以及能吸引外商和外國旅客的飯店；他們還擁有登上香港最高峰「山頂」的機械化纜車的部分所有權，這個纜車系統俯瞰著港口，並取代了在酷熱天氣裡扛著英國家庭上山的轎夫和苦力。埃利和何東的關係綿延了好幾代，多年以後，何東還會親熱地給埃利的孩子們寫信，說自己是看著他們長大的❺。這種和中國人之間的親密關係，沙遜家族當中無人能及。

§

過了將近二十年爾虞我詐的生活，三十二歲的埃利開始考慮結婚了。沙遜家族在父親的指示下，每個人娶的都是巴格達富裕家庭出身的女性，而且在他們從上海搬到香港、再搬到倫敦這段期間，通常會把她們留在孟買撫養孩子。其他在中國落腳的英國或各國投機商人，則會和上海的「歌女」（songbirds），也就是在碼頭招徠男人的中國妓女交往。埃利的哥哥伊利士（Ellis）終身未婚，但似乎和中國女人一直有同居關係。伊利士死後留下一棟房子和一筆信託基金，用來供養一位中國婦女和她的幾個女兒，除此之外，還有幾個中國女人站出來說，伊利士答應過要給她們財產和珠寶❻。

這些都不是埃利的作風。他搭船前往英國，思考著如何和那裡的富有猶太人建立商業夥伴關係，並且會見了倫敦猶太社區的領袖斐德里克．莫卡塔（Frederick Mocatta），莫卡塔邀請埃利去他家見見他的姪女蘿拉。

蘿拉擁有埃利所沒有的一切。她是受過教育的英國貴族，家族屬於「表親家族」（cousinhood），是一群在英國定居了幾百年的富有猶太家族❼。一四九二年，莫卡塔家族被宗教裁判所逐出西班牙，他們先在荷蘭落腳，之後又因為奧利佛．克倫威爾（Oliver Cromwell）重新接納猶太人到英國而搬到倫敦。他們經營倫敦的金銀交易所而致富，斐德里克．莫卡塔轉向慈善事業，猶太人群居在倫敦最貧窮的東區，莫卡塔在那裡建立學校和圖書館。埃利愛上了蘿拉，人們認為她相貌平平，而且年近四十，早就過了結婚年齡，還比埃利大好幾歲。她曾經和一位表親去印度旅行過，以當時的女性而言，這很不尋常。蘿拉的母親剛去世，她未來最可能成為的就是一名參與慈善事業、幫助倫敦窮人的未婚富有女子。

但是埃利深深迷戀著她。他推遲回中國的時間，幾個月後，他求婚了。在那個年代，家族聯姻便是踏上成功之路，埃利的選擇確實再好不過，和倫敦的顯赫家族結親，等於在中國的投資從此無憂無慮。但如果這一切都是在埃利的預料之內，那麼他沒預料到的，就是他的妻子。無論當初的動機為何，他後來的婚姻其實要比同時代類似的婚姻融洽許多。蘿拉帶埃利進入倫敦的社交圈，他們把兩個兒子培養成英國人，從名字（羅蘭士和賀理士），到就讀的寄宿學校，再到他們即將在倫敦購買的豪宅，都是如此。但蘿拉也下定決心，她不滿足於那種遊手好閒有錢人偶爾幫忙吃一頓慈善午餐的生活。大多數在中國做投機生意的商人，都把妻子留在英國，因為中國太不舒服了，但是蘿拉喜歡旅行，而且在母親死後渴望有所改變。當埃利宣布他要回中國尋找更多商機，蘿拉也決定和他一起去。

蘿拉在日記中透露，她和新婚丈夫抵達香港的時候，「天氣非常熱」❽。炎熱才剛緩解一點，他們又陷入「極度潮濕的霧氣」之中。「山頂」是聳立在香港市中心的一座山，也是歐洲人和其他外國人的保留地，蘿拉和埃利搬到半山腰的一棟房子，在那裡，他們可以稍微避開酷熱和潮濕。蘿拉抵達不久後，一場颱風掀掉了嘉道理家的部分陽台，掉到下面花園的溫室；隔壁的房子立在四呎高的柱子上，地基也被吹掉了。港口對面就是九龍，埃利和蘿拉可以看見那裡有工人在撿屍體。她的兒子羅蘭士多年之後淡淡地說：「一開始，我母親覺得在香港生活有點困難，這裡和她在倫敦習慣的環境太不一樣了[9]。」她的叔叔曾經捐過一大筆錢，幫助那些擠在倫敦東區（類似紐約的下東區）的貧窮猶太移民。在香港，貧窮和災難更為嚴重。許多需求都是一樣的，只是受益者並非猶太人，而是中國人。

在倫敦，蘿拉一直被認為是英國上流社會的一員，她的家族財富和社會關係為她鋪平道路。但在香港，就不是這樣了。羅蘭士幾年後回憶說，這個殖民地是個「勢利」的地方，社會地位就和實際居住的位置一樣，是層層遞進的。

總督的避暑別墅就在「山頂」最高處。「你一路往下走，社會階層也隨之逐步下降。」羅蘭士回憶道。「從任何一個英國人的角度來看，不管他自己是哪種身分地位，整個社會氣氛都令人驚訝。一開始，他們根本不知道發生了什麼事[10]。」

蘿拉打算建立自己的人脈，她首先必須適應香港上流社會的習慣。例如，除非蘿拉先到對方家裡呈上一張拜帖（類似商務名片），否則是不會有人聯繫她的。她甚至必須摺起拜帖的一角，以表明這是她親自留下，而不是讓僕人或車夫送來的。至於長期住在那裡的人，在把自己的回帖放進蘿拉的信箱以示回應之前（表示認可她的存在），按照禮儀，蘿拉不可以再度上門拜訪。

香港不同於貌似位在邊陲地帶的上海，這裡是英國的殖民地，有皇家總督，有公務員，有一整套的禮儀，有下午茶，還有對階級及口音的敏銳意識。遊客們說，這裡比英國更英國。一位新教傳教士寫道，香港的女士「過著不需要肩負什麼責任的生活，她們坐著馬車到處跑，分發一疊疊的拜帖、安排隔天的午餐、聊著生蠔和野雞漲價的事。有些女士肯定既快樂又不需負責任，但她們在炎熱的天氣裡穿著緊身衣裙，看上去總是筋疲力盡，有點透不過氣來⓫。」大吃大喝讓她們的不適變得更嚴重。英國人對香港的炎熱和美食是絕不讓步的，晚餐七點開始，就像在倫敦一樣，先是雪利酒，然後是湯、魚、兩道肉類主菜、起司和沙拉。然後是甜點和水果，一杯又一杯的紅酒和波特酒把這些佳餚送進肚裡去。

蘿拉在四年內生了三個孩子，其中一個叫維克多的寶寶五個月大的時候夭折了。一九〇一年，埃利放下「凱利」這個偽裝，自豪地將公司更名為「埃利．嘉道理父子公司」（Elly Kadoorie & Sons），並仿效英國人的紋章，還從蘿拉的家族，也就是富有的莫卡塔家族那兒引用了一句座右銘：「堅持與繁榮。」

§

蘿拉下定決心，絕不讓香港已成定規的殖民生活扼住自己。她的家族在倫敦一直積極參與慈善活動，埃利的表親沙遜家族也在印度和中東各地建造並捐助猶太會堂與學校。她和埃利開始支持一項開創性的事業：女子學校，他們同意在巴格達為女孩子建造一所學校，並以蘿拉的名字命名⓬。埃利和巴格達的人脈協商購地事宜，並支付建設費用；蘿拉則用流利的法文寫信，和這些人的妻子討論為學生提供獎學金和組織活動的事。

蘿拉堅定認為，如果巴格達想要變得現代化，女性教育極為重要，就像教育和圖書館對改善倫敦東區貧窮猶太移民的前途一樣。這所新學校的老師們反對童婚，並成功提高了畢業生結婚的年齡。嘉道理夫婦資助學校一間圖書館，婦女們即使畢業離校了也可以使用。學校招收七百多個女孩，其中大部分是貧窮的猶太人，但也有少數穆斯林父母受到這些進步思想吸引，紛紛送自己的女兒來上學。隨著這所學校在巴格達日漸發展，蘿拉和埃利也開始支持埃利的哥哥伊利士，聯手建立一系列的學校以幫助中國貧困學生，他們在香港和廣州通常都沒有受教育的機會，這些學校教授算數、漢語和英語，最後招收了一千名學生。

為了尋找新的投資機會，埃利越來越常往上海和中國各地跑。蘿拉決定離開令人窒息的香港，和他一起旅行，同時帶著兩個兒子、一位家庭教師和十幾只行李箱。接下來的二十年，蘿拉一直把她經歷過的事情記在日記裡，有點讓人想起電影《非洲女王號》（The African Queen）裡的凱瑟琳．赫本（Katharine Hepburn）。

在早期的一次航程中，她記下每個人（包括埃利和兩個孩子在內）是如何因為暈船而徹夜未眠，但她成功克服了暈船。「我現在已經是相當不錯的水手了[13]，」她寫道，儘管持續的高溫仍舊是個問題，「自我們離開香港以來，天氣一直很熱，但幸運的是，儘管氣溫高達四十度，上海還有一點宜人的微風。」

中國的臭味和骯髒令她震驚。北京的街道「糟得可怕，到處是厚厚的泥巴……寬闊的街道兩旁都是骯髒破舊的棚屋，叫做集市。」在擁擠的人群旁邊，駱駝「馱著貨物在街上慢慢走著，牠們是沒人照料的可憐動物。車夫匆忙趕路，每次轉彎，車子都要在壓出車轍和坑洞的差勁路面上左右閃躲。」當他們斜斜穿過北京和上海的貧困區，連倫敦東區塞滿租戶的廉價公寓都顯得優雅起來。她在日記中繼續寫道：「我們從骯髒的商店和店門前的攤子中間衝過，幾乎沒帶多餘的衣服來替換，邋遢得像是隨時會被丟出門，混進那些全身髒兮兮、經常光溜溜的小孩當中。」和蘿拉一起旅行的一對英國夫妻很想早點回到飯店，「但是我被這場景中的滑稽所打動，再說，我無論如何都不會再回到這裡了。」蘿拉說。

蘿拉旅行的次數越來越多，膽子也越來越大。在一次從香港到上海的航程中，她寫道：「我注意到有艘只載著兩個男人的帆船橫掠過我們的船頭。」當時她站在甲板上，帶著七歲的羅蘭士看風景，「還沒等我們明白發生什麼事，我們的船就傾斜了，越來越低。」蘿拉一把抓住她的小男孩，「我們緊緊抓著高處的欄杆，有種接下來要出事的可怕預感，埃利、寶寶（賀理士）和阿寧（寶寶的保母）在哪裡？我要怎麼做才能救羅蘭士？如果情況繼續下去，一分鐘後我們會在哪裡？這些問題像閃電一樣劃過我的大腦。」船在快要翻覆的那一刻陷進泥裡，蘿拉和兒子緊緊抓住船隻高處；埃利和抱著寶寶的保母衝上甲板，免得被甩進河裡。船慢慢又恢復了平衡，繼續前進。「當然，船上照例會有些愚蠢的人，他們又哭又叫，還得給他們喝一點白蘭地。」蘿拉寫道。那天晚上，許多婦女都綁著四個救生圈睡覺，「我真的沒辦法想像，為什麼會有這麼蠢的人。」在接下來的旅程中，她平靜地畫風景素描、彈鋼琴，還帶著旅客一起唱歌。

蘿拉在旅行時，看出了中國在其他國家的進攻下逐漸惡化的跡象，這些國家以獲得領土和貿易上的讓步為理由出兵攻擊，現在連日本也加入行列。日本和中國一樣，也對西方船隻的到來，以及西方武器和技術優勢感到震驚。然而，和中國不同的是，日本的應對措施是派遣學者和軍人遠赴西方向外國學習、重新武裝，並且為自己的擴張做好準備。一八九五年，日本從北方進攻中國，為自己奪得了外國租界。

一九〇五年，在某次懷舊之旅中，他們前往煙台，這裡是埃利「還是個巴格達窮小子」的時候，為沙遜洋行工作過的城市之一。蘿拉注意到每艘船上都配有槍枝，包括她和埃利搭的那艘。中國政府堅持要求船隻配備武器，以抵禦日本入侵者。蘿拉爬上甲板，船長向她展示萬一碰到日本人襲擊，要如何操作槍枝。「我們聽說剛打了一場仗，日本俘獲他們（俄羅斯）五艘戰艦，還有幾艘被擊沉了……所有被寄望能創造奇蹟的波羅的海艦隊，不是被俘就是遭擊沉，連海軍上將都被俘虜了。」嘉道理夫婦這趟旅行最後平安結束，但這卻是日本崛起的不祥之兆。

幾個月後，蘿拉和家人登上另一艘船，她在日記裡寫著：「有些地方……人們認為很危險，如果我們在夜裡抵達，就必須下錨，因為那裡漂著水雷。」儘管如此，她下船時還是興高采烈，還在船長的航海日誌寫下一段幽默的詩句：「於是我們愉快地越過海浪／能讓我們感受到死亡的水雷一顆也沒碰上。」

其他外國人也注意到她的冒險精神，對此，蘿拉可是樂在其中。有一次，她和一群橫渡太平洋前往加拿大度假的頭等艙旅客同搭一艘船，在那裡遇見準備赴美和羅斯福總統討論和平問題的俄羅斯與日本官員，還跟他們談論了「戰爭問題」。她細細體味著其他乘客的反應，他們「似乎認為來自遙遠中國的我們是個奇蹟，他們想知道我們在那裡生活的每個細節。」

一九〇五年，蘿拉的馬車沿著上海的街道行駛時，她看見日俄戰爭的慘重代價，戰爭已經蔓延到中國的沿海水域：受傷的士兵一群群躺在岸邊。「擔架一排又一排，每排兩到三位，綿延大約一．五公里，上面都是受傷的可憐俄羅斯人。那些人身上蓋著被單，但他們痛苦的面孔正對著滾燙的太陽：真是個令人心痛的場面。」

§

在和蘿拉結婚並在中國生活了十幾年後，埃利已經夠富有，他終於可以安頓下來，結束永無休止的旅行。上海是個賺錢的好地方，卻不適合安家。埃利讓蘿拉和兩個兒子搬到倫敦，他們在蘿拉老家附近買了房子，把兩個孩子送進名牌英語預校；埃利也開始物色鄉間別墅。

他們停留在倫敦的時間並沒有持續太久。埃利和蘿拉才剛搬進新家安頓下來，埃利就收到一封信，信上說他香港公司的某位經理一直在用公司的錢做投機生意，還盜用公司資金，他的公司正面臨「嚴重虧損」。埃利返回香港，打算盡可能地彌補損失。

事實證明，問題比一個不誠實的雇員要嚴重得多。埃利當時已經把他的投資擴大到潛力巨大的新產業——橡膠去了，也開始在馬來西亞和東南亞其他地區購買橡膠公司的股票。這全拜歐洲和美國汽車工業迅速發展之賜，因為他們需要橡膠製造輪胎。當亨利·福特在一九〇八年開始大量生產他的T型車時，橡膠股的收益飆升，股價一星期就能上漲百分之二十到三十。

不幸的是，橡膠公司股價飆升是個典型的「泡沫」，股票價格遠遠超過企業的實際情況，美國對橡膠的需求一放緩，市場就崩潰了。埃利一直在向香港最大的銀行之一，渣打銀行（Chartered Bank）貸款，購買馬來西亞橡膠公司的股票，並以這些股份做為抵押。隨著股價下跌，銀行要求立即償還貸款，也就是所謂的「透支」。為了解決這個問題，埃利回到香港和銀行家協商，但銀行家非常堅持，他們現在就想要回他們的錢。

埃利走到銀行門前的小公園裡，跌坐在長椅上，頭低低的[14]。

一個留著八字鬍、穿著西裝背心，繫著領帶的英國人走過來，拍了拍他的背。埃利在這裡已經是名人了。「嗨，小嘉道理，你為什麼看起來這麼痛苦？」這個人是昃臣（Thomas Jackson），匯豐銀行行長，這家銀行由於得到沙遜家族支持，現在已經是亞洲首屈一指的銀行了。

「嗯，你知道，如果你所有的獲利都押在橡膠上，而橡膠崩盤，你的銀行家還要求你清償透支貸款，你看起來也會很痛苦的。」嘉道理回答。

「你沒聽說還有另外一家銀行嗎？」昃臣回答。他請埃利到他辦公室去談談。

幾天之內，埃利就從滙豐銀行獲得了新貸款，再度恢復償付能力。昃臣還給他另外一個提議。馬來西亞有三百多家橡膠公司跟銀行借了錢，由於橡膠價格下跌，這些公司正瀕臨破產。他問嘉道理，如果有銀行的支持和施壓，願意考慮把它們整合成幾家大公司，以削減開支和人員嗎？當然，他很願意。

這筆橡膠投資不但成為埃利的財務轉折點，也成為他個人的轉折點。到目前為止，埃利的投資主要集中在中國的未來和現代化上。現在他也學到，可以利用危機，拿一點自己的錢去冒險，以換取更大的利潤。在其他人都在紓困時投資，這需要一定的商業勇氣和耐心。埃利了解自己：當他相信某個計畫並且信任自己的直覺時，就能承擔巨大的風險，讓計畫得到回報。

才短短幾個月，埃利．嘉道理就從股票經紀人變成了金融家⓯。他在滙豐銀行的支持下，對公司進行清算、創立新公司，然後投資最有前途的公司。他在上海和香港開展業務，為貸款提供擔保，提供抵押貸款，使許多橡膠公司免於破產。其中有一些公司是富有的英國商人經營的，他們突然發現，自己正聽命於這個來自巴格達的移民。隨著橡膠價格在一九一二年回升，股價也跟著狂飆，埃利又成了百萬富翁。回到倫敦後，埃利告訴蘿拉，他將來的生意會越來越集中在上海。在蘿拉本以為自己會永遠離開中國的一年後，她又搬了回去，把羅蘭士和賀理士兩個男孩留在英國——他們已經被英國的寄宿學校錄取了。

讓埃利成為百萬富翁的橡膠危機，也是點燃一九一一年中國革命，並推翻皇帝的其中一個火花。自從英國人在第一次鴉片戰爭入侵中國以來，北京朝廷就一直應付不來。因為英國對上海部分地區的實質吞併，以及開放其他通商口岸，使其他國家也跟著入侵中國、割據領土。十四年後，英國再次入侵，迫使中國割讓與香港隔灣相望的南部半島九龍，進而控制了這座世界上最大的天然港口。美國也非常羨慕英國從中國搾取的特許權，便要求獲得類似的優惠貿易權，以幫助從新英格蘭航向上海和中國沿海的商人。法國、德國和日本緊隨其後，也帶著自己的砲艇、士兵和要求前來。外國侵略者的成功和皇帝的軟弱激起中國的反抗者，他們自己發起了挑戰。一八五〇年，太平天國起義震撼了中國；改革中國政府和追上西方的努力，一再遭受保守的皇帝和朝廷的阻撓。

§

中國的改革者開始認為，問題不只在於帝國主義的入侵，更在於皇帝和中國的帝國統治無法有效應對。

中國最有影響力的思想家之一梁啟超寫道：「彼族一旦窺破內情，於是移其所謂民族帝國主義者，如群蟻之附羶，如萬矢之向的16。」[1]他主張進行大規模改革，讓中國現代化，並且驅逐外國人。孫逸仙比他走得更遠。他受過醫學訓練，在海外受過教育，由於皇帝和他的顧問拒絕接受西方技術的先進知識，孫逸仙越來越沮喪，他呼籲推翻皇帝，建立民主共和政府，並驅逐帝國主義思想的歐洲人和日本人。

1 出自梁啟超《新民說：論新民為今日中國第一急務》。

孫逸仙獲得許多中國富人的支持，包括埃利的商業夥伴何東在內。何東從與外國人合作中獲利頗豐，他的事業從怡和洋行起步，還和埃利建立了工作關係，而且有利可圖；但他也認為自己是中國人，在公共場合通常都穿著傳統中國絲綢長袍，並認為英國在鴉片戰爭後強迫中國接受的條約不公平。他有錢、好相處，是民族主義者，以及反帝國主義者。

許多中國銀行和小投資者都被捲進了橡膠的泡沫危機。隨著橡膠價格暴跌，一波又一波的中國銀行申請破產，讓拚命存錢的小存戶大為光火。上海的中國銀行倒了一半，當皇帝發現中國地方官員利用政府資金炒作橡膠股，並損失了好幾百萬美元時，他強行收回中國鐵路網的控制權，並宣布計畫將不斷擴大的鐵路網出售給外國人，以籌集資金。這不但激怒了中國的愛國人士，也激怒了地方政府，以及一直管理著不斷發展、利潤豐厚鐵路系統的中國商人。騷亂爆發，皇帝出動軍隊鎮壓抗議者。一九一一年十月十日，革命團體在湖北武昌組織一場起義，引發了一系列反抗活動，最終導致清朝滅亡和中華民國建立。經過多次失敗的嘗試，革命者終於成功了。革命爆發時，孫逸仙正在海外籌款組織活動，回國之後，被任命為中華民國第一任總統。

許多在上海的英國人坐在外灘上海總會的廊吧裡嘲笑這場革命。他們對皇帝倒台和中國虛弱的政權表示歡迎，隨著中國中央統治的崩潰，在接下來幾年中，他們只要和任何一名中國的地方軍閥或軍事首領結盟，就不會影響到生意。埃利對這件事比較有同理心，他既是英國當權派的一員，卻又和他們保持距離。他的幾位生意夥伴，比如何東，都是中國人，也支持革命。埃利和蘿拉在中國各地的旅行，讓他實地了解到中國的問題，以及人民對帝國政府的不滿。中國身處絕境，這點沒有人能否認。一九一二年，勝利的孫逸仙到訪上海，並在沙遜洋行的高階主管宅邸接受招待時，埃利抱著不帶偏見的開放心態[17]。這位中國的新領導人，引起了他的興趣。

埃利之所以能同理中國人以及他們對外國占領的憤怒，部分是源於他自己的處境。他與一八五三年成為英國公民的大衛・沙遜，以及在倫敦獲頒爵士頭銜並與威爾斯親王共進晚餐的沙遜兄弟們不同，在第一次世界大戰之前，埃利基本上是個沒有國家的人。根據各種協定，居住在中國的巴格達公民被認為是法國僑民，由法國人照顧。埃利一直在申請英國公民身分，他提出的理由包括他的英國妻子、孩子們在英國寄宿學校受教育、他在商業上的成功，以及他精通英語。每一次申請都遭到拒絕。英國駐香港副領事在給外交部的信中寫道：「這個申請應該拒絕，因為如果批准了這個案例，就會有無數的人跟進⓲。」

第一次世界大戰加劇了埃利的脆弱感。鄂圖曼土耳其帝國與巴格達的統治者和德國結盟，共同對抗英國、法國和美國。戰爭前夕，蘿拉和埃利橫渡太平洋前往加拿大，和他們十幾歲的兒子會合，他們是從倫敦越過大西洋去加拿大過暑假的。他們打算度完假之後，全家一起回英國。一九一四年八月，戰爭爆發，嘉道理一家沒辦法按照原先的計畫繼續前往英國——究竟是因為戰爭的危險，還是因為公民身分的問題，目前還不清楚。嘉道理一家不得不倉促地向朋友借錢，訂了返回上海的票，並且在那裡為孩子們安排當地的英語學校。蘿拉在日記裡寫道：「我這輩子從來沒為了護照這麼擔心過。我很多朋友都覺得這難以忍受，還沒有完成計畫中的行程就要回來。我們上火車時，得去見一個官員，到達車站和旅館之後又要去見另一個，他們會問很多完全不必要的問題，並以延長這種痛苦為最大的樂趣⓳。」

蘿拉描述了一名年輕男子和他的家人被英國官員質問的情形，他們發現，這名男子和埃利一樣在巴格達出生。「他們先問了一些他幾歲之類的問題，然後問：『你的國籍是？』

『法國。』他回答。

「『你是哪裡出生的？』

「『巴格達。』

「『你住在哪裡？』

「『法國。』

「『喔，我懂了，你住在法國一個叫巴格達的地方。』」

香港的英國殖民政府發布了一項規定，禁止非英國居民加入在中國或香港的英國大公司董事會。埃利用他在橡膠行業賺到的錢，購買那些押注上海未來的公司股票，像是煤氣公司、土地開發公司。這些公司之所以具有吸引力，是因為它們的老闆和英國領導階層，以及負責管理租界內日常事務的上海工部局（Shanghai Municipal Council）有深厚的聯繫。這個新規定確保了香港和上海的企業依然會是英國紳士的俱樂部；儘管埃利的投資不斷增長，但仍然被禁止加入有決策權的董事會。

§

埃利娶了一位充滿活力和自信的女人。新興的婦女參政運動和解放運動開始席捲上海沿岸，蘿拉也受到了啟發。當地報紙稱她是全市最「解放」的外國女性。

汽車在中國上市後，蘿拉成為中國第一批開車的女性，她開著車，在靜安寺路上奔馳；她還拿下了「女子手槍射擊冠軍」。蘿拉擴大慈善事業的規模，部分原因是受到他們追求英國公民身分的刺激，但也是為了實現協助減輕她在中國各地看見的貧困和苦難的願望。她走訪中國的孤兒院和學校，為上海紅十字會募捐，其他英國婦女受到激勵，也跟著這麼做。她組織慈善活動和義賣，這是上海首見。上海一家本地報紙寫道：「她從早到晚都樂於把自己的精力、能力和手段奉獻給窮人和有需要的人。」嘉道理夫婦的一位猶太朋友，也開始發錢給在他豪宅前排隊的中國洪水災民。在西方人看來，尤其是一百年後，這種行為可能帶有一種最惡劣的「貴族義務」的味道；但對中國來說，這樣的慈善觀念還是新鮮事。在困難時期，中國商人會捐錢支持他們的家族或村莊，但他們不會把錢交給不認識的人。富有的中國人開始注意到嘉道理夫婦的努力，也很快開始做類似嘗試，通常是和西方人合作[20]。

蘿拉也開始為女性爭取更多的機會。她遊說原本只限男性的英國俱樂部，至少在某些時候對女性開放。她對亞洲各地的女性受到的待遇十分不以為然，在日記中，她回憶起有一次去韓國時看到一座大鐘，「以前這座鐘會在晚上九點敲響，告訴男人們該回家了，可以讓女人出門了。女人只有天黑以後才能出門。」在太多社會裡，「女人絕對不能讓丈夫以外的男人看到，就算是丈夫也瞧不起她們。」蘿拉相信，讓女孩受教育可以終結這種狀況，確保中國和其他地方的女性不再「與世隔絕，彷彿囚犯[21]」。

賀理士和羅蘭士當時正在為他們在英國的大學教育做準備。埃利很嚴厲，但家庭事務是由蘿拉全權掌管。羅蘭士想進林肯律師學院，將來在英國當律師；賀理士考慮走農業這條路，當一名紳士農場主，地點也許是加拿大，就是全家人享受假期的那個地方。「如果你現在看得到我們的孩子，你會很驚訝的。」蘿拉在日記中寫道。「男孩這麼快就長得比爸爸高了，真是太棒了。」一九一八年秋天，他們全家人在日本待了六個星期，又遠足又釣魚，蘿拉花了「許多快樂的時間畫素描」。在搭飛機旅行等新發明的幫助下，她樂觀地描寫著未來旅行的樣子：「如果每個人出行都搭飛機的那天來臨，現在看起來很遙遠的距離，幾天內就能抵達。」

從倫敦往返香港和上海的旅途中，蘿拉經常向埃利抱怨「沒有一個固定的家」。於是，埃利在上海最時髦的街道——靜安寺路買了一棟豪宅。關於這條路的名字，蘿拉用她特有的冷幽默說：「因為那裡有一口井，裡頭的水髒得可怕，水面還浮著幾個泡泡。」[2]

在這家人結束日本度假回到上海的六星期後，這棟位於靜安寺路上的豪宅突然起火，當時所有人都在睡覺㉒。火勢迅速蔓延，主梯濃煙瀰漫；埃利跌跌撞撞走出他位於一樓的臥室，穿過走廊到蘿拉的臥室叫醒妻子，接著又去叫醒孩子，他們已經被僕人叫醒，逃出來了。煙霧越來越濃，埃利也衝出去，一家人聚在遠離火焰的陽台上；這時蘿拉發現家庭女教師不見了，於是衝回屋裡去找。當消防隊趕到，他們發現蘿拉倒在一個放桌布床單的櫃子旁，已經因濃煙窒息而死。家庭女教師其實已經逃出來了。

隔天，好幾百人前來參加蘿拉的葬禮，一週後，全上海市舉行了追悼會。一位仰慕者寫道：「她的美德是最珍貴的，也是無價的，因為這些美德展現在一個粗暴的物質主義時代。在這個時代裡，對財富的追求占據了大多數男女的全副心力，幾乎導致他們靈魂的死亡㉓。」埃利把蘿拉的遺體葬在上海的墓園，並帶著孩子前往英國。

他們不會離開太久的。

2 靜安寺路的英文名「Bubbling Well Road」意為「湧泉路」，因為靜安寺正門與大殿之間有座「湧泉」古井，因而得名。蘿拉則是故意把英文直譯成「泡泡井路」開玩笑。

第二部

上海大帝

一位好萊塢影星曾說：

「世界知名的城市只有五個，

在我看來，最豐富多彩、

最有趣、最進步的就是上海。」

大理石宮、大華酒店、華懋飯店……

沙遜和嘉道理家族聯手打造了奢華的上海外灘。

他們就是這座城市的帝王。

埃利・嘉道理和兩個兒子，羅蘭士（左）和賀理士

第四章　上海崛起

當中國向下沉淪，上海趁勢崛起。

孫逸仙被宣布為中華民國總統不過幾個月，就被趕下台，由有權有勢的將軍袁世凱接任。這位將軍在一九一五年底立自己為皇帝，幾個月後退位，留下權力真空，也開啟了新的中國軍閥時代。不同地區的將軍們，用恐懼和軍事力量統治著自己的領地。英、法、美、德、日也繼續掌管著他們的勢力範圍，幾乎把控制擴大到北京以外的所有大城市。你可以想像一下：儘管早期的美國名義上獨立了，但英國依然占領著紐約、波士頓和亞特蘭大，同時，被困在華盛頓特區的美國政府，還在與西部反叛的印第安人以及南部分離主義者征戰，還一直節節敗退。

相較之下，上海卻享有中國大部分地區所缺乏的東西：一個能夠保護公民的穩定政府❶。一八六三年，相鄰英國控制區的黃浦江邊美國租界，與英國租界合併，公共租界於焉成立。這片越來越宜人的殖民飛地（enclave），由上海工部局的七人委員會管轄，這個小組的成員透過英商上海總會選舉產生，包括英國著名金融家和企業家（另一方面，法租界依然獨立，由一群類似的外國商人統治）。工部局負責督導道路建設、收垃圾，和納稅，並管理煤氣供應商、有軌電車、人力車和性交易；它還監督警察。公共租界的所有政策都由商業領袖設計，目的是創造外國資本家所渴望的穩定、繁榮，與不受政府干預的環境。沙遜洋行的代表人自然是常任委員；用一位歷史學家的話來說，上海成了一個「商人共和國」。外國投資者受到現代化的便利設施、低稅收，和不受監管的商業友好環境所吸引，大批湧入這座城市。對雄心勃勃的外國商人和金融家來說，上海不再有汙水、做飯和燒香的氣味。現在，它聞起來是錢的味道。

這裡的日常生活，比蘿拉在日記中抱怨的那個城市要愉快得多。疾病和汙穢的惡臭、打架的男人、身處帝國邊陲的感覺都消失了，至少在外國人居住的地方是如此；現在，外灘的銀行、貿易公司和官方建築都有柱廊做裝飾。早期的外國定居者曾經對這裡缺乏汙水處理系統感到震驚；他們看著中國人用獨輪車載人，把人磚頭似地運來運去，這裡連適當的照明和自來水都沒有——現在這一切都被新技術取代了。如今，外國人居住的街道有電車、煤氣燈和自來水。沿著靜安寺路蓋起來的高檔別墅群，早就一路延伸到熱鬧的賽馬場，往後蔓延了好遠。中國的苦難，在殖民主義的縱容面前也只能讓步。一八五〇年，上海的西方女性只有七人，大多數都是跟著丈夫一起來的；到一八九五年，增加到三千多人，這是生活條件正在大幅改善的指標。在一本很受歡迎的常用語手冊裡，提供了許多語言技巧，讓初來乍到的外國女性用來和中國僕人打交道[2]：**Nung hiau tuh Ying koh kuh sau feh va?**（「儂曉得英國個燒法伐？」你知道英國煮飯的方法嗎？）、**Hiniung tan long bung zung tan t'seh chepah.**（「新絨毯弄個蓬鬆撣出去拍。」把毯子拿出去拍拍。）、**Pau seau non t'seh chepeh seang seang.**（「抱小囡出去白相相。」抱孩子出去玩玩。）

「你只要喊一聲……所有東西都會送上來。」一位年輕的英國商人回憶，「首先是送水的，他每天在浴缸裝滿洗澡水，接著『二號男僕』會端上『早餐紅葡萄酒』，以及牛排和雞蛋，這兩樣東西都很便宜，不吃可惜；然後再喊一聲，就會召來拉車的苦力，載你去辦公室上班[3]。」

「我記得我十二歲以前從來沒有自己洗過澡[4]。」靜安寺路嘉道理公館附近的鄰居回憶，她身邊總是有女僕伺候，「我不知道怎麼洗杯子。我有個保母，我和她比我和自己的母親還要親。」

這樣的發展和現代化，並不僅僅局限於外國社區和住在那裡的歐洲家庭，還向外擴散了。自鴉片戰爭以來，中國最優秀的一群有識之士一直在苦思如何應對技術更先進、裝備更精良的西方。對許多中國企業家和商人來說，上海現在提供了答案：向外國商人學習，並利用這座城市的開放邊境，和外國競爭者一拚優劣。對某些中國人而言，上海每天都在提醒他們中國的軍事失敗與恥辱；但對其他人來說，這座城市照亮了未來。

一九二〇年代，大約有四萬名外國人住在英國管理的公共租界，另外還有一百萬名中國人也住在這裡；城市裡，由中國控制的區域也住著兩百萬名中國人。英國人對所有中國居民都實行社會限制，他們不能進入英國人的俱樂部，也不能在某些公園散步；但可以步行或騎車，不受干擾地穿過租界，也可以在商店購物、在辦公室和工廠工作。有抱負的中國人紛紛湧入上海，決心要在外灘一整排的外國企業做事。這些新來者，就像來自自己國家的移民一樣，既勤勞又有創業精神，他們住進擁擠的貧民窟，滿心期望能和富有的外國人一起工作，不然，也至少能在受這座城市的創業活力所影響的中國新公司工作。他們創辦了棉花、橡膠、菸草、鐵、麵粉、香菸和食品加工公司，從十九世紀末到一九二〇年代，中國有超過一半的新工廠是中國商人在上海開設的。這裡的電影工業同樣蓬勃發展；城市各處建築牆的廣告牌上，中國婦女穿著西式服裝、抽著西式香菸，身邊圍繞的都是西方的奢侈品。

和中國其他地區當局相比，英國人也包容更多不同意見，和更自由的中國媒體，結果，租界成了政治激進分子的天堂，包括那些希望推翻資本家、把外國人趕出中國的共產黨人在內。一九四九年領導中國共產黨革命成功的兩位領導人，毛澤東和周恩來，在一九二〇年代都曾住在公共租界或附近的法國租界，他們在這裡進行宣傳，並召開煽動革命的會議。當時，全中國發行的中文日報、週刊和月刊有一千多種，其中許多都是在上海出版的。工人熱衷政治，一名棉紡廠工回憶：「工廠裡幾乎每個人都看報紙❺。」一位不識字的女人每天都會買一份報紙，要兒子讀給她聽，這樣她就能「了解社會和當前的政治局勢」。即使是人力車夫也得跟上新聞的腳步，每兩人當中，就有一個在看報紙。

曾在二戰期間美中關係扮演要角的美國軍人約瑟夫．史迪威（Joseph Stilwell），在一九二〇年代第一次訪問上海時，也震驚於這座城市的現代化。他看到的，不是由木製寶塔和廟宇的斜屋頂所構成的東方天際線，而是現代化的飯店、銀行、寬闊街道，和西式城市公園。史迪威從飯店窗口看出去，覺得上海看起來就像費城❻。

然後他走到街上。一離開飯店，他突然置身在狹窄的小巷，處處充滿「喧鬧、擁擠、氣味，和永無休止的人聲，生意人在叫賣、討價還價、高聲咒罵和警告，用呼喊、唱小調、搖鈴或打響板的方式叫賣貨物」。他在日記裡對中國人的活力驚嘆不已：「只要方向正確，四億個有工作力和製造力的人口將會占據主導地位，我們最好和他們站在一起。」

「在兩次大戰之間，從來沒有也永遠不會再有另一個像上海一樣的城市❼。」多年之後，埃利的兒子羅蘭士．嘉道理回憶道。「這是一座反差極大的城市，融合了東西方的特質；東方的巴黎……冒險家的天堂。在這裡，我和弟弟繼續接受教育——上海的國際觀拓寬我們的視野，讓我們了解什麼叫世界公民。」

對一個崛起王朝下的二十五歲富二代來說，這座城市就是天堂。「冬天很冷，讓人神清氣爽、精神飽滿。」羅蘭士回憶道。「上海是個可以通宵跳舞、早上六點騎馬、再工作一整天都不覺得累的地方。」

§

蘿拉死後，消沉的埃利・嘉道理回到倫敦，思考接下來該怎麼辦。搬回上海變得像個不錯的選擇。他把當時二十歲的羅蘭士送進著名的倫敦法律學院——林肯律師學院就讀；賀理士比哥哥小幾歲，想學建築或農業，然後成為紳士農場主。埃利是個有錢的男人，而且有妻子的家族支持——富裕、社會關係良好的莫卡塔家族，但是埃利覺得在英國能發展的範圍有限。他沒有英國國籍，他的英國對手瞧不起他，還嘲笑他妻子的死。怡和洋行主管J・K・百德新（J. K. Patterson）在寫給老闆的信中，如此描述那場導致蘿拉身亡的大火：「在一片倉促混亂中，大家都忘了這個家庭的母親，當一切都結束之後，人們發現她已經燻死了，就像掛在櫃子螺栓上的煙燻鯡魚❽。」這位主管接著寫到埃利：「不幸的是……他找到門逃出來了！」怡和洋行上海辦事處的負責人、也是上海最有權勢的人物之一，耆紫薇[1]，曾私下嘲笑嘉道理家族的「閃族」外表。他在某封信裡抱怨，嘉道理家族「總是沒完沒了地打聽和詢問」商業交易的事情，「只能說，嘉道理家族的人都有個好鼻子。」

相較之下，埃利在上海和香港往來的中國人對待英商和猶太人沒有任何區別，他們總是很尊重埃利。就他所見，中國沒有反猶太主義的歷史。五十五歲的埃利缺乏那種扮演悠閒鄉紳的優雅，就像有位員工描述的：埃利是個「充滿活力的彈跳球❾」；「是個不喜歡繁文縟節，且獨斷專行的人……他期望他要求的所有工作都能立即完成。他是個粗暴的監工，喜歡看到工作漂亮地完成。」然而，

1 耆紫薇（William Keswick, 1834-1912）：前怡和洋行大班，是怡和創辦人威廉・渣甸外甥女之子。曾任匯豐銀行主席、香港總商會主席、香港立法局議員等職。

自從蘿拉過世，他也開始喜歡「漂亮的女人」。英國報紙每天都在報導沙遜家人在皇宮進進出出，和國王及國王的人際圈娛樂交際。埃利意識到，儘管他成功了，但在倫敦，自己將永遠是局外人，永遠處於更富有、更成功的沙遜家族陰影之下。

第二起家族悲劇讓他下定決心。蘿拉死後一年，埃利的哥哥伊利士在香港死於心臟病，給埃利留下了香港、上海和北京飯店網的大量股份。埃利現在雄踞於一個橫跨中國和亞洲的帝國之上：有他已故兄長經營的豪華飯店、香港和華南的電力公司、馬來西亞的橡膠公司，以及持有量不斷增加的上海股份。他龐大的投資需要持續不斷的關注。他上次搬回英國是一九一〇年，那時他把自己的生意交給當地的管理人員，結果，挪用公款和商業危機又把他拉回上海。沙遜家族也有這樣的一則警世故事，在第一次世界大戰期間，上海的沙遜洋行被指控和敵方德國進行貿易，各種細節都刊登在報紙上。雖然這兩家公司最後都無事脫身，但這些事件表明，若缺乏強而有力的監督，很可能會損害家族名聲。

埃利決定帶兩個兒子搬回上海。以前他依靠蘿拉，現在他依靠的是羅蘭士和賀理士。一九二四年，他命令羅蘭士結束在林肯律師學院的學位，賀理士放棄他的建築和農業夢想（羅蘭士在此做了個小小的叛逆行為，他從來沒有正式從林肯律師學院退學，反而一直和學校保持關係，直到八十多歲）。嘉道理一家建了上海最大的豪宅，以此宣布他們重返上海。豪宅以巴黎郊外的凡爾賽宮為範本，盟軍最近才在那裡舉行結束一戰的和平會議。這座大理石宮的面積是上海當時任何一棟住宅的兩倍大，就位在那名經常嘲笑埃利和他家人、怡和洋行的耆紫薇簡陋多了的住宅對面。大理石宮宅邸門前的露台長六十七公尺，比一個市級街區還要長。一排車庫停放好幾部勞斯萊斯；在宅邸內部，舞廳有二十四公尺長、十五公尺寬、十九公尺高，三千六百個電燈泡在天花板上璀璨放光。有位客人曾經數過，舞廳、起居室和客廳裡，共有將近五十張沙發，光是餐廳就坐得下五十人。宅邸有十二間臥室，雖然這棟房子只住著三個人——埃利、羅蘭士和賀理士，另外有四十二名僕人伺候。他們一家人就在巨大餐廳角落的一張小桌子用餐。後來，埃利的兩個兒子把這種奢華歸咎於酗酒的建築師，他們說，當時他們人在倫敦，這個建築師在他們不知情的狀況下建造了大理石宮[10]。這個說法似乎有點牽強。但這並沒有阻止嘉道理家用中國古董、波斯地毯，甚至印度寺廟進口的整片天花板來裝潢大理石宮。

大理石宮成為上海最著名的地點[11]。它和沉悶的上海英國俱樂部派對不同，也和其他英國人宅邸的古板宴會不同，大理石宮的派對迸發出當時正席捲歐美的爵士樂時代活力。這座宅邸連接了上海和倫敦，但也連接了巴黎和紐約。查爾斯・林白（Charles Lindbergh）環球飛行時，嘉道理家在派對上招待他，接著又接待了第一位由英國飛往上海的女性凱瑟琳・史汀森（Katherine Stinson）。某天下午四點，一群環遊世界的美國飛行員降落，當天晚上九點，拍攝他們降落畫面的影片就在大理石宮的舞廳放映。根據上海英文報紙的報導，在大理石宮舉行的派對上，「一群漂亮女孩」在門口迎接客人，引領他們進入舞廳和花園，欣賞「獨唱、舞蹈、音樂劇、機靈的綜藝表演、時髦服裝，和一些上海從未見過的特技」。在一九二四年一場以美國為主題的舞會之後，有份報紙寫道：「這場舞會給人一種不尋常的隨意感，幾乎已經是波希米亞風格了，這讓嘉道理先生宏偉寬敞的大理石宮顯得更加輕鬆舒適。」

離大理石宮一・六公里左右，在埃利之前居住的豪宅，也就是蘿拉死於大火的地點對街，有一座大宅和一片莊園，是嘉道理家的蘇格蘭朋友所有。當他的朋友決定搬遷，埃利的公司買下了這座房產，並決定建造「亞洲最好、最豪華的飯店」[12]，將命名為「大華酒店」（Majestic Hotel）。幾年後，他又在香港開了另一家飯店——半島酒店。

今天，在這個到處是千篇一律的連鎖飯店和頻繁商務旅行的世界裡，人們很難理解「飯店」對於一座城市的身分和社交場所方面，具有何等重要的意義。對英國人來說，飯店是殖民主義的延伸，也是英國文明和文化在混亂環境中的象徵。埃利從哥哥那裡繼承下來的連鎖飯店，在中國各地經營出一系列殖民地風格（以及典型的英國風格）；對那些在俱樂部皮椅上啜飲下午茶的人而言，坐在鋪著厚地毯、垂掛窗簾的房間裡，安心地聽著外頭中國模糊的喧囂聲，很容易讓人相信這家飯店的老闆是一位英國勳爵，而不是來自巴格達的移民。確實，有位遊客就這麼寫道：「只有那些穿藍色長袍、留辮子的服務生，才會給人一種歐洲離我們很遙遠的感覺。」

埃利為上海大華酒店聘請了一支團隊，並設想出與眾不同的玩意，打造一間讓他和兒子覺得舒適、賓至如歸的飯店；一間能反映他們的經歷，也能反映這座城市在互相聯繫的世界中，以全球化國際大都市之姿崛起的飯店。英國上海俱樂部不允許中國人加入，英國人經營的賽馬場實行種族隔離制度，迫使中國人自成一區；相比之下，新的大華酒店用廣告宣傳自己是一間對西方人與（富裕的）中國人同樣開放的「國際」飯店。在這裡，上海不同地區可以聚在一起，有錢的中國人可以一睹、並體會更廣闊的世界。開這家飯店的動機，其實是出自經濟考量；埃利看見了一個屬於環遊世界的遊客、本地生意人、富有的外籍人士，和力爭上游中國商人的市場。它正在打破體制，協助雄心勃勃、才華洋溢的外來者擠進殖民時期的上海俱樂部世界。

埃利請了一位西法混血建築師來建造夢想中的飯店，還聘了法國廚師、瑞士經理和美國藝人。賓客吃著法國菜，在美國人維提・史密斯（Whitey Smith）領軍的爵士樂隊伴奏下起舞。他鼓勵中國女性穿旗袍，這種單腿開叉的緊身連衣裙在電影明星和一般年輕女性當中蔚為風尚，讓她們可以更輕鬆地跳最新的散拍舞（rag），連查爾斯頓舞（Charleston）也沒問題。好萊塢名人紛紛造訪上海，並且入住大華酒店；好萊塢影星道格拉斯．費班克斯（Douglas Fairbanks）和妻子瑪麗．畢克馥（Mary Pickford）在當紅之際來住過一星期，兩千多人前來參加為他們舉辦的舞會。費班克斯對記者說：「世界知名的城市只有五個，在我看來，最豐富多彩、最有趣、最進步的就是上海。」

埃利更進一步擴大他的慈善捐贈，並配合英國的外交政策，協力推動英國改善他們在中東和中國的形象。他捐錢給英國、法國、君士坦丁堡和中東的醫院。為了紀念蘿拉，他資助她在巴格達幫忙建立的女子學校，也資助上海的另一所女子學校。在訪問倫敦期間，他協助政府接待來訪的皇室成員，其中包括伊拉克國王費薩爾（King Faisal），以及衣索比亞皇帝海爾．塞拉西（Haile Selassie）。

一九二六年，埃利終於從大英帝國獲得他期待已久的認可：英王喬治五世授予埃利公民身分和爵位。現在，埃利可以自由增持股票，在英國公司的董事會占有一席之地了[13]。他和老朋友兼商業夥伴何東聯手，開始購買上海最大的房地產公司——英資業廣地產公司（Shanghai Land Co.）的股票。這家公司由上海少數幾位英國精英控制，所有創始人都是工部局成員，而工部局控制著公共租界的土地和區劃。因此，最好的可開發地塊大部分都在該公司手上。埃利和何東在公開市場買下足夠的股份，控制了公司；他們邀請沙遜家族加入他們的行列——同樣是外來者身分的沙遜，戰勝了舊精英階層。接下來是英商自來火房（Shanghai Gas Co.），隨著上海的發展，它已經成為最重要、也最賺錢的公用事業公司之一。最初它是由英國商人建立，但後來埃利接管了公司，隨著公司擴張不斷購買股份，最後以百分之四十左右的股份控制了公司。他安排自己的另一個兒子賀理士進入董事會，最終任命他為董事長。

沙遜和嘉道理家族都是從巴格達猶太人豐富的宗教和文化土壤中誕生的。當巴格達的記憶逐漸淡去，取而代之的，是他們做為英國公民在大英帝國的新生活。他們對於自己在世界上的地位，甚至是在中國的地位，產生了分歧看法。二十世紀初，猶太復國主義——重返巴勒斯坦和耶路撒冷的夢想——刺激了世界各地的猶太人，當時他們正面臨歐洲日益高漲的反猶太主義以及俄羅斯的反猶騷亂（Pogroms）。沙遜家族和猶太復國主義保持距離，他們選擇擁抱英國人，相信自己的金錢以及在倫敦皇室貴族中日益增長的影響力，可以確保他們的安全，並更上一層樓。

§

猶太復國主義對埃利就有說服力多了。他的財富比不上沙遜家族，人脈也是。他為獲得英國公民身分奮鬥了十多年，為了在香港開始他的事業，還必須接受一個基督教姓氏，凱利。猶太人家園的想法深深吸引住這個在世上彷彿身分未定的人。

一九〇九年，埃利成為中國小型猶太復國運動的領導人，他和哥哥還捐錢為耶路撒冷的希伯來大學購買土地[14]。一九一七年，在國際壓力下，英國發表了《貝爾福宣言》（Balfour Declaration），支持在巴勒斯坦建立猶太人的家園，這是一九四八年以色列建國的第一步。在世界各地，猶太人動員起來組織公共輿論，說服各國政府支持建立一個新猶太國家的構想。在《貝爾福宣言》發表的同一年，埃利決定接近中國公認的領導人孫逸仙，請求他的支持。

和大多數中國人一樣，孫逸仙對猶太人所知甚少[15]。但猶太人在中國歷史上並不是完全沒有出現過。幾世紀前，一小群來自中東的猶太人在開封定居，他們接受了漢化的猶太教，一四八九年，他們在一塊石碑上含糊地寫道：「我們的宗教和儒教大同小異，」兩種宗教都「尊敬祖先、忠於君臣、孝順父母」[2]。到二十世紀，開封猶太人幾乎都因為異族通婚消失了。大多數中國人信奉佛教、道教或儒教，沒有接觸猶太人的經驗，也沒有敵意，他們像對待基督徒一樣，把猶太人當成另一種西方傳來的珍稀物品。埃利的朋友在一九二〇年代曾說：「猶太人和基督徒對本土中國人來說，沒什麼不一樣。在他們眼裡，兩者都是外國人⑯。」

孫逸仙在跑遍世界為推翻中國皇帝尋求支持時，也見過一些猶太人。訪問莫斯科時，共產黨剛推翻沙皇，孫逸仙會見了幾位共產黨高層，他們都是猶太人，孫逸仙的繼任者蔣介石後來回憶：「相對來說，他們的友好程度更真誠。」[3]在美國，孫逸仙遇到了猶太前拳擊手莫里斯．科恩（Morris Cohen），他後來成為孫逸仙的首席侍從官[4]。在上海，孫逸仙參觀了在當地為沙遜洋行經營業務的哈同（Silas Hardoon）的莊園。孫逸仙十分同情猶太人的困境⑰，他寫道，這讓他想起了中國自己的掙扎：「當中國被外國人征服的時候，中國的民族主義就消失了。但中國並不是唯一被征服過的國家。猶太人也失去了他們的國家。」[5]

---

2 出自一四八九年（明弘治二年）《重建清真寺記》：「其儒教與本教，雖大同小異，然其立心制行，亦不過敬天道，尊祖宗，重君臣，孝父母，和妻子，序尊卑，而不外於五倫矣。」當時猶太人自稱「一賜樂業教徒」，有人認為是以色列（Israel）的音譯。

3 俄羅斯「十月革命」發生於一九一七年，蘇聯成立於一九二二年，這幾年當中，孫並無訪俄之行，但蔣介石曾於一九二三年率領「孫逸仙博士代表團」赴莫斯科訪問。

4 這段敘述有部分出入。莫里斯．科恩是加拿大猶太人，兩人碰面並不在美國。科恩一九二二年前往中國，經人介紹成為孫逸仙位於法租界家中的安全人員。傳言他的中文名「馬坤」是宋慶齡所取。

5 出自孫逸仙《民族主義第三講》（民國十三年二月十日）：「別的種族如猶太亡了國二千年，他們的民族主義還是存在，我們中國亡國只有三百多年，就把民族主義完全亡了呢？考察此中原因：中國在沒有亡國以前，已經有了受病的根源，所以一遇到被人征服，民族思想就消滅了。」

埃利與孫逸仙面對面討論猶太復國主義、巴勒斯坦和猶太人問題之後，孫逸仙在給埃利的一封私人信件中表示支持《貝爾福宣言》，他寫道：「所有熱愛民主的人都忍不住要支持恢復你們這個偉大的、具有歷史意義國家的運動，這個國家為世界文明貢獻良多，理應在國際大家庭中占有一席之地。」埃利則向政府提供自己的專業知識做為回報，並暗示他準備購買債券，以支持孫逸仙的新共和政府。

就算在一九二五年孫逸仙癌症去世後，這段關係也依然存續。孫逸仙的遺孀孫夫人，也就是宋慶齡，她的影響力和政治勢力與日俱增。

孫夫人來自中國最有影響力的西式教育家庭之一，她的父親宋嘉澍（Charles Soong）把三個女兒送到美國受教育，並且為她們安排進入中國政治精英階層的婚姻。宋慶齡成了孫夫人，與中國第一任總統結婚；幾年後，她的兩個姊妹也嫁入民族主義權力體系。宋美齡的丈夫是中國新領導人蔣介石將軍，在西方被稱為蔣夫人；長女靄齡則與孔子後裔孔祥熙結婚，他是一位富有的銀行家。中國人尖酸地戲謔：一個愛錢（靄齡），一個愛權（美齡），然而孫夫人（慶齡）愛的是中國。

§

賀理士和羅蘭士漸漸默認了埃利為自己打造的角色。一九二四年回到上海之後，埃利讓賀理士負責嘉道理家的社交活動：監督大理石宮、安排奢華派對，並掌管他母親以前發起的慈善活動。賀理士就此放棄學習農業、在西部成為紳士農場主的夢想。他對精品和美食很有眼光，而他靦腆的性格使他不太可能挑戰自己的父親。

羅蘭士對這件事的抵觸就大得多。他討厭父親有時把他當成跑腿小廝或祕書。「我沒有什麼童年[18]。」羅蘭士後來回憶道。「我可能失去了一些年輕時的樂趣，因為我馬上就被丟進相當沉重的責任裡。」

埃利帶著羅蘭士一起出國旅行，雇他當私人祕書，讓他草擬信件、安排會議。甚至在蘿拉去世前，羅蘭士還是十幾歲的孩子時，埃利就帶著他去香港參觀中華電力公司（China Light and Power），還讓他提公事包。中華電力的董事長哈雷．戴維森（Harley-Davidson）是埃利的英國合作夥伴，同時也代理哈雷機車，羅蘭士滿懷渴望地看著那些機車。

「我送你一台！」埃利的夥伴說。

「他不會要的。」埃利大聲回答。

事情就到此為止。不管在家裡還是工作場合，埃利的話就是聖旨。

埃利和大衛．沙遜一樣，把兒子變成了他自己和事業的延伸。他訓練他們忠誠、服從領導。埃利相信（這一點是正確的），兩個兒子當中，羅蘭士是更好的商人，所以他正在培養羅蘭士接管家族的香港業務。羅蘭士非常需要這個角色帶來的權力和獨立，儘管這表示他留在上海的時間會減少，但這是讓他揚名立萬的機會。他弟弟賀理士將留在上海，照看父親的需求。

面對埃利把權力交給兒子的意圖，反對者幾乎毫無反對餘地[19]。埃利得到孫逸仙對《貝爾福宣言》的支持不久後，便提議提供巴勒斯坦猶太復國主義者一筆巨額捐款，在耶路撒冷附近建造一座包括學校、醫院和農場的「花園城市」，唯一條件是必須由羅蘭士和賀理士來監督這個計畫。當猶太復國主義領導者，也是世界最有權勢的猶太領袖哈伊姆．魏茨曼（Chaim Weizmann）表示不可能的時候，埃利立刻取消了這筆交易和捐款，並且辭去上海猶太復國主義領袖一職，切斷和猶太社群的重要聯繫。「我比羅斯柴爾德家族有錢得多，但他們可以為所欲為，」他抱怨道，「只有我才會受到這些限制。」

一九二八年四月，中華電力公司的一位董事去世，埃利買下他的股份，並任命當時還不到三十歲的羅蘭士做為他在董事會的代表。香港中華電力公司的一些主管對埃利決定讓那兩個「從上海來的小毛頭」進入董事會頗為不滿。幾年後，埃利罷免了長期合作夥伴羅拔．西溫（Robert Shewan）的董事長職位，提拔羅蘭士出任董事長，也開始讓他加入旗下其他香港公司的董事會。

「我今天遇到了羅蘭士．嘉道理，他帶著迷人的微笑告訴我，他即將加入香港的碼頭董事會（Wharf Board in Hong Kong）[20]。」埃利最討厭的人、怡和洋行的耆紫薇在一封給同事的信中寫道。「去年我拒絕了他們的提議。但我知道他們有多執著，而且，金錢萬能。」

在距離大理石宮幾公里遠的地方，是被貧困淹沒和人滿為患的另一個上海。上海的貧民窟是世上最擁擠、最絕望的貧民窟之一，擁擠程度是紐約下東區的兩倍。工廠主付出世界上最低的工資，藉此獲得巨額利潤。上海工部局官員走訪貧民窟，發現一棟房子裡塞了多達十五個家庭；市政工人沿街推著推車，把屍體像垃圾一樣撿走。來訪的英國作家克里斯多福．伊舍伍和威斯坦．休．奧登[6]曾描述，在上海的工廠裡：「有一半的孩子牙齦上已經有了藍線，這是鉛中毒的症狀。他們當中很少有人能再活一年半載。」

中國作家茅盾在他廣為人知的小說《子夜》開篇幾頁中，描述上海是如何二度變化，從外灘沿岸的建築，到流經這座城市的新技術。小說裡，一位中國遊客從鄉下來到上海，不安地盯著這些新建築：「向西望，叫人猛一驚的，是高高地裝在一所洋房頂上而且異常龐大的霓虹電管廣告，射出火一樣的赤光和青燐似的綠焰：Light，Heat，Power[21]！」

埃利比大多數外國人更有善心，他在上海建了幾所學校，讓貧困的中國兒童接受教育，尤其是女孩。但是像嘉道理和沙遜這樣的外國人自己，卻是活在一個「完全密封、與世隔絕的玻璃櫃裡」[22]，英國記者亞瑟・蘭塞姆（Arthur Ransome）在訪問上海之後寫道：「歐洲離他們很遠，而中國，雖然就在他們家門口，似乎也一樣遙遠。他們環顧身邊宏偉的建築，很訝異中國居然並不感謝這些禮物，卻忘了蓋這些房子的錢其實來自中國。」

「我們家活在一個泡泡裡[23]。」埃利的孫子米高（Michael Kadoorie），幾十年之後如此評論。

這個泡泡就要戳破了。

§

一九二〇年，一位圓臉的圖書館管理員兼政治活動人士來到上海，在公共租界的某棟樓裡租了房間。這棟樓的主人是地產大亨、曾任沙遜家族上海業務經理的塞拉斯・哈同。

毛澤東當時還不是共產主義者；《共產黨宣言》的第一個中文譯本要到該年年末才會出現，但他曾支持過幾次激進運動，也譴責過外國占領上海。生活在較為寬容的公共租界，以及向外國房東租房子，都讓毛澤東受益不小。共產主義文學廣泛流傳，抗議活動頻繁。在上海，毛澤東遇到了一

6 克里斯多福・伊舍伍（Christopher Isherwood, 1904-1986）和威斯坦・休・奧登（Wystan Hugh Auden,1907-1973）是同性伴侶關係，也都是英美文學家，抗日期間曾在中國旅行，之後兩人合著了《戰地行》。

位名叫陳獨秀的教授，當時他正在組織新生的共產黨。一九二一年七月，陳獨秀邀請毛澤東參加在上海舉行的第一次黨代表大會，十五名代表冒充夏季旅行的大學教授，在法租界的一棟兩層樓房子裡會面。儘管公共租界相對自由，但組織者還是十分緊張。當時，會議意外闖入一名陌生人，毛澤東和其他代表擔心是警察突襲，於是逃往南方，會議也在那裡結束。一九二〇年代，毛澤東曾經數十次回到上海，幾乎都是待在公共租界或者鄰近的法租界，與志同道合的激進分子結盟，比如住在附近的周恩來。當英國人慶祝他們為上海帶來的穩定和繁榮時，和毛澤東一起創建共產黨的中國教授則哀嘆：在外國人到來之前，上海的「每一塊石頭和每一片草葉」[24]都屬於中國人，而現在，卻有一些公園是他們不能進去的。雖然如今中國是一個民主共和國，但住在外國租界的中國人並不能投票；他宣稱，和西方人共事並從中受益的中國人，都是「外國走狗」。喜歡住上海、玩槌球的孫逸仙，曾經和埃利合作支持《貝爾福宣言》，卻也抱怨過不能在外國俱樂部和外國支持者共進晚餐，不能在外灘的英國公園散步。他越來越傾向和共產黨結盟。

毛澤東寫道，「外國帝國主義者」的目的，是要把中國變成殖民地。面對這樣的「敵人」，中國人需要「無情」[25]。

共產主義嚇壞了嘉道理家。最重要的是，資本家們對中國共產黨日益增長的力量感到恐懼。一九二七年三月，周恩來在上海發動共產黨武裝起義，工人控制了這座城市除公共租界以外的地方。在英國人和上海有錢精英的默許下接替孫逸仙出任國民黨領袖的蔣介石將軍，下令軍隊向上海進軍，奪回這座城市[26]。

嘉道理家和英國社區向倫敦發出緊急呼籲，要求派遣英國軍隊保護他們免受即將爆發的戰爭傷害。英國軍人抵達時，埃利為他們打開了大理石宮的大門，命令賀理士一定要好好招待他們。英國人在公共租界周圍設置路障，以備一觸即發的國共內戰，並保護他們的租界。

原以為要爆發的內戰，結果卻是一場大屠殺。蔣介石和國民黨軍隊包圍了上海的共產黨，宣布戒嚴，開始處決共產黨支持者，三週內處決了多達一萬兩千人。蔣介石向他軍隊控制下的所有省分，下達肅清共產黨人的祕密命令，全國又有一萬多名共產黨人被逮捕殺害。在接下來的一年裡，反共鎮壓運動死了三十萬人。

毛澤東逃脫了，他逃離上海，率領一支小農軍隊撤退——這就是後來中國人民解放軍的起點。公共租界沒有受到影響，英軍士兵遠遠看著這場屠殺，並寫信回家，稱讚他們在大理石宮住的豪華房間，以及「棒極了」的巴格達異國美食。

現在，危機已過，蔣介石和國民黨控制了上海和全國各地，公共租界仍然是由英國刑法和商業法管轄、受英軍保護的飛地，但這並不能讓它免除於席捲全中國的變革。蔣介石和他的政府，召集了埃利和其他在上海的中外商人，要求他們購買政府債券，以「協助平衡預算」。為了穩定，這是個合理的代價。

上海大屠殺三個月後，蔣介石來到嘉道理的大華酒店赴一場「等待十年的婚禮」[27]——他和孫夫人妹妹的婚禮。共產黨和國民黨都宣稱自己受國父孫逸仙的啟發；孫夫人在丈夫過世之後，選擇站在共產黨一方，住在上海，人暫時安全，但無權無勢。蔣介石藉著娶孫夫人的妹妹，得以直接聯繫了孫逸仙的精神遺產和聲望。一千多名賓客擠滿嘉道理飯店的舞廳，牆上裝飾著彩旗和白色鮮花，在如雷的掌聲中，一位美國男高音為這對夫婦演唱求愛的小夜曲。隔天，《紐約時報》用頭版頭條報導了這場婚禮。蔣介石正在建立王朝，埃利也是。

與此同時，沙遜家族卻陷入混亂。兄弟間的不和，導致大衛試圖和八個兒子一起建立的王朝分裂了。一八六四年大衛去世後，大部分的兒子都搬到了倫敦。伊利亞斯．沙遜最具商業頭腦，但與家族關係疏遠，當時他仍住在上海，經營著自己有所成就的新沙遜洋行。正如伊利亞斯預測，他的兄弟受到倫敦誘惑，儘管他們在房地產和娛樂活動的資金需求越來越大，卻對中國和印度的生意越來越沒興趣。

§

所羅門．沙遜（Solomon Sassoon）是大衛八個兒子中最後一個留在印度的，他去世後，本該繼承他位置的姪子也緊接著去世了，沙遜家族面臨危機。當倫敦的兄弟爭論著該由誰掌管公司，以及是不是應該（第一次）把管理權移交給家族以外的人時，所羅門的妻子芙蘿拉（Flora）在孟買宣布她將接管公司，充當攝政王的角色，直到兒子長大到可以接棒為止[28]。她三十五歲，比丈夫年輕近二十歲，但血統無懈可擊：她是大衛．沙遜的孫女。她嫁給大衛其中一個兒子，這件事引起人們震驚，因為她其實是嫁給自己的叔叔。但沒有人能質疑她的才智和教育。她的父母都受過良好教育，有學問，並確保芙蘿拉也是，這是當時大多數女性無法享受到的。他們從巴格達請了傑出的拉比來教她，還把她送進孟買的精英學校。芙蘿拉十七歲時，已經懂得希伯來語、阿拉伯語、印度斯坦語，還有英語、法語和德語，她還可以引用莎士比亞。許多印度教和穆斯林女性的活動都在「深閨」（purdah）裡，也就是男女分開；婦女在公共場合還被要求遮住臉和身體。芙蘿拉拒絕遵守這些規則，有時還會陪丈夫一起去辦公室，看看那些以前從未在公司裡見過女人的同事驚愕的表情。

丈夫過世後，芙蘿拉知道，最好不要直接向自己的叔伯挑戰。她就像慈禧太后一樣，將成為沙遜洋行的攝政王，只做到她的兒子大到足以接管為止，從而確保沙遜家族的男性統治。在倫敦的兄弟們同意了，他們和孟買沙遜公司的其他高階主管建立了獨立的溝通管道，以確保芙蘿拉成為易於控制的傀儡。

不管以哪種標準衡量，芙蘿拉的成果都十分驚人。她善於傾聽、注重細節，並且善於不動聲色地從員工和競爭者那裡獲得有用訊息。婦女不應該出現在公共場合，也很少離開家，芙蘿拉剛開始也按照這些當地習俗，限制自己露面，早上都待在家裡，坐在牌桌邊的高背椅上回覆來自中國、日本和波斯灣的信件；但到了下午稍晚，她去辦公室時會順道拜訪沙遜洋行的棉紡廠。員工們發現她很有魅力，而且平易近人。皇家孟買遊艇俱樂部原本是男性專屬，也邀請她成為會員。隨著鴉片出口下降，芙蘿拉轉向銅、茶葉、銀和香料等商品貿易，倫敦那邊發來電報，大加讚揚「我們最親愛的妹妹」的成就。

一八九七年春天，孟買爆發淋巴腺鼠疫，蔓延到大多數人口和芙蘿拉許多工人居住的貧民窟，大約兩萬人死亡。孟買的貿易陷入停滯，貨物堆積如山，在被隔離的港口裡腐爛；隨後又爆發霍亂，危機進一步加劇。

為了平息越來越嚴重的恐慌，芙蘿拉加入由醫生、公務員和商人組成的「瘟疫委員會」。一位年輕細菌學家開發出抗霍亂疫苗，她全力支持。當部分穆斯林和印度教領袖譴責施打疫苗乃不潔之事，是對他們宗教的褻瀆，芙蘿拉自己率先打了疫苗，還拍下照片，並且和婦女們一起走出去說服其他人加入。人們稱她們為「深閨俱樂部」。

瘟疫爆發重創了沙遜洋行的生意。芙蘿拉被迫關閉幾家工廠，並以一半的產能營運其餘工廠，她的一頭黑髮開始變成濃密的白髮。

隨著收益下滑，芙蘿拉在倫敦的叔伯變得不耐煩了。沙遜家族的年輕一代，也就是八兄弟的兒子們質疑，為什麼該由女人掌權？尤其是一名要撫養三個孩子的女人，其中一個還是殘疾。芙蘿拉感到越來越孤立。

倫敦的兄弟們正在等合適的出手時機。一九〇一年聖誕節的前一天，他們發動商業政變，改變了公司的財務結構，有效地排擠芙蘿拉。沙遜洋行宣布，該公司的管理部門將從沙遜兄弟及嫂嫂芙蘿拉的私人合夥企業，轉變成股份公司，新公司的所有股份都由沙遜兄弟們持有。兄弟當中將有一人成為主席，另外三人成為董事。孟買辦事處的新負責人交給了一位長期擔任家庭助理的男性，近年一直為芙蘿拉提供諮詢服務。她完全被切割了。

謠言在孟買四處流傳，說芙蘿拉被迫退出家族企業，現在她要成立自己的公司。一位忠於芙蘿拉的職員寫信痛惜她的離開是場「災難」，還有一位哀嘆道：「在我們這個骯髒的世界裡，又少了一份快樂。」芙蘿拉寫了張便箋給一位女性朋友，給倫敦的叔伯們一記回馬槍：「明天我就要從公司退休了，因為我覺得不能再這麼辛苦地整天工作。其他人只是表面上有興趣，但等他們突然驚醒的那天，就會發現樂不敵苦。」孟買的生意被奪走了，芙蘿拉決定搬到倫敦，她殘疾的女兒在那裡可以得到更好的醫療照顧。她和孩子在碼頭登船時，一群職員、淚流滿面的僕人，和祝福的人群為她送行，特等艙房間裡塞滿了鮮花和禮物。就在船隻啟航前，一名年輕的印度女孩跑上前，把花環戴在芙蘿拉的脖子上，上面寫著「女王陛下，孟買女王，暨馬拉巴爾山皇后」——馬拉巴爾山就是沙遜大樓的所在地。芙蘿拉乘船離開了，她將成為倫敦著名的慈善家，以及受人敬重的業餘學者。她再也沒有涉足沙遜的生意。

當芙蘿拉在孟買爭奪繼承權並以失敗告終的同時，在倫敦，另一位沙遜家的女性也在與英國統治階層及自己的家族對抗、為進步奮戰。

瑞秋・沙遜（Rachel Sassoon）[29]還是孩子時，大衛・沙遜就把她的父親沙遜・大衛・沙遜派到倫敦代理沙遜公司的事業，並掌握倫敦社交界。出乎意料地，他成功了，還得到一棟豪宅、僕人和花園莊園。沙遜・大衛・沙遜把三個兒子都送進牛津大學，瑞秋則按照當時習俗，被關在巴格達的家裡，她招待客人、彈鋼琴。當時的婦女沒有選舉權，也沒有受教育的平等機會，美滿的婚姻就是瑞秋該成就的事業——她的母親在巴格達出生長大，十六歲就結婚了。

但瑞秋反抗了。她後來寫道，自己是「聰明的女兒」。她嘲笑其他英國貴族的女兒：「她們每年都被趕到市場上，格格嬌笑著迎接自己的命運：成為別人的妻子。」而像她這樣「頭腦好的」，就是天生要過獨身生活的女人。

瑞秋的父親在她九歲時就去世，他在遺囑中留下明確指示：儘管家人現在都住在倫敦，但她應該嫁給來自巴格達猶太社群的人。他把家裡的豪宅和草木蒼翠的花園留給了瑞秋的哥哥，為瑞秋留下一筆信託基金。她性格開朗、意志堅強，不願意在十八歲前就嫁給巴格達的年輕男人，甚至根本就不願意結婚。「很少有女人能同時成為情人、母親、美食家、聖人、出色的健談者、優秀的管家、女主人、陪伴照料者兼護士。」她說。「男人的期望太高了。」二十六歲時，已經過了結婚年齡的瑞秋搬到倫敦，接受護士培訓。雖然追求者眾多，但這家人還是不得不接受這件事實：她將以「未婚老處女」的身分終老一生。然而，在瑞秋快三十歲的時候，愛上了斐德里克・比爾（Frederick Beer），這位德國大亨繼承了一大筆財產，而且十分欣賞瑞秋的獨立精神。在比爾參與的眾多行業當中，他決定把精力集中在家族買下的一份倫敦報紙：《觀察家報》（Observer），這是一份報導藝術與社會公義，每週日發行的週刊。

比爾出生在猶太家庭，後來改信基督教；在婚禮前一天，瑞秋也改宗了。她的母親和沙遜家族極為憤怒，畢竟，這個家庭就是因為擔心他們的孩子會和基督徒結婚，才特地在遺囑加入明確的附加條款，如果他們的孩子和非猶太人、甚至非巴格達人結婚，繼承權就會被剝奪。然而，同化的吸引力很強，隨著沙遜家族在英國社會的地位越來越高，離開猶太信仰的人也越來越多，這激怒了家族內的傳統主義者。沙遜家族和瑞秋斷絕關係，她自己的母親還公開宣布要哀悼一段時間，就彷彿瑞秋已經死了，藉此表達她的不滿。

瑞秋沒有氣餒，她放棄了護理，轉而在新聞界找到工作，成為丈夫報紙的記者和專欄作家。她遭到男性員工反對，這些人當中，許多人都反對日益高漲的婦女解放呼聲，於是瑞秋宣布她想要一份屬於自己的報紙。對她寵愛有加的丈夫斐德里克買下了《星期日泰晤士報》（The Sunday Times），任命瑞秋為總編輯。不久，《觀察家報》的編輯辭職，瑞秋又被任命為該報的編輯。她成為英國第一位編輯兩份全國性報紙的女性，直到八十年後，才有另一位女性在艦隊街獲得這麼高的職位。

瑞秋成了女權主義者和自由主義者。她提議向富人增稅，並支持修法提高工資、改善工作條件。回想起哥哥們去牛津讀書，而自己被困在家裡的經歷，她呼籲教育平等，要求「大學在同等條件下對男女開放」。瑞秋曾經應邀在國際婦女大會上發言，她報告了自己和其他婦女取得的成就概況，並宣布：「十九世紀是女性的世紀。」

瑞秋最大的新聞發生在她捲入德雷福斯事件[7]爭議的時候。一八九四年底，法國參謀總部唯一的猶太上尉阿弗雷德．德雷福斯（Alfred Dreyfus）被指控是間諜，把祕密軍事文件交給了德國官員。公開儀式上，他在兩萬名巴黎人眼前被判處終生監禁魔鬼島，並當場被剝奪軍銜與軍裝，在場所有人高呼：「猶太人去死吧！」

雖然瑞秋自己已經改信新教，但她很擔心德雷福斯的雙面間諜指控，會危及自己和猶太人的成就。她寫道：「希伯來人對任何一個善待自己的國家所表現出的依戀和忠誠，其不同凡響是無可比擬的。」

《觀察家報》記者發現證據，證明了指控德雷福斯的人使用偽造文件，這是一場汙衊。瑞秋和偽造者對質，在飯店的房間裡盤問他，並決定刊登這篇報導。德雷福斯的定罪隨後被推翻，恢復了全部的軍銜。

但這一切都沒能讓她重新打開沙遜家族的大門。瑞秋在《觀察家報》為沙遜家族的鴉片貿易辯護，但從來沒被邀請加入家族企業，或者參加他們為了款待威爾斯親王而舉辦的派對與舞會。一八九六年，瑞秋的丈夫斐德里克病了。醫生說是肺結核，但其實很可能是梅毒，因為他到處拈花惹草。瑞秋受過護士培訓，便開始照顧他，同時經營她的兩份報紙。一九〇一年，他去世後，她也病倒了，無法完成她的專欄和社論。沙遜家族動員起來了。瑞秋是個叛逆、非傳統、做著男人工作的職業女性，她的家人一直認為她性情古怪，難以捉摸；現在，她是個無兒無女的富有寡婦。沙遜家的一位親戚聲稱，瑞秋有時候顯得無精打采，接著就開始「胡言亂語」。她拒絕把丈夫的遺囑提交給法院，這引起人們懷疑，到底誰會繼承他的財產。瑞秋很可能患有某種形式的憂鬱症，已經十五年不見的哥哥提交請願書，說她「精神不健全」，三名醫生和沙遜家的家庭律師都表示同意。

7 德雷福斯事件（Dreyfus affair）：一八九四年，一名法國猶太裔軍官被誤判為叛國，法國社會爆發嚴重衝突。事件在一九〇六年平反，德雷福斯成為國家英雄。

瑞秋被帶到法庭指定的「精神錯亂權威」面前，被宣告精神失常。這位同時負責《星期日泰晤士報》和《觀察家報》的女性，由於缺乏家族支持，而沒有能力抵抗，既沒能為自己辯護，也沒有請醫生為自己作證。報紙被賣掉了，瑞秋在一棟大宅裡由護士照顧度過餘生，死於一九二七年。

和她的表姊芙蘿拉以及命運多舛的蘿拉・嘉道理一樣，瑞秋・沙遜的雄心壯志被扼殺了。她的職業生涯是沙遜家族矛盾攻擊的縮影：她是自由主義者和女權主義者，支持大英帝國、捍衛鴉片貿易。正是鴉片貿易讓她的家族變得如此富裕、具有影響力。她是一位突破障礙的猶太女性，透過皈依基督教來力爭社會認可，卻發現自己被困在猶太家庭的傳統和歐洲強烈的反猶太主義之間。一名有才華、有野心的女性就此折翼。對沙遜家族來說，幾乎沒有跡象表明十九世紀或二十世紀會成為女性的世紀。

§

蔣介石鎮壓共產黨起義後，上海的生活恢復正常。公共租界和上海俱樂部的英國商人開始談論一名來自英國的有錢單身漢，他走路拄著柺杖，但整個人散發著魅力和性感。在和芙蘿拉發生家族紛爭、她遠赴倫敦之後，沙遜家族急著尋找合適人選經營他們在亞洲的業務。亞洲，是沙遜王朝的金融命脈。這位來自孟買的新接班人越來越頻繁訪問上海，他打聽生意、邀美女去賽馬場，鈕扣眼上插著一朵康乃馨，嘴裡自信地叼著銀菸嘴。他的名字是維克多・沙遜——沙遜財富的繼承人。沙遜家族即將捲土重來。

維克多・沙遜和友人

第五章 娛樂大亨

「你好嗎，親愛的？」

維克多·沙遜傾身向前，黑色眼睛裡閃爍著好奇和一絲惡作劇。他那鉛筆一樣細的鬍子和戴在右眼上的單片眼鏡，讓他的每個笑話和意見都顯得漫不經心。他身高超過一百八十公分，肩膀寬闊，念劍橋的時候是一名強壯的游泳選手；另外，他還是個拳擊手兼優秀的網球手。不難看出為什麼他吸引的對象不分男女，因為他自信、機智又善於嘲弄。而且，維克多單身，又是世界上最富有的人之一。他有一種政治家的天賦，可以讓和他交談的人覺得自己是他關注的中心，彷彿他（或者通常是她）是房間裡唯一的人。曾經在上海和維克多有過一段情的《紐約客》（New Yorker）作家愛蜜莉·哈恩（Emily Hahn），在給母親的一封信中寫道，維克多「異常機敏風趣，尤其以他商人的身分來說。他喜歡聰明人❶。」

維克多·沙遜是家族族長大衛·沙遜的曾孫，他熱愛一九二〇年代所有的新玩意兒：跑車、飛機、電影和電影明星。他會把自己的手持式電影攝影機一直放在手邊，這樣他就可以隨時衝出門去拍朋友、拍離開的遊艇，或者是後來日本人轟炸的景象。他配有一間私人攝影工作室，為他的女性朋友們拍攝各種寬衣解帶的照片。他還建造賽馬馬廄，飼養賽馬到全世界去比賽。

他犀利的雙眼和敏銳的頭腦把人們的注意力從那對枴杖上引開。他腰部以下傷殘，枴杖讓他保持直立，也讓他得以在辦公室、旅館和舞廳之間來來去去。第一次世界大戰服役期間，當時三十五歲的維克多在一次飛機失事中傷了臀部，他的私人日記反映了他的掙扎：一個個無眠的夜晚，尋求各種治療方式與能讓他恢復行走能力的醫生。他和富蘭克林．羅斯福（Franklin Roosevelt）一樣，無視自身的殘缺，並展現出自信和男子氣概。在永不間斷的奢華派對中，有時他會突然離開，到樓上的私人房間去，因為劇痛刺穿了他的身體。留在原處的朋友偶爾會聽見他摔倒時從天花板上傳來的撞擊聲，不過他們會假裝沒注意到。

維克多的裝腔作勢和輕浮的追求，掩蓋了他精明的商業頭腦。他能說一口流利法語，喜歡發表演講，並且仔細記錄他遇到的每一個人，以便日後能拉攏他們。商業對手經常低估他，連日本人也一樣。

§

在上海，沙遜一家的商業基因正在逐漸消失。大衛．沙遜的公司由他的孫子雷金納德（Reginald Sassoon）經營，家族傳記作家形容他是「戰爭英雄、一流的高爾夫球員和騎手，但並非商業天才❷」。雷金納德把大部分時間都花在上海的俱樂部和賽馬場裡，他這人笨手笨腳，曾經因為騎自己的馬，在五週內摔了五次，每次都摔到骨折。有一次在比賽中他被擔架抬走，幾小時後又堅持回到馬鞍上參加最後一場比賽，並贏得了觀眾的掌聲。

維克多這個花花公子的崛起，一開始看來似乎不能解決沙遜家族缺少領導者的問題。他出生在那不勒斯，當時他父母正在那裡旅行，之後進了哈羅公學（Harrow School）和劍橋大學，主修歷史。他和沙遜家一個綽號叫「南基」（Nunkie）的叔叔很親近，這個長輩會和歌舞團女郎約會，花錢大手大腳。維克多比他大多數朋友都世故，也更有錢，他在大學裡成立了一個以高級美酒為主題的單身漢俱樂部，還成了出色的社交舞者。他發誓絕不生孩子，在研究了自己的沙遜血統之後，他說：「我確信，我要麼會生出一個天才，不然就是生出一個白癡。我不打算冒這個險❸。」

像維克多這樣來自上流社會的大多數「豪門」學生，在劍橋拿的都是「三等榮譽」——相當於美國的「紳士C」[1]，但是維克多展現出敏銳的才智。在參加派對、跳舞和花錢買衣服、買酒的空檔，他還寫了一篇論文，獲得令人尊敬的二等榮譽，比他許多堂兄弟更優秀，甚至超越著名的英國詩人西格夫里·沙遜，因為西格夫里幾年後離開劍橋大學時，連一個學位都沒有拿到。

畢業時，維克多的父親告訴他，身為沙遜家族的一員，他要在家族企業的倫敦總部工作，然後在英國富有的猶太家庭中找個新娘。他嗤之以鼻，轉而接受了雅各布叔叔（叛離家族的伊利亞斯·沙遜之子）的邀請，去參觀家族在印度和上海的業務。

雅各布負責規劃行程，陪著維克多先去孟買參觀沙遜的紡織廠❹。維克多擺弄著紡錘，對來自曼徹斯特和美國的最新技術產生了興趣，還問了維修工人一些聰明的問題。

接下來，雅各布把維克多送到上海。這名年輕人覺得這裡更令人興奮，他在靜安寺路購買打折的玉器和象牙製品，還參加劍橋校友為他舉辦的派對，一邊喝酒一邊唱歌。由於雅各布沒有孩子，於是對這位可以輕易從上流社會搬到士兵平房，還可以和士兵一起打獵、打馬球的姪子心生好感。後來，維克多離開上海時，雅各布已經任命他擔任公司的初級合夥人，期待他有一天會回來。

1 指為了照顧面子而給的及格分數。

維克多的亞洲之行激起沙遜家的一絲希望，家族盼望著他能從此認真起來，然而，他很快就回到自己在倫敦所熟悉的生活方式：遠離辦公室、開新車、戴大禮帽、穿上別著康乃馨的燕尾服，傲慢的眼睛嵌著單片眼鏡。一位家族傳記作家說：「他的手臂上也不可避免地倚著美麗的歌舞女郎❺。」

§

第一次世界大戰爆發時，維克多三十三歲，他加入了新成立的皇家海軍航空隊。他的戰友喊他「老爹」，因為他比多數人大上十歲。一九一五年二月的一個清晨，維克多坐在飛機的觀測座位上研究地圖，和他搭檔的年輕飛行員駕駛飛機，突然間引擎抖了一下，發出劈啪聲，然後就熄火了；飛機陷入失控，旋轉、墜落。飛行員後來說，維克多從頭到尾一直「有條不紊、精確到位、冷靜無比」。墜機摔斷了維克多的雙腿，傷及他的臀部；他打了一針嗎啡，然後就用擔架送到醫院。飛行員回憶：「這台『機器』已經完蛋了，即將『報廢』。」

維克多打了八個月的石膏，他拒絕坐輪椅。他對朋友說，他確信現在沒有人會嫁給自己了，除非是看上他的錢和地位。「如果我有了健康漂亮的孩子，」他對親戚說，「我會忍不住狠狠嫉妒他們❻。」

維克多被派去和美國空軍一起工作，運用他的商業知識來加速義大利轟炸機的生產流程，這也開啟了他對美國的終身熱愛。他後來回憶，儘管自己是負責美國分遣隊的英國軍官，但美國士兵對他的判斷表現出「極大的信心」，因為他們很歡迎他打破官僚作風的行事。有一次，他為了獲得參觀工廠的許可，威脅要越過美國將軍的領導，直接去找在華盛頓中央政府工作的朋友。另一次，在義大利，由美國高級軍官視察的某列火車上，陪同視察、負責後勤的那位義大利軍官，原來是維克多鍾愛的倫敦餐廳的領班，他給維克多安排了一節豪華臥鋪車廂，軍階更高的美國人反而在二等車廂坐著睡了一夜。隔天早上，一名美國軍官對維克多說：「我現在終於明白，當個跛子有多值得了。」

原本的沙遜洋行和新沙遜洋行都在戰爭期間蓬勃發展，為英軍提供制服棉花，並積極與中國、印度和英國貿易。戰爭的結束，意味著英國對印度棉花需求放緩，此外，印度工人當中越來越多的不安定因素也加劇了這種情況，工人聚集在甘地（Mahatma Gandhi）身邊，聲援他的主張。自鴉片貿易非法化之後，沙遜洋行賺最多的生意就是紡織業，然而象徵著甘地理念的「印度粗布」，削弱了這門產業。印度工人要求提高工資，甘地開始抵制英國貨；日本也開始在中國建立自己的工廠，成功搶占當地市場。

為了重獲優勢，沙遜洋行需要籌集資金，讓工廠現代化。但隨著商業挑戰日漸增加，根植倫敦的沙遜家族卻繼續對經營公司敷衍了事。菲利普是維克多的堂兄，儘管他在英國政府中迅速崛起，卻完全忽視公司的存在，把時間都花在用華麗的歐布桑地毯、掛毯，與維拉斯奎茲（Velázquez）、薩金特（John Singer Sargent）和庚斯博羅（Gainsborough）的傑作裝飾他的三座獨立莊園上。

其他有機會接班的領導者情況也好不到哪裡去[7]。維克多的父親愛德華（Edward）在更有商業頭腦的親戚去世後，不情願地接管了新沙遜洋行；他在五十多歲時連續中風，導致身體虛弱，還得了失智症。塞拉斯．哈同是大衛．沙遜最初雇用到上海工作的「巴格達男孩」其中一人，由於對公司高層毫無目標的隨波逐流感到沮喪，他於一九二〇年辭職，成立了自己的公司，並在上海各地收購房地產。哈同辭職沒多久後，沙遜家又有另一位潛在繼承人死於心臟病。

維克多本人渴望從政，但他第一次以保守黨身分競選倫敦郡委員時，以一百票之差落敗。四十歲的維克多英俊而富有，但戰爭造成的身體損傷似乎注定把他推到富裕社交圈的邊緣。他決定搬到孟買，接管沙遜家族的生意。

讓所有人，包括他的經理都吃驚的是，維克多完全不是大家以為的那種只掛個名、什麼都一知半解的老闆[8]。他完全掌控了公司。他拄著兩根枴杖在工廠裡四處走動，繼續著初次訪問孟買時就開展的研究；還拍下沙遜紡織廠的紡錘及複雜機械零件的照片，和重新設計的想法一起用電報發到英國；他針對廠房、保險和房地產的問題，仔細盤問沙遜洋行在亞洲不同辦事處的經理；他在金融方面也展現出獨特才能。由於在印度、中國和英國都有工廠、資產、投資，維克多意識到，轉移資金可能和出口棉花或進口香料一樣有利可圖，於是他擴大沙遜控制的銀行網路，使他能接觸不同國家的貨幣，藉此從匯率波動當中獲利。如果國會決定在英國加稅，他可以透過香港的子公司和信託公司轉移利潤來避稅；要是印度和中國的政治不確定性導致貨幣不穩定，他可以換成英鎊。貨幣交易保護了他的資產、增加他的利潤，也為他的倫敦親戚們送去豐厚紅利，為他們的狩獵派對和藝術收藏提供了源源不斷的資金。

在倫敦的時候，維克多還是眾人眼中的花花公子；到了印度，卻成了有影響力的人物。他被任命為殖民地國家立法議會的紡織業代表，沉浸在貨幣改革和工廠條件的辯論中。他相信殖民統治，也相信自己家族的家長式領導對印度工人有益。沙遜工廠的勞動條件和工資都是印度最好的，他不顧許多同為百萬富翁的人反對，支持立法將每週工時限制在六十小時以內，並將童工最低年齡提高到十二歲。他在給朋友的信中寫道：「我不會假裝懂得辯論，因為在來到德里之前，我只（在大學裡）聽過辯論，而且從來沒踏進過下議院[9]。」然而，除了少數例外，他覺得英國殖民政府當中沒有一個人是自己辯不倒的。

維克多知道，印度政治上的多重威脅正隱隱逼近：聖雄甘地、社會主義，和印度獨立。一九二二年，英俊的威爾斯親王（也就是後來的愛德華八世）來訪新德里，他下船的時候，維克多和其他領導人一起迎接。甘地的支持者迅速策劃了騷亂和罷工，破壞這場皇室親善之旅。正在崛起的倫敦政治家溫斯頓・邱吉爾（Winston Churchil），不屑地將甘地和他散播的公民不服從運動視為「一名半裸著大步走上總督府台階……煽動人的騙子」所做的「令人震驚又噁心」的努力。維克多也認識邱吉爾，但他在信中警告一位朋友說，甘地這個名字「在印度極具影響力[10]」。維克多認為，英國不能繼續用入獄這種方式來壓制他。他向朋友描述自己在孟買會見印度富商的經歷，這位富商對英國統治抱持懷疑，並且十分同情甘地的獨立主張，這讓維克多大吃一驚。「如果像他這樣的人都心存疑慮，那些沒受過多少教育的人又會怎麼想呢[11]？」

沙遜提議，英國應該把甘地爭取到自己這邊來，建立一個聯盟，以反制甘地在運動中自己都快控制不了的共產主義成員。維克多在寫給朋友的信中預言：「一旦推翻英國政權，就等於推翻了印度唯一團結的東西。隨著甘地的成功日益接近，他的困難……看起來不是在減少，而是在增加。」

維克多自己也面臨著印度工人的反英怒火和各種要求。一九二五年，他提議在孟買修建一座私人賽馬場，要花五十萬美元，但與此同時，由於紡織品需求下降，維克多和孟買紡織廠的老闆卻提議降低工資。孟買當地的一份報紙怒不可遏：「人們怎麼有辦法調和工廠老闆的呼籲，和維克多爵士雄心勃勃的計畫之間的矛盾呢？」《印度時報》（Times of India）說維克多的提議「荒謬至極」，是對工人的侮辱，該報宣稱：「世界上能讓富人花錢的地方已經夠多了，他們不需要沉溺在無聊的虛榮和奢侈的品味中。」然而，他還是免不了懷有英國貴族和公務員那種高高在上、主導印度政治的優越感。維克多是印度最大的雇主之一，他的員工吹噓：在公開場合，英國總督經常都走在維克多・沙遜後面；但儘管維克多很有錢，英國官員仍然看不起他和他富有的家族，認為他們是暴發戶，只是「旅行商販」（boxwallahs）[12]，就是那種雖然賺了錢，卻缺乏高雅氣質和管理智慧的生意人。

維克多開始每年去上海待兩三個月，視察新沙遜洋行的中國業務。跟印度比起來，上海穩定、繁榮，幾乎沒有政治風波。蔣介石消除了共產主義的威脅，英國砲艇停在港口保護英國的商業，上海工部局負責監督從警察到公共工程的一切事物——工部局由七名成員組成，包括一位來自沙遜的代表——且稅賦很低。沙遜家注意到曾當過沙遜洋行的夜班警衛、後來成為上海辦事處經理的塞拉斯．哈同，他離開沙遜之後，靠購買上海數千套公寓租給中國人而致富，財富現在可以和維克多匹敵了⑬。至於維克多，就坐在一家可以俯瞰外灘、嘉道理產業旗下的飯店套房裡，看著凱迪拉克汽車在街上和人力車爭道；他參加奢華的派對，還護送穿著時尚的女性去看賽馬。

一九二七年，在一次上海行程結束後，維克多寫信給朋友說道：「如果我們的軍隊能一直穩住，中國的情況就不會變壞。『洋鬼子們』……開發了現在的租界，由於這些地方不受中國干涉也不納稅，因此發展繁榮⑭。」甘地日漸強大的勢力威脅著印度的殖民地存續，但在中國，新興的國民政府力量薄弱，而且沙遜家認為他們很無能。外國商人可以為所欲為，這對維克多來說，真是太有誘惑力了。

維克多決定將家族近一個世紀以來在印度持有的資產變現，把錢轉移到上海。他告訴一家印度報紙，自己之所以離開，是因為「和印度公司的惡性競爭」與「排外偏見」⑮。英國最富有的人之一放棄印度、前往上海，這消息成了全世界的大新聞。維克多打算轉移六十「拉克」[2]的白銀——相當於今天的四億美元。沙遜的老對手，怡和洋行，以典型的反猶太態度提起這項消息，一位高階主管寫道，上海新沙遜公司的董事中：「一定有一大批人是最好的『蘇格蘭』血統。」藉此諷刺維克多的許多主管都有猶太背景是眾所周知之事。儘管如此，這位高階主管還是提出警告：「他們可能是我們未來最強大的競爭對手，也是最難破解的難題。」

維克多買下了外灘最顯眼的一塊地，也就是南京路和濱水區交會處的一整塊街區，在此建設新的家族總部，名為沙遜大廈（Sassoon House）。它將有九層樓高，頂部有一座銅塔，比當時最高的匯豐銀行還要高十五公尺；離外灘只有幾個街區，而且比一公里多以外、嘉道理家剛建成的大華酒店宏偉得多。他告知建築師，想在大樓裡納入一家新飯店，並且以馬可波羅對中國的稱呼為它命名：華懋[3]。

維克多經常入住世界各地的豪華飯店，如孟買的泰姬陵酒店、巴黎的喬治五世四季飯店、倫敦的克拉里奇飯店。他發誓，華懋飯店會和它們一較高下。

用一位建築評論家的話來說，這家飯店「就像一艘裝飾藝術風格的火箭船，從黃浦江升起⑯」。在華懋飯店出現以前，遊客、外國人和中國人想買奢侈品，都必須在上海的混亂街道和市場穿梭。然而，在華懋飯店大堂拱廊的馬賽克鑲嵌天花板底下，就有二十家店鋪，出售來自巴黎的最新款帽子、內衣和亞麻製品，以及專賣遊客的物品，像是玉柄銀製調酒棒。走廊裡，有一整排萊儷（Lalique）水晶燭台與鏡子，每一道通往大廳的走廊入口，都在引人注目的穹頂之下匯聚。除了客房之外，華懋飯店還設有一層「國家套房」，每間都以不同外國風格裝飾：日本套房的榻榻米、印度套房的印度地毯、坐墊，以及中國套房的中式家具、陶瓷。在這所有奢華的背後，是以前在上海或中國從來沒有普及過的現代便利設施。客人可以用電話喚來服務生、客房服務、女僕、乾洗工、熨衣工或洗衣工。深深的浴缸裡，有銀製水龍頭，供應的都是從城外湧泉引來的純淨水。

2 拉克（lakh）：白銀計量單位，一拉克等於三一〇〇公斤。

3 英文是Cathay，這個字原意為「契丹」，也就是在中世紀國力強盛的遼國，後代稱中國，中文名稱則是另取。這個字會讓外國人想起種種關於古中國的事蹟，包括馬可波羅、成吉思汗、絲路、香格里拉等，典雅有古意。國泰航空（Cathay Pacific）的英文也選用此字。

沙遜家族在上海定居的前幾代，都是依靠一群關係緊密的巴格達同胞（比如塞拉斯・哈同）來經營他們的生意。維克多放棄了這種做法，他創建一支國際管理團隊，華懋飯店的經理是從孟買泰姬陵酒店挖來的，總經理是倫敦克拉里奇酒店聘來的，而從柏林請來的夜總會經理，更為這裡增添了些許威瑪德國的情調和頹廢感。

維克多搬進九樓的套房，他的窗戶就像船頭一樣伸向外灘，讓他可以毫無遮蔽地俯瞰港口，及下方裝飾藝術風格的建築。他把這片景致稱為他的「繆斯」。他在浴室裡裝了兩個浴缸，「我喜歡和別人睡同一張床，但不喜歡和別人用同一個浴缸[17]。」他對朋友這麼說。

相比之下，華懋飯店讓嘉道理旗下的飯店相形見絀，甚至連著名的大華酒店都顯得有點寒酸。客人不再去嘉道理的禮查飯店（Astor House Hotel）——這家飯店也在外灘，離華懋不遠，仍然需要服務生來取夜壺，然而華懋飯店已經有室內管線了。上海的一份英文報紙寫道，一夜之間，維克多的華懋飯店就把嘉道理的飯店變成了「二流飯店」。有位美國遊客形容，禮查飯店是一座「褪了色、洞穴似的綠色木造建築，挑高的房間裡泛著潮氣和霉味」[18]。與之對比的是，苗條的中國女性穿著優雅的旗袍——這種衣服起初還是在大華酒店興起的——成群結隊來到華懋飯店，和外國客人一起享受最時髦的「茶舞」——一種把下午茶和跳舞結合在一起的英國傳統——以及最新的爵士樂。華懋的舞廳配備了彈簧地板，藉此鼓勵大家跳舞同樂，世界頂尖的歌舞秀就在這裡表演；客人可以喝到維克多的原創雞尾酒，其中有一種叫「眼鏡蛇之吻」，混合了等量的白蘭地、庫拉索利口酒和奶油，再加入三滴苦艾酒。他們很喜歡這裡提供的印度風味午餐（tiffin），例如，週四的菜色是孟買風味蔬菜咖哩配一瓶冰鎮巴斯淡啤酒。客房服務供有酸麵團烤閹雞，會和馬德拉酒、鵝肝、松露一起烹調；還有鳳梨可麗餅，上面灑著切碎的鳳梨，並浸泡在櫻桃白蘭地裡。維克多本人身材苗條，但總擔心自己的體重，所以吃東西非常小心。「用蔬菜保持苗條，」他在日記裡寫著，「九天減肥法。每日早餐：半顆葡萄柚、黑咖啡、檸檬沙拉[19]。」他擁有大量土地，因此可以向客人保證，廚房裡的蔬菜用的是安全肥料，而不是人類排泄物。

中國富人湧進這家飯店慶祝生日、紀念日或其他特殊場合。在飯店大廳裡，維克多設置了一個看起來像電話亭的錄音間，客人可以錄下敬酒詞和問候語，然後拿到一張壓製黑膠唱片做紀念[20]。「中國人現在出門的次數比以前多得多，在很多聚會都碰得到。」維克多在給朋友的信中寫道。「他們變得如此歐化，真是令人驚訝，女士們都已經準備要大肆喧鬧一場了。這在幾年前是聞所未聞的。」

一九三〇年代中期，每年有四萬名遊客搭上環繞全球的新遠洋客輪，並停留上海。每天都有來自的里雅斯特、漢堡、倫敦、奧斯陸、西雅圖和溫哥華輪船的遊客上岸，環球遊輪行程若不停靠上海，就不算完整[21]。曾經在上海以大華酒店為家的名流們，現在轉向更現代、更迷人的華懋。諾維・考沃登記入住後得了流感，靠在套房枕頭上寫下劇作《私生活》（Private Lives）的草稿。根據報導，日後嫁給英王愛德華八世、震驚英國的華里絲・辛普森，曾經只穿著一件救生衣在華懋飯店擺姿勢。維克多確實讓上海在世界地圖上有了一席之地。

由葛麗泰・嘉寶（Greta Garbo）主演、後來改編成電影的小說《大飯店》（Grand Hotel）作者維姬・鮑姆（Vicki Baum）也來到上海，以華懋飯店的國際都會生活為本，寫了一部續集：「樂觀主義者、悲觀主義者、西方人、東方人、男人、女人。歐洲人、美國人、東方人。勇氣與懦弱。理想主義與貪婪。仇恨與愛。各式各樣、各種膚色、各種傾向的人。人聲、噪音、笑聲、茶、威士忌。描述著各種人性的全套管弦樂隊：那正是在屋頂花園喝下午茶的時光。」一九三六年，查理・卓別林和未婚妻波萊特．戈達德（Paulette Goddard）在上海度假時，也住在華懋飯店——他們上次來的時候，住的是大華酒店。卓別林在塔樓夜總會告訴維克多，他很想拍一部以中國為背景的電影，說的是一位白俄羅斯女伯爵淪落到當舞女維生的故事，這部電影就是後來的《香港女伯爵》（A Countess from Hong Kong）。

嘉道理的大華酒店訂房量大幅下滑。華懋飯店開業不到一年，維克多就召集一批投資者買下大華酒店，不久就把飯店關了，裡面的東西全數拍賣。

華懋的成功燃起一場建築熱潮，改變了上海的面貌[22]。維克多又建起第二家飯店，都城飯店（Metropole Hotel），目標客群是商務旅行人士。在這之後，他又建了好幾座公寓和辦公大樓：峻嶺寄廬（Grosvenor House）、河濱大樓（Embankment House）、華懋公寓（Cathay mansion），和漢彌爾登大樓（Hamilton House），全都以富有皇室氣息的英式名字命名。這些建築總共為房客提供了一千間空調臥室和套房——有些套房甚至占了三層樓。塞拉斯．哈同死後，他的孩子們爭奪遺產，維克多發動突襲，買下他幾十處房產。還有一天晚上，維克多去了一家很受歡迎的夜總會舞廳，他和隨行的同伴被帶到離舞池很遠的桌子，他開口抱怨，服務生道歉說，因為維克多拄著兩根枴杖，以為他沒辦法跳舞。維克多離開之後，便在附近買下一塊地，建了仙樂斯舞廳（Ciro's），並成為這座城市最受歡迎的舞廳。

建築熱潮使外灘的房地產價格漲到比倫敦或紐約許多時髦地段還要高。到了一九三五年，維克多僅僅靠著房地產，就收回了他在上海的全部投資，總計八千七百萬元，相當於今天的四億六千萬美元。維克多又在他的房地產帝國中，加入紡織廠、木材公司、造船廠、上海巴士公司、汽車經銷商、倉儲服務和一家釀酒廠。當時，華懋飯店旁出現一塊空地，維克多得到消息，國民政府計畫在此地建設中國銀行，並且高達三十三層樓，讓華懋飯店相形見絀。但由於他擁有大量房地產，因而掌控了控制著外灘沿線建築許可的上海工部局。於是，工部局以「技術理由」拒絕了該銀行的提議，也確保華懋飯店仍是這一帶最高、也最引人注目的建築。

§

和嘉道理不同的是，沙遜家族和中國人始終沒有太多私交。他們從來沒有平等看待過他們，而是把更多精力放在培養英國貴族的交情。沙遜後人回憶，他們對印度和他們的故鄉巴格達，有著真摯的感情；他們供應印度咖哩和中東甜點，還深情地談論著孟買，但他們的信件中幾乎不曾提到和中國的實質關係，中國就只是生意[23]。

維克多卻不一樣。他曾經想進入英國政壇，而且像政治家一樣對建立聯盟很感興趣。在印度的時候，他已經是個比較國際化的人物，也意識到商業和社交聚會的相互作用——沙遜家族在倫敦就是掌握了這一點，他們對國王和貴族人脈的培養，讓鴉片貿易在民眾反對的情況下仍然得以維持。維克多的社交日記中，有一套精心設計的彩色編碼系統：他在認識的人名底下畫藍線，第一次見面的人畫紅線。他會保留午餐和晚餐的座位安排，並特別留給印度皇室成員與知名商人[24]。

蔣介石和新國民政府很早就看出維克多在經濟和政治上的用處。上海是中國的經濟中心，接近半數的主要銀行和工廠總部都在這裡。國民黨有個雄心勃勃的計畫，就是要使國家現代化。他們需要稅收，以資助軍隊在北部山區及部分農村地區和毛澤東領導的共產黨「土匪」作戰。一開始，蔣介石籌集資金的方式是和上海的黑幫結盟，敲詐、綁架因上海繁榮而致富的中國商人。「在上海和周邊地區的中國商人處境非常令人同情㉕。」《紐約時報》報導寫道。「在蔣介石將軍的獨裁統治下，商人們根本不知道明天會發生什麼事，可能是沒收、強制貸款、流放，也可能被處決。」一名染料商人之子被蔣介石的國民政府以「反革命分子」的名義逮捕，但在父親「捐贈」二十萬元給蔣之後獲釋；另一名商人在他三歲的子嗣失蹤後，付了五十萬元；棉紗大王榮宗敬則因為拒絕購買政府債券，被中國下令逮捕。

然而，這種強硬策略對維克多，或像嘉道理這樣的外國人是行不通的。不管是對商業投資，或維繫美英兩國的支援來說，贏得他們的支持都是不可或缺的。這會導致，其他外國公司和中國投資者接收到的訊息是：國民政府在政治上是可靠的。通往中國現代化和國民黨政治成功的道路，正沿著外灘延伸。

從維克多宣布要把財產轉移到上海那一刻起，蔣介石就派出他那些受過西方教育、英語流利的高級財政官員去參加一連串的午餐會，並提供利潤豐厚的商業交易和高額的投資回報㉖。

蔣介石和他身邊的官員，花了大量時間討好美國官員和權力掮客，包括《時代》公司的有力出版人亨利・魯斯[4]。他們在美國建立了後來被稱為「中國遊說團」（China Lobby）的組織，動員起來為國民黨政權贏得美國民眾支持。中國財政部長宋子文大力吹捧那些上過長春藤盟校、當時正在管理中國的精英人士，他在某次廣播中告訴美國聽眾：「你知不知道，我們政府現在的內閣有一半以上是你們大學的畢業生？我很榮幸成為哈佛的校友。而在我的妹妹蔣介石夫人，念的是衛斯理學院（Wellesley College）。還有兩個姊姊，孫逸仙夫人和孔祥熙夫人……念的是喬治亞州梅肯的衛斯理安學院（Wesleyan College）㉗。」

維克多自認是高明的政治圈內人，他曾經在印度立法會代表印度紡織廠主；他了解貨幣流動，也協助制訂了印度的貨幣法規。他相信自己對印度未來的判斷是正確的，也相信甘地崛起會給英國和像他這樣的資本家帶來問題。他堅信，儘管中國國民政府經常受到動亂衝擊，但他把自己的財富轉移到中國並且在上海投資，是很準確的作為。「在這裡，時間確實過得比我知道的任何地方都要快㉘。」維克多在給上海友人的信中寫道。「我想，是因為總有那麼多事情要做吧。我們每天都有各式各樣的戰爭、革命、恐慌和短程旅行。」儘管如此，維克多仍然相信：「不會真的出事的。」

國民黨也相信維克多。搬到上海一星期後，他在一次中外商界領袖的晚宴上以貴賓身分坐在首席，財政部長宋子文坐在他右手邊。他們提供維克多購買政府債券的機會，這種債券每年的收益率有百分之十二到十五，比其他任何投資都要高。國民黨還利用了維克多對共產主義的恐懼。某次午餐時，國民黨帶來一位在布爾什維克有可靠消息來源的高級軍官，並向他稍微說明了一下軍事情勢。還有一次，他遇到一群支持國民黨的中國富商，「毫無疑問，他們都相信國民黨政府，而且他們似乎對布爾什維克分子『非常了解』。」他寫道。

維克多和國民黨結盟，雙方都從中受益。在大蕭條席捲世界各地的同時，維克多依然繼續在上海賺錢。他用這些錢收購因大蕭條重創的各國資產，買了美國公司的股票、澳大利亞的債券，以及法國一家小銀行的控股權。國民黨則用維克多購買債券的錢來資助軍隊和經濟現代化，此外，他們還得到世上最富有的人之一的聲望和支持，他們會在午餐會和參觀賽馬場的時候向他諮詢。一九三五年六月，國民黨高級官員來到華懋飯店，親自授予維克多「一等金質獎章」㉙，這是中國的

4 亨利・魯斯（Henry Robinson Luce, 1898-1967）：中文名路思義，美國出版商，創辦《時代週刊》、《財富》與《生活》三大雜誌，被稱為「時代之父」。台中東海大學的路思義教堂即由他捐助興建。

最高榮譽。

維克多的聲譽也得益於亨利．魯斯領導的強大中國遊說團在美國的支持。魯斯是傳教士之子，他開始相信，國民黨就是中國未來的關鍵。他用自己時代公司帝國的資源支持國民黨，在當時最具影響力的新聞雜誌《時代》和重要商業刊物《財富》上，大力讚揚蔣介石和蔣夫人。一九三五年，《財富》雜誌做了一個專題，大肆報導「上海崛起」，並宣稱「中國人獲得了全新的活力，國民黨和西化釋放出一八六〇年甚至一九二七年都沒有過的嶄新力量[30]。」在一九二〇年代的任何時候，「如果把你的錢從美國股市裡拿出來，以房地產投資的形式轉移到上海，七年之內，你的財產就會翻三倍。」《財富》雜誌宣稱：「這件事，世界上確實有人做到了。」在《財富》雜誌裡，維克多．沙遜雙手交握，放在象牙製頂端的枴杖上，對著讀者會心微笑。

「單身漢可能會想住在維克多．沙遜爵士新建的漂亮公寓裡。」該雜誌宣稱，華懋飯店是「世界上最豪華的飯店之一，可以和曼哈頓最好的飯店媲美。」那麼，維克多．沙遜本人呢？「他的高樓大廈在上海刻下了自己的印記，也為自己的財富找到了避難所，他很不簡單。」

§

當維克多增加在上海的賭注時，埃利．嘉道理卻開始把部分投資從上海轉移到香港。這裡和上海不同，香港是英國的殖民地，是大英帝國確切的一部分，由英國行政官員管理，受英國軍隊保護。一九二〇年，埃利決定在香港島建造自己的豪華飯店，淺水灣酒店（Repulse Bay Hotel），十年後，又在香港港口九龍一側建了更豪華的半島酒店。他持續經營有軌電車，一條垂直的鐵路嘎吱嘎吱地直上「山頂」，堪稱亞洲的工程奇蹟。等到埃利終於獲得英國國籍，他走出陰影，加入中華電力公司的董事會，並在一九二六年獲封爵士。一位住在上海的英國人曾說，埃利「幾乎成了我們的一員」。

但埃利仍然是透過和其他外來者合作以尋找最佳商機。例如知名富商布力架（José Pedro Braga），其父是定居澳門的葡萄牙人，在中華電力公司工作。一九二六年，布力架和埃利一起驅車前往九龍農村地區，看到一大片覆著水稻田的土地。這片土地即將拍賣，布力架告訴埃利，這塊地的商業潛力「無可限量」[31]。除了葡萄牙移民布力架之外，埃利也和何東建立起合作關係，這時的何東，不計其他投資，已是香港最大的房地產所有者之一。

埃利開始悄悄出售上海的部分股票，為九龍那塊地籌集資金。在一場激烈的競標戰中，他出的價高於中國投資者，得到了那塊地。埃利和合作夥伴把這個地方命名為嘉道理山（Kadoorie Hill），並且劃出一條嘉道理道（Kadoorie Avenue）。接著，埃利打造了幾十棟殖民地風格的豪華住宅，還附網球場和車庫，這是香港有史以來最大的開發計畫，對埃利、布力架和何東這樣的外來者而言，更是心動不已的計畫，因為這就像建立起另一片天地，有別於港口對岸香港島上，由英國人獨霸一方在山頂蓋的那些勢利、奢華的豪宅。在一個比新界九龍還要北邊、可以俯瞰大海的海角，埃利還建了一座週末度假村，叫做博爾德別墅（Boulder Lodge）。維克多・沙遜曾經判斷，押注上海比印度要安全；對嘉道理來說，香港又比上海更安全，或者至少也是個不錯的對沖。

儘管戰爭傷害給維克多帶來持續的疼痛，但他的商業和社交行程依然足以讓大多數男人筋疲力盡。他上午會待在華懋飯店的辦公室，中午和商業夥伴共進午餐，下午在賽馬場或者去視察他的投資項目，晚上則出席正式晚宴，之後通常會乘坐遊艇出遊，或在他的某個俱樂部喝一杯。他把華懋飯店變成了派對舞台[32]，這些派對讓全上海既震驚又反感，但與此同時，人們卻又對邀請函趨之若鶩。有個化裝舞會以學校為主題，要求客人扮成小學生；維克多扮成校長迎接他們，還帶著學士帽和一根專打頑劣學生的藤條。在另一場派對上，上海的上流人士受邀來到華懋飯店一間特地為這晚改造成馬戲團帳篷的舞廳，上海的大商人一個個扮成走鋼索的藝人，還有一位夫人扮成海豹；維克多則扮成馬戲團領班，戴著大禮帽、留著小鬍子，手裡還拿著鞭子。

看著他不斷攀上社會高層，有些人心生不滿。有天晚上在華懋飯店，一位來訪的英國貴族和一名年輕女子正在談話，被維克多擠到一邊去。貴族向他大喊：「滾回巴格達去！滾回巴格達！」

「他是猶太人，但也是和威爾斯親王打過高爾夫球的人，你是不可能怠慢他的[33]。」一位富有的英國女士說。「我可以告訴你，在俱樂部裡這是個麻煩的話題。」

當維克多沒在談生意、沒在幫女人照相，也沒在策劃派對的時候（他通常都在做這些事），就會去參加賽馬，或者去看看自己不斷擴大的賽馬馬廄[34]。正如他自己承認的，賽馬勾起了他內在的賭徒性格，也助長他爬升社會階層的野心。他承認，家族中有些人「比我更有名」，像是詩人西格夫里．沙遜，因一戰期間的詩作聞名全英；另一個堂兄菲利普．沙遜（Philip Sassoon）則是英國首相大衛．勞埃德．喬治（David Lloyd George）的助手，後來也在英國內閣任職。

維克多說：「我之所以出名，是因為我擁有本世紀最好的英國賽馬。」維克多的馬確實很有名。這些馬經常在英國的重大比賽中獲勝，他經常在皇家包廂一邊看賽馬，一邊和貴族、富商聊天。在上海，他的賽馬場私人包廂裡，總是擠滿商界人士和東西方女性。雖然他用維克多這個名字，但他的全名是埃利斯．維克多．沙遜（Ellice Victor Sassoon），他用自己名字的前兩個首字母Ｅ、Ｖ，為許多馬命名：鍾愛前夕（Dewey Eve）、快樂前夕（Happy Eve）、假日前夕（Holiday Eve）、求愛前夕（Courting Eve）、婚禮前夕（Wedding Eve）、蜜月前夕（Honeymoon Eve）、歌劇前夕（Opera

Eve）。還有一些是為了討好名人而命名的，例如有匹馬叫做「平扎」，便是以義大利著名歌劇演唱家艾齊歐・平扎（Ezio Pinza）命名，還贏得了著名的英國德比大賽首位。身為一個喜歡操縱金融、掌握匯率波動的金融家，他也喜歡研究血統和配種，透過繁殖生產冠軍馬。

維克多・沙遜開創了「商人即名人」的思潮。住華懋飯店、在他的大廈租一間公寓、和他一起坐在他的包廂看賽馬、參加他的派對——都把貴客帶進了維克多迷人的社交圈。維克多・沙遜成為上海的門面。美國幽默作家兼表演者威爾・羅傑斯（Will Rogers）訪問這座城市時，還稱呼維克多為「中國和印度的約翰・摩根㉟」[5]。

§

維克多的性生活是人們的熱門議論話題。據說他去見了塞爾・沃羅諾夫（Serge Voronoff），這位生於俄羅斯的外科醫生，提倡將狒狒的睪丸薄片移植到人類的陰囊中，藉此讓人重振雄風。在維克多的日記裡，除了和中國政商人士共進午餐的紀錄外，還小心翼翼貼了他拍攝的歐洲及中國女性裸照㊱。其中，有些人風情萬種地斜倚沙發，有些擺著運動姿勢，或者裸胸站在佛像前，寶石從精心製作的頭飾垂下，掛在她們的乳頭上。他還雇了一些歌舞女郎來當「祕書」。有一次，他的商業夥伴哈利・阿諾德（Harry Arnold）正在華懋的辦公室裡和維克多開會，一位年輕女士進來，說她要

5 約翰・皮爾龐特・摩根（John Pierpont Morgan Sr., 1837-1913）：美國金融家及銀行家。生前壟斷了世界的公司金融及工業併購，影響力遍布美國金融高層及國會議員。

離開上海了。維克多從桌子裡抽出一只裝滿鑽石手鐲的抽屜，讓她挑一個當禮物[37]。當她說沒辦法決定要哪一個的時候，維克多怒氣沖沖地說：「整個抽屜拿走！」然後繼續開會。

還有流言說維克多是雙性戀。某次派對，維克多把手放在一位中國富有金融家女兒的膝蓋上，她表達不滿，並且把他的手推開，維克多立刻改把手放在她哥哥的膝蓋上[38]。他直到六十五歲才結婚，共產黨奪取政權後，他流亡巴哈馬群島，娶了他的美國護士。

在所有與維克多有關的女性當中，最讓人感興趣的是一位名叫愛蜜莉．哈恩的美國作家[39]，她二十出頭就開始為《紐約客》雜誌撰寫散文和文章。她二十五歲時搬到比屬剛果，在那裡為紅十字會工作了兩年。她抽大支雪茄，喝起酒來熱情洋溢。一九三五年四月，她和姊姊環球旅行來到上海，打算只停留幾星期，看看風景，然後繼續前往非洲。這年，她三十二歲，棕色的頭髮是時髦的鮑伯頭，還有一副「妖嬈性感」的身材。《時代》雜誌記者西奧多．懷特（Theodore White）在給母親的信中滔滔不絕地寫道：「愛蜜莉．哈恩也在這裡。」他形容她是「超級瘋狂的女人，才華橫溢，漂亮……非常聰明，抽雪茄，說中文，每個男人都愛上了她。」

在上海的頭一晚，哈恩參加了一個關於D．H．勞倫斯的講座，是維克多的朋友安排的，地點在維克多擁有的一棟大樓裡，離華懋飯店只有幾個街區。講座結束，吃過晚飯後，維克多開著他的勞斯萊斯送哈恩和她姊姊去他的鄉間別墅。四天後，他邀請她們回來，並且請哈恩在他的攝影工作室為他擺姿勢。他給姊妹倆看了一本大相簿，裡面收藏著他拍的許多上海美女裸照。哈恩欣然同意，還因為他邀請的是她，而不是姊姊海倫而倍感榮幸。「維克多爵士沒有要求替海倫拍照，她一直說：『真希望我也有一副好身材。』」哈恩回憶道。「維克多爵士只是笑了笑。『但是你的個性真不錯。』他說。」

哈恩決定留在上海。維克多把她安置在自己的豪華公寓套房裡。「現在我們又回到華懋大廈了，住的是一整間套房，而不是房間，因為維克多爵士要他們用極低價格租給我們。幾乎全上海的重要資產都是他的。」她在給母親的信中寫道。「昨天我們搬進來時，看到了一大籃利口酒，你能想到的幾乎都有，包括伏特加，上面還有一盒美味的奶油乳酪。」

哈恩在《字林西報》（North China News）找到一份工作，並且被《紐約客》任命為中國沿海地區特派記者。她經常和維克多一起吃飯聊天，在給姊姊的信中寫道，自己就像一隻「貓」，會把「抓癢磨爪」的樂趣都存起來，然後找維克多一起玩，一週一次。她參加維克多的派對，陪他去看賽馬，到週末，他們會駕著他在挪威造的遊艇去比賽，還會帶朋友去獵鴨。

哈恩和維克多一樣，也是個心思不定的人。她遇到了邵洵美，一位英俊的已婚中國作家，他待過巴黎、發行過一本文學雜誌。她在《紐約客》的一篇文章中這樣描述他：「當他不笑或不說話時，那象牙色的臉龐是完美的橢圓形，但人們並不會想到完美，他們會看著他的雙眼。在它們傾斜的角度和驚人的美麗中，充滿了光明和生命……那柔軟、精雕細琢的嘴上裝飾著和他祖先一樣的小鬍髭，在嘴角留下了鮮明的印記。他的小鬍子，只不過是下巴末端的一小撮短鬚，是他年輕時一個狡猾的玩笑。在他靜下來時，他的臉簡直純潔得難以置信，但他很少靜下來[40]。」

和維克多．沙遜見面的第一個晚上，哈恩就和他聊到深夜，然後回來擺姿勢、拍裸照。而和邵洵美見面的第一個晚上，她就跟他走了，抽鴉片、開始了一段風流韻事。

哈恩在和邵洵美上床的同時，也和他的妻子、孩子、家人和社交圈逐漸友好，並開始為《紐約客》寫下以他們為主題的虛構小故事。「漸漸地，因為我遇到的所有中國人，以及我聽到的所有他們的歷史，讓我能用一種全新角度來看中國。」哈恩寫道。她為《紐約客》寫出一系列熱銷故事，把邵洵美變成了「潘海文」或「潘先生」，並嘲笑西方遊客（包括那些住在華懋飯店的遊客）竟然相信漫畫裡中國人的誇張形象。「他臉色蒼白如幽魂，留著一小撮如假包換的中國鬍子，穿著樸素的棕色長袍，細長的眼睛茫然而遙遠。他是經過精心策劃，要讓最冷酷的遊客目瞪口呆，喘不過氣來的。」哈恩這樣描述她筆下的潘先生。「一開始，他會引用孔子的話，一隻眼睛看著我，希望得到我的認可，然後他和服務生用道地的中文交談……在某家餐館度過無聊的一晚之後，他總是會說：『你是第一個去那裡的外國人，你知道嗎？』」哈恩寫道，潘先生「一點也不在乎外國人怎麼說他[41]」。

哈恩經常寫信給母親和姊姊，談自己周旋在邵洵美和維克多之間的「情感糾葛」[42]。「維克多是世界上最好的人，偶爾他會想辦法送我一份禮物，而我也毫不臉紅地收下，每個人都是這樣做的；他也是世界上最富有的人，和洛克斐勒先生不一樣，他似乎就喜歡那樣浪費他的錢。」她在給母親的信上說。「只要我不讓自己養成老是期待他幫助的習慣，我認為就算是安全了，你不覺得嗎？」

維克多離開上海去印度旅行時，哈恩寫信給姊姊海倫：「真的，海倫，我真的愛他；愛所有我們知道的關於他的一切。」

然而，在維克多這一方，他待她的態度不同於那些只在他日記裡留下短暫痕跡的女人。一開始，是一段短暫的戀愛，後來發展成友誼；哈恩是維克多少數親近，並且信賴的幾位女性之一。哈恩簽約要寫一本關於宋氏家族的書時，給維克多看了第一章的草稿。「他幫了我大忙[43]。」她回憶。「在那之前，我一直拿週一夜總會的老朋友當試驗品，靠他們一章章地測試這本書，他們聽完內容，表示讚賞，提出一些溫和的建議，也問了一些問題，但一直告訴我評價為時尚早。」維克多就沒那麼客氣了，「他把我最珍愛的幾章送來，附了一張語氣非常直接的便箋：『很乏味。』他直截了當地說：『簡直快把我無聊死了。如果我當時不是已經躺在床上，一定在椅子上讀著讀著就睡著了。』」

哈恩開始重寫，維克多讀了第二版後告訴她，這本書讓他一直讀到半夜一點。這本書後來成了暢銷書。

但他們的專業建議並不是雙向的。當這位情人警告維克多，上海對共產黨的支持正在升高時，他並沒有太在意。身為一名記者，愛蜜莉看到外國的富裕和中國貧困之間的不平等，而後者正在為這種不平等火上加油。愛蜜莉雖然和維克多這樣的百萬富翁過從甚密，但她的中國情人邵洵美也把她介紹給中國知識分子與左翼思想家，包括周恩來。「連我在這裡認識的貴族都承認，共產主義是唯一的出路[44]。」她寫道。哈恩成了中國政治人物的朋友，還有人向她示警：「英國人會猛然驚醒的。」

維克多對她的恐懼不予置評。他的判斷受到了影響，一方面是他自己和國民政府有生意往來，他們向他保證，共產主義不構成威脅；另一方面，是他嫉妒哈恩和邵洵美的戀情，這在維克多的社交圈是公開的祕密。另外，如果她用中文發音念外國名字，他就會勃然大怒；還有一次，愛蜜莉穿著泳衣出現在他遊艇上，維克多注意到她的皮膚有點泛黃——可能是她和邵洵美一起吸鴉片導致的黃疸跡象。「你他媽的變得太像中國人了。」他喊道。

哈恩對她看到的貧窮感到十分矛盾。她認為，身在中國，就表示捲入了一個以剝削為基礎的制度[45]。「為什麼搭黃包車會猶豫呢？」她在回憶錄寫道，「在人滿為患的中國，就算只是像外國人一樣過生活，也會在各方面造成同樣大的傷害。我腳上穿的鞋是血汗勞工做的，鞋匠屈服在我的討價還價之下，我從他手下的工人那裡把鞋子奪走了，於是他們受到（我的）剝削，就和黃包車苦力受到的剝削一樣多……

「在上海這樣的大城市，廉價勞動力代表著廉價產品：家具、衣服、蔬菜。我無知而平靜地坐在一群吃不飽的苦力頭上。」

§

一九三五年，也就是《財富》雜誌盛讚維克多和「上海崛起」的那一年，上海工部局在公共租界的街上收了五千九百五十具中國人屍體，這些中國人有的死於飢餓，有的死於疾病，他們的家人太窮了，無力安葬他們。占美廚房（Jimmy's Kitchen）是一家很受歡迎的餐廳，掌廚的是一位前美國海軍廚師，維克多經常光顧這裡；占美有賣漢堡和鹹牛肉馬鈴薯泥，分量很大，所以每位顧客離開時都會打包帶走，但不是給家裡的狗吃，而是給等在外面的乞丐。美國記者埃德加．斯諾（Edgar Snow）就住在嘉道理位於外灘的禮查飯店三〇三號房，離華懋飯店不遠，他簡練地描寫了上海的貧與富、外國人與中國人之間的巨大鴻溝（之後他將前往延安，以同情的筆調記錄毛澤東和共產黨的崛起）。斯諾寫道，在上海生活的外國人「活在自己的世界裡。對我們來說，大上海地區三百多萬中國工人是貿易和工業所需的強大支柱，但他們沒辦法像我們一樣，這不是，啊——很不幸嗎[46]？」

隨著騷亂在上海蔓延，激進主義也滲透到華懋飯店職員當中。楊孟亮[47]是上海窮人家的孩子，受雇在華懋飯店餐廳門口接待，當時他十二歲。餐廳的外國經理告訴他：「你最好給我好好幹活，你知道，對我來說，雇一百個服務生比找一百條狗容易多了。」

為了升職成為服務生，楊孟亮在夜校學英語，並開始購買英語書籍、雜誌，包括關於共產主義和英國人羞辱中國的書籍——這些書在華懋飯店附近的公共租界商店裡都能買到。他得到一個結論：「國家興亡，匹夫有責。」他加入地下共產黨，在華懋飯店的熱門餐廳與私人派對當服務生讓他成了有用的間諜，得以監視國民黨領導人及後來日本生意人和官員的往來。一九四九年共產黨占領上海，他成了占領這座城市的人民解放軍最高級官員。

維克多似乎偶爾也能理解上海的不穩定，上海居民的普遍貧窮甚至也限制了他的經濟成就。他在一九三二年寫道：「如果西方不提供一些手段來提高工業產品消費者的購買力，就無法持續向東方提供這些產品。」他很自豪，因為他給中國工人的工資幾乎是上海所有西方商人裡最高的。

然而，所有中國人都不能進入華懋飯店，除了最有錢的以外。一九三三年，一位中國客人向當地報社投書，抱怨維克多在華懋飯店的辦公樓層設有種族歧視的廁所，廁所分成兩邊，一邊標著「紳士專用」，另一邊是「中國人專用」[48]。

他寫道：「說不定我們可以建議飯店管理部門建一條滑道，從收銀台直接通到飯店外那條河。這樣的話，討人厭的中國人的錢就可以倒進河裡。畢竟那些錢就是不夠乾淨，不能跟白人交上來的錢幣混在一起。」

幾年後，中國左翼作家魯迅到華懋飯店去看望英國朋友[49]。當他進入大廳電梯，中國電梯操作員沒理他，等了幾分鐘後，魯迅只好自己爬上七樓。魯迅後來寫道，面對這樣的羞辱，無怪乎許多中國人不得不「居斗室，餵臭蟲」。

§

在上海的政治、經濟和分裂之上，森然逼近的是逐漸增大的日本幽靈。日本和中國一樣，在十九世紀中期西方軍艦到來以前，也曾經抵制與西方列強的貿易往來。但和中國不同的是，日本做出了有效且有力的反應，改革政治體制，派遣學生和專家到西方學習，並重新武裝起來，成為亞洲的主導力量。一八九五年，日本在戰爭中打敗了中國，再次暴露了中國的脆弱。十年後，日本打敗俄羅斯，成為第一個打敗歐洲對手的亞洲強國。日本決心把中國東北變成實質上的殖民地，而且因為嫉妒西方國家自鴉片戰爭以來獲得的貿易特許權，他們從一九三一年開展一系列事件，讓軍隊征服越來越多的中國領土。日本和中國的貿易已經在增長，日本人在上海周邊經營三十家紡織廠，和其他外國人一樣，是受大量的廉價中國勞動力吸引而來。當時上海有三萬多名日本人，是英國人的三倍。同年，日本軍隊在一條歸日本管轄的鐵路附近製造爆炸，並把這件事歸咎於中國的異見人士，藉此入侵滿洲，建立了傀儡政權滿洲國。隔年，五名日本僧侶在上海的日本工廠附近遭到毆打，工廠也被燒毀。中國學生和工人走上街頭，抗議日本占領滿洲，並要求抵制日貨。維克多認為，抗議是沒有希望的，他寫信給朋友說道，那些在中國政府裡工作的人「知道他們不能和日本開戰」，日本的力量要強大得多，「學生要求和所有外國人開戰，這是不現實的」。

一九三二年，日本人轟炸上海，聲稱必須保護日本公民，數千日軍入侵這座城市，目標集中在公共租界以北的日本租界虹口。中國軍隊反擊，戰事在上海的中國控制區蔓延，小心翼翼避開了公共租界，以免英國或其他西方大國捲入其中。

中國人在港口的日本旗艦附近引爆炸彈時，維克多正在華懋飯店吃午飯。飯店被震得搖搖晃晃，維克多抓起他的相機，一瘸一拐地出去拍照。一顆中國士兵發射的子彈從他頭頂飛過，打碎了外灘一家銀行的窗戶。「我們在那裡，也總是比七月四日那天的美國要安全[50]。」維克多寫道。他沒有躲在安全的租界裡，而是拿起自己的新式電影攝影機，和一名美國軍官一起巡視被炸毀的地區。他在日記裡寫著：「真正的戰鬥場景看起來就像依普爾[6]的廢墟。我簡直被詭雷嚇傻了。」

他在日記裡貼了一張附近火車站著火的照片，在底下寫著：「這真的是一場戰爭。」

沒幾個月，戰事就緩和下來。日本人為了維克多差點中槍這件事向他道歉。根據停戰協議，中國被迫從上海撤出大部分軍隊。滿洲現在已是日本掌管，成千上萬日本人湧入這座城市，住在外灘北邊、實際上也由日本人控制的虹口附近。華懋飯店的生活開始好轉，維克多在日記裡寫道，華懋飯店「擠滿了來吃晚餐和開小型派對的人」，雖然「年輕人寥寥無幾」。

他在給朋友的信中寫道，日本人「把上海當成自己的，把所有人都當成敵人[51]」，而中國人「只是在拖延時間，拒絕解決任何問題，因為目前沒有哪一個政府能夠真正執政」。

維克多又重拾他最喜歡的活動，賽馬，以及在華懋飯店舉辦令人難忘的派對。但是，壓力讓他付出了代價，其時五十多歲的維克多訪問倫敦時，友人十分震驚地發現他滑順的黑髮中夾雜著白髮，臉上也布滿皺紋。他在日記中透露：「我玩得不怎麼開心。我的中國朋友還在這裡，但他們似乎改變了很多。有些人去了廣州，有些人去了南京，不過我為他們辦過幾次派對。」

他與蔣介石國民政府之間的互利關係也開始惡化[52]。正如美國後來明白的那樣，維克多明白了國民黨有他們自己的計畫。一九三五年《財富》所盛讚的上海崛起，在許多方面都是國家創造出來的幻想。政府債券的高收益率吸走了原本可以投資在中國銀行和工業的資金，然後把錢轉移到維克多、蔣介石政府和軍隊等投資者手中。在上海蓬勃發展的同時，中國農民和農村陷入嚴重的經濟蕭條，共產黨的政治訊息也變得更有吸引力。

中國從全球化中受益匪淺，因為像維克多這樣的投資者，會在大蕭條時期尋求高回報，但如今，卻也因為這股投資力量而受困。維克多對紙幣心存疑慮，所以把大部分的錢都轉成白銀，他可以隨

6 依普爾（Ypres）：比利時城市，第一次世界大戰時在此發生三次持久戰，總計六個月，總死傷超過一百二十萬人，市內大部分建築都被夷平。

心所欲把這些白銀換成紙幣，或者進行交易。一九三三年，美國放棄金本位制，為了滿足西部礦業州的政治需求，美國開始以高價購買白銀，並且把這些白銀儲存在美國國庫。對上海的金融家和維克多．沙遜來說，這表示他們現在可以把手裡的白銀賣給美國，藉此快速獲得百分之十淨利，而無須再購買國民政府的債券。這為中國經濟帶來了災難性後果[53]。一九三四年的一月到八月，中國就流出了價值超過一億七千萬美元的白銀，相當於今天的三十億美元。債券銷售額直線下降。少了債券銷售的挹注，蔣介石的軍事建設也跟著放緩；毛澤東的紅軍因此得以突破弱化的國民黨封鎖，開始他們的長征，前往安全的新基地，延安。國民政府處於財政崩潰的邊緣。

國民黨採取一系列措施，有效地將中國的銀行國有化，並把它們置於蔣介石的控制之下。國民黨要求，銀行或個人持有的所有白銀都要交給銀行，並換成紙幣。現在，國民黨控制了貨幣供應和白銀價值。維克多和其他人把這件事稱為「上海銀行政變」。它憑空而來，卻可能讓維克多損失數百萬美元，並且凍結他的白銀，迫使他換成國民黨掌控的貨幣。

維克多怒不可遏，質問國民黨的金融聯絡人李明：蔣介石和國民黨領導層，也就是和維克多一起吃午餐、晚餐的那些人，怎麼可以在沒有事先警告他的情況下做出這種決定？李明漫不經心地告訴維克多，國民黨「沒有向中國政府以外的任何人徵詢過意見」。

國民黨人也開始要求改變「治外法權」的概念。治外法權指的是，將外國人和外國的商業交易置於中國法律和中國政府權力之外。不僅外國人在上海被當成獨立國家管理，連在公共租界生活的一百萬中國人，他們的生活也由外國人控制，而非中國。國民黨認為，這是不可容許的。一九三〇年，英國屈服於國民黨的要求，將威海衛（埃利．嘉道理發跡之地）的控制權歸還中國。上海工部局也迫於壓力，增加了五名中國委員，儘管外國人仍占多數。一九三一年，英國商界委託研究的報告提出警示：上海的外國投資前景「不穩定」[54]。「一切取決於英、美、法等國軍隊和艦艇的持續保護，以及中國政府一定程度的容忍。」

維克多被困住了。上海讓他躋身世上最富有的人之列，光是他的房地產，價值就超過五億美元。但他是關在金籠子裡的囚犯，房地產的成功有賴於上海的持續成長，然而此時他再也不能自由將利潤轉移國外。如果國民黨控制了白銀，他們就控制了銀行、控制了提供給投資者的貸款、控制了像維克多這樣的外國人讓資金進出這個國家的能力。「上海銀行政變」結束了維克多對國民黨和蔣介石的迷戀。當中國人在接下來幾年向他尋求幫助，以對抗日漸崛起的日本人及侵略威脅時，維克多都拒絕了。他在給倫敦友人的信中寫道：「『願瘟疫降臨到你們兩家頭上』[7]是我這行業的座右銘，但一個人說話還是得小心點，因為說出殘酷的事實對我們沒有任何好處[55]。」

儘管日本人的民族主義和好戰言論不斷增長，維克多卻和英美一樣，拒絕相信日本會發動戰爭。他寫信給朋友說，日本的軍隊「現代化」，而且「訓練有素」，但仍然低於「現代歐洲標準」。日本在航空方面的「狀態非常糟糕」，他們在中國的飛行員都是「三流水準」。一九三七年夏天，維克多去了印度。七月八日，他在收報機傳來的新聞紙帶看到中日軍隊在北京郊外的蘆溝橋上發生了衝突。這是日本策劃的另一起「事件」。不到二十四小時，一支由巡洋艦和驅逐艦組成的日本艦隊就駛向上海，低空飛行的轟炸機在鄉間掃射。為了應對中日之間再度爆發的戰爭，英國軍隊和美國海軍陸戰隊用鐵絲網和沙袋，把公共租界整個圍起來。一九三七年八月十四日星期六早上，中國飛機

7 出自莎士比亞《羅蜜歐與茱麗葉》，羅蜜歐的好友莫枯修（Mercutio）被茱麗葉的表哥提拔特（Tybalt）刺死，死前如此詛咒兩個家族。

攻擊一艘停在外灘的日本船艦，兩架中國飛機在逃離日本砲火時投棄炸彈，其中一枚正好落在華懋飯店對面擠滿了市民的街上，炸出一堵由火焰和碎片形成的牆。街上汽車烈焰沖天，乘客座位上全是焦黑的屍體。數百具死屍散落各處，許多都已經破碎到難以辨認。炸碎的人肉噴濺在華懋飯店外牆上，足足有五六層樓高。

一個月後，維克多回到上海，戰事仍在繼續。他在日記中寫道，自己走進「幾間房子」，看到「一些死屍，當中包括一位園丁和他的家人[56]」。另一位中國園丁告訴維克多，他的女兒被日本士兵輪姦了。十二月，日軍進一步向南推進，入侵並占領了南京。傳到上海的報導說，日軍大規模強姦、屠殺中國平民。維克多擔心，日本有一天真的會和英美開戰，而對他來說最不妙的就是，他發現自己已經受到日本人的懷疑。他剪下一篇文章貼在日記裡，文中引述一家日本報紙抨擊英國阻撓日本崛起：「英國的政策目的，是在日本的發展路徑上設置經濟障礙，同時冀望日本的經濟和金融崩潰。」文章當中，點名兩個英國公民是日本在中國的敵人：英國駐華大使，以及維克多·沙遜[57]。

一九三八年元旦過後不久，維克多坐在華懋飯店的辦公桌前，給他在倫敦的歐洲業務負責人寫信。「無論從政治還是金融角度，在我看來，這裡的形勢都比以往任何時候更嚴峻危險。」他寫道，日本人「已經到了幾乎不怕任何人的地步」。他抱怨說，最近上海的日本兵毆打了一名在街上巡邏的英國警官，「據說，只是因為他沒有及時把車開走，讓日本海軍陸戰隊的摩托車通過。我認為在這方面，事情只會變得更糟，不會更好。」他抱怨銀行政變的影響還在繼續，這意味著國民黨不允許他把錢弄出中國。如果被日本人接管，情況會更壞。

四天後，他又寫了一封信：「事情現在看起來真的很嚴重，我不知道該怎麼辦[58]。」他相信日本人正準備在經濟上接管中國。如果英國試圖封鎖日本或實施貿易限制，「他們就會向我們宣戰，因為他們預計可以透過大規模沒收資產，做為在中國生活之用。」維克多總結，英國應該「開始從中國撤出所有英國人，包括從香港撤出平民……然後停止和日本的一切貿易往來。」

維克多在信件結尾告訴他的倫敦經理，不會對上海的高階主管和員工說出自己的看法，「我不想讓他們知道我有多沮喪。」

犬塚惟重(最左)這位反猶太的日本海軍上校，負責處理上海的「猶太人問題」。在這兩張由維克多．沙遜拍攝、並保存在私人剪貼簿的照片裡，犬塚惟重正在參觀華懋飯店，並且和日軍同僚及女性交際玩樂。

第六章 瞧！我就這麼走起了鋼索

一九三八年十一月，一個寒冷的雨天，在維克多給倫敦寫了那封憂心忡忡的信件七個月後，義大利豪華客輪康特·比安卡馬諾號（Conte Biancamano）在上海靠岸了，船上載著一百多名來自德國和奧地利的猶太難民。多年來，康特·比安卡馬諾號一直載著名流和富人到上海，讓他們入住華懋飯店；現在，這艘船正在運送猶太旅客，他們在黑市花費雙倍或三倍的價格，前往世界上唯一可以收留逃離納粹猶太人的地方。納粹主義日益高漲，當一個又一個國家拒絕庇護逃離的猶太人時，被中、日、英、法瓜分政權的上海，卻是一座保持開放的城市。所有人無須簽證就可以入境，誰都不會被拒之門外。

其中一名乘客是來自維也納、十二歲的艾里希·雷斯曼（Erich Reisman）。對他和家人來說，過去的九個月是一片恐懼和絕望❶。他的父親經營水果批發生意，母親是家庭主婦，後來在維也納市中心開了一家很成功的熟食店。反猶太言論和嘲弄原本就是他們生活的一部分，但是當一九三八年三月，德軍進入維也納、以「德奧合併」的名義占領這個國家時，氣氛頓時陰暗下來。星期五，歡呼的人群迎接希特勒進入維也納，艾里希參加完童子軍集會，回到家，問媽媽在哪裡。「看窗外。」他哥哥保羅說。在公寓旁的街上，艾里希看見自己的母親正在擦洗街道，一群人低頭看著，嘲笑她。艾里希跑下樓去幫忙，人們把他推倒在地，讓他也開始擦洗。「猶太人，像個好猶太人一樣幫幫你媽吧！」他們喊著。到了隔週，艾里希的哥哥走到他就學的高中，看見一群人聚在校門，望著一群戴著納粹臂章的學生抓住一名猶太學生，從學校四樓把他扔過欄杆，丟到樓下的大廳。保羅驚慌失措地跑回家，拒絕再到學校。他們的父親消沉地回到家裡，生意被他的基督徒合夥人奪走了。

雷斯曼一家開始想辦法逃離維也納。他們寫信給住在海外的家人。艾里希、他哥哥、父親，和其他猶太人輪流在外國領事館前排隊，想弄到可以讓他們離開奧地利的簽證。他們總是從前一天晚上開始排隊，一直排到早上九點領事館開門。有時候，隊伍最前面十五個人可以進去，有時候只有十人；但他們拿到的，只不過是一份簽證申請書，或是一次機會，讓他們會見大使或領事，為自己的申請案辯護。

他父親的簽證申請遭到一個又一個大使館的拒絕，直到有一天，他們無意中發現了中國領事館。這位中國領事姓何，會說德語，似乎對他們異常同情，他提到了上海。

這位外交官就是何鳳山❷。他是離開中國農村到上海致富後，出來看看世界的那一代中國人。一九〇一年，何鳳山出生於中國農村，父親在他七歲時去世，母親把他送進一所免費的挪威路德教派傳教機構，然後又進了那附近由耶魯大學建立的學校。和大多數中國人一樣，他的信仰堅定地植根於儒家教條，他用儒家的「德」和「禮」字為他的兩個孩子命名；但他也深受猶太教、基督教等西方宗教所吸引，變得精通英語和德語。一九二六年，他去了上海，這座城的世界主義令他陶醉。渴望用西方語言與知識培養新一代中國學生的國民黨發現了他，把他送到德國學習物理。回到中國後，他被分派到外交部工作。一九三二年，他再次被派往德國，在慕尼黑大學取得政治經濟學博士學位。他到德國的時候，阿道夫．希特勒剛剛上台。由於著迷於歐洲文化，他請求前往維也納，並在一九三七年以領事身分派駐當地。他經常獲邀去講授中國歷史和文化，也和一些猶太知識分子成為朋友，包括三位富有的猶太姊妹。當國民黨政治人物訪問歐洲時，何鳳山警告他們，納粹的威脅千真萬確，而納粹的反猶太主義是致命的。「現在的情況就像紙袋裡的火，馬上就要燒穿了。」何鳳山對到訪的中國代表團說。「後果會非常可怕，尤其對猶太人而言。」

當希特勒一九三八年三月進軍維也納時，他受到的熱情歡迎令何鳳山震驚不已，那簡直像是影迷在迎接電影明星一樣。何鳳山前去他見過的猶太三姊妹多倫（Doron）家中，說會保護她們。三姊妹其中一人回憶：「他說，由於他的外交身分，（納粹）不敢傷害我們。」當時，納粹暴徒在維也納的一家咖啡館搜索猶太人，何鳳山也在那裡。他敦促中國外交部採取措施，幫助維也納猶太人逃離，但國民黨當時正在向德國購買軍武，並不想惹惱德國政府。

於是，他決定自行採取行動。他給了多倫三姊妹出境簽證，這樣她們就可以逃到巴勒斯坦。在離中國領事館不遠的咖啡館裡，他開始邀請那些只為一張簽證排隊等待的猶太人來會面。他解釋，他們進入上海不需要簽證，但出境奧地利需要出示上海簽證。因此，何鳳山開始發放簽證。到一九三八年六月，也就是希特勒吞併奧地利三個月後，他共發出三百份簽證；四個月後，他發出了一千九百份。並不是所有拿到何鳳山發放簽證的人都去了上海，但他們可以利用這些文件獲得過境簽證，逃到別的地方去，像是美國、巴勒斯坦和菲律賓。「我認為，會感到同情、想要幫助別人是很自然的事❸。」何鳳山後來在家族回憶錄中寫道。「從人性角度來看，這是應該做的事。」他在給妻子的一首詩中寫道：「大造生才非偶然，英雄立志豈徒然。」

憑著何鳳山的上海簽證，艾里希的父親為一家人拿到了出境許可。他賣掉家裡的東方地毯，買了票，搭火車經瑞士到義大利，在那不勒斯登上康特．比安卡馬諾號，穿越蘇伊士運河、紅海，再經過孟買、新加坡和香港，一個月後，終於抵達位於外灘邊界、又黃又髒的上海港。艾里希穿著冬裝，戴一頂遮陽帽，是他趁船隻停靠埃及，準備通過蘇伊士運河時買的。陪著他的，還有哥哥和父母，他哥哥自從目睹猶太同學被納粹暴徒扔下樓摔死之後，心靈創傷一直沒有復原。艾里希和哥哥站在這艘遠洋客輪的甲板上，目瞪口呆地看著岸邊的裝飾風格建築，以及下方熙熙攘攘的中國人。人們在碼頭和街上擠來擠去，還用奇怪的語言高聲說話、尖叫、大喊大嚷。

他們掃視一下人群，發現裡面有個人舉著一支德語牌子，上面寫著：「歡迎來到上海，你們不再是猶太人，而是世界公民。全上海都歡迎你們。」

「那些人看起來好像螞蟻。」十五歲的哥哥說。

雷斯曼一家下了船，和其他十幾位難民一起，連同行李被塞進卡車，送到一間宿舍去。在那裡，他們得到了一間房間和食物。捐助他們物資的人就是維克多・沙遜，儘管他們並不知情。

§

日本對猶太人的迷戀，是從一九〇五年日本財務大臣前往歐洲籌集對俄作戰資金開始的❹。為了籌措戰爭資金，日本央行副行長高橋是清前往倫敦，想看能不能說服歐洲和美國銀行借錢給日本。一個亞洲暴發戶，打算攻擊一個歐洲大國，這確實是大膽的請求。在一九〇五年四月的晚宴上，高橋會見了雅各布・希夫（Jacob H. Schiff），他是德國出生的猶太人，當時是華爾街庫恩・洛布公司（Kuhn, Loeb & Co.）的總裁。和許多美國猶太人一樣，希夫厭惡俄羅斯與沙皇，因為他們對猶太人的反猶鎮壓，讓猶太人的城鎮和社區陷入恐慌。兩年前，一群俄羅斯人帶著刀子和短柄斧頭，衝進基希涅夫（Kishinev）的大街小巷，殺害了四十九名猶太人、強姦了數十名婦女。在基希涅夫大屠殺之後，成千上萬的俄羅斯猶太人逃到美國和巴勒斯坦；一些有影響力的美國猶太人，包括希夫在內，懇求羅斯福總統出手干預，但並未成功。

日本企圖建立海軍進攻俄羅斯，希夫從中看到削弱這位可憎沙皇的機會。他為日本軍方準備超過兩億美元的貸款（以現在的幣值計算，超過三三〇億美元），還鼓勵其他美國銀行家也借錢給日本。這些貸款最終資助了半數的日本海軍建設，隨後，日本海軍徹底擊敗了俄羅斯波羅的海艦隊，幫助日本在一九〇五年戰勝了俄羅斯。高橋成為財務大臣，後來更成為總理大臣。他女兒赴美念書時，他把她送到希夫家住。希夫也成為第一位被日本天皇授予旭日勳章的外國人。

日本戰勝俄羅斯的後果是，從戰場歸來的士兵帶回了臭名昭著的《錫安長老會紀要》（Protocols of the Elders of Zion），這是一本偽造的俄文小冊，一九〇三年出版，宣稱是猶太領袖準備主宰世界的會議紀錄。《錫安長老會紀要》借用了幾世紀以來的反猶太主義、反猶神話及寓言，然後翻譯、複印到全世界；一九二〇年，亨利．福特（Henry Ford）就在美國資助印刷了五十萬冊。納粹把《紀要》用在他們的反猶宣傳裡，並下令在學校裡教授。這本《紀要》也引起許多日本軍國主義者的共鳴，他們很想知道，為什麼在第一次世界大戰後，西方國家和國際聯盟都反對日本崛起，並向中國擴張。《紀要》給了個簡單的答案：猶太人和他們有如惡魔的權力欲，阻礙了日本走向世界合法地位。

協助傳播這些觀點的人，是迅速崛起的日本海軍上校犬塚惟重。犬塚以筆名寫作，將《紀要》和反猶宣傳翻譯成日文，發表在日本軍事期刊。犬塚稱猶太人是「邪惡思想的源頭」，他們「在英、美、中、俄幕後策劃了反日的國際陰謀」。他指責猶太人：「透過放映電影，引發日本年輕人的不道德行為。」他們控制了「美國媒體，從而控制了公共輿論，使輿論對日本不利。」犬塚寫道，希特勒對猶太人的攻擊是「勢在必行」。

但《錫安長老會紀要》在日本並沒有像在德國那樣病毒似地傳播開來。在德國，它利用了幾世紀以來基督徒的仇恨和反猶太主義，導致猶太人的生活被限制在猶太區，並遭到驅逐。然而在上海，大多數日本人接觸過、甚至聽聞過的猶太人，就只有雅各布．希夫一個。結果是，當他們繼續學習西方，並試圖了解西方時，日本陸海軍的高級軍官端上來的卻是一份獨特的反猶太菜色。他們的結論是，猶太人確實掌握了世界權力的槓桿，但他們與納粹、或其他認為猶太人需要被消滅的反猶分子不同，日本軍國主義者認為，如果方法正確，他們可以在猶太人當中培養有用的盟友，就像雅各布．希夫一樣。犬塚並不想消滅猶太人，他想拉攏他們，利用他們的財富和權力，為日本的「大東亞共榮圈」提供資金，尤其是日本在中國東北的傀儡國家滿洲國的工業發展。犬塚總結道，猶太人確實可能是強大的敵人，但他們也可以成為強大的盟友。

犬塚認為，在中國，猶太勢力的關鍵人物是上海首富、國民黨政府的財政支持者維克多．沙遜，他還是蔣介石的高階助手孔祥熙和宋子文的密友。猶太人是「中國經濟和領導人的真正統治者[5]。」犬塚寫道，「蔣介石只不過是傀儡，而他的主人，就是那些猶太財閥，尤其是維克多．沙遜爵士。」

目標就是：把維克多．沙遜變成雅各布．希夫。「詳細研究並找出我們能利用猶太人到什麼程度，這至關重要。」犬塚寫道。「因此，我們強烈建議，應當強化我們的情報機構，並加強現場調查。」一九三八年秋天，犬塚來到上海，開始了他的工作。

§

宗教對維克多來說意義不大。他不遵守猶太人的飲食規範，比起參加宗教儀式，他更可能捐一筆錢給猶太會堂以紀念他的家族。儘管偶爾會聽到一些反猶人士的辱罵，他依然代表了猶太人同化並被社會接受的勝利。

相比之下，埃利．嘉道理雖然偶爾會和上海其他猶太人發生衝突，但他是上海猶太社群中最大的猶太捐獻者，也是實質上的領袖。他說服孫逸仙支持《貝爾福宣言》，長期以來一直參與猶太復國主義。他在香港的投資不斷增加，但他在上海的投資也仍有好幾百萬，而且在上海生活了將近三十年。一九三〇年代中期，開始有少數猶太難民抵達上海，埃利和其他猶太領袖便開始組織、捐錢幫助他們。他們為剛下船的難民家庭——大部分都是中產階級專業人士——提供私人宿舍、救世軍與中國基督教青年會的房間。他們給難民食物、幫他們找工作，並敦促中國知識分子和政治家向德國政府施壓，讓他們放鬆對猶太人不利的政策。孫逸仙夫人宋慶齡顧念已故丈夫和埃利．嘉道理的結盟之誼，還率團前往上海德國領事館抗議反猶太政策。

到一九三七年底，每個月都有一百多名難民來到上海，納粹政權促使猶太人逃離德國，埃利和其他猶太領袖開始尋求幫助，以應對日漸擴大的危機。他們發電報給紐約和倫敦的猶太組織請求捐款，還派遣特使前往這兩個城市，親自向那些處理大批逃亡猶太人的大型機構募捐。所有單位都拒絕了，一個美國猶太團體回應：「非常抱歉，我們沒有這方面的預算[6]。」美國和英國的猶太人都知道上海的猶太商人多麼富有，為什麼他們不去問問身價百萬的花花公子，維克多．沙遜呢？

埃利決定到華懋飯店維克多的辦公室去見他。這是一次卑躬屈膝的拜訪，從印度搬到上海後的幾年之間，維克多恢復了沙遜家族在上海的龍頭地位。南京路對面的華懋飯店，讓埃利小小的匯中飯店（Palace Hotel）相形見絀。維克多買下埃利曾經首屈一指的大華酒店，還把它關了。大理石宮仍然是舉辦優雅派對的地方，但已經無法和維克多化裝舞會的魅力與刺激競爭。嘉道理一家很少出現在維克多的派對邀請名單上，因為他們不是有趣的人；但埃利認知到，湧入上海的難民越來越多，需要一條統一戰線。維克多在倫敦和日本人當中都有影響力，不管他自己對猶太教有什麼看法，埃利和難民都需要他的財富與人脈。來自德國的消息以及湧入上海的難民的絕望，都表明了納粹及其反猶太盟友不會放過有錢的猶太人。埃利搭電梯來到維克多的房間，打算用他的自負和傳統當作呼籲。

「維克多，戰爭正在進行。」埃利說。「別再當花花公子了，你是沙遜家的人，你是領袖。我們會支持你的，但你得出來帶頭❼。」

維克多同意加入他們，為幫助難民而努力。在公開場合，他並不在乎自己的猶太背景，而是擁抱自己身為商人的名聲，與快樂至上的生活方式。根據報導，他曾經宣稱：「唯一比猶太人更偉大的比賽，就是德比馬賽❽。」[1]德比馬賽是維克多參加的英國頂級賽馬比賽，參賽的都是他培育的純種馬。相比起來，如果要維持家族的慈善聲譽，他寧願捐錢給祖父大衛在印度建立的猶太會堂，而不是親自前往。他對猶太復國主義不感興趣，他是在英國出生、長大的英國人。但私底下，維克多對納粹的威脅十分有意識，並且為此擔心。他的家族定居英國，希特勒日漸擴大的勢力嚇壞了許多英國人，特別是猶太人。在亞洲，日本不斷增強的實力威脅著中國和上海的穩定，而維克多正是在上海發達致富的，他最親近的顧問當中許多都是猶太人，有些和他的家族一樣來自巴格達。維克多意識到，希特勒的崛起，甚至對他這樣的富人也構成生死存亡的威脅。

維克多以他的典型作風聯繫了查理・卓別林，力邀他在美國和歐洲為上海猶太難民籌集資金。他還試著說服好萊塢明星效法卓別林，捐出他們的電影收入，因為卓別林已經把《大獨裁者》（The Great Dictator）這部電影的部分個人收入捐出來了；維克多自己也建立「復原基金會」來幫助七百個家庭。醫生們成功開了診所，其他人也建立了工作室和各種產業。維克多處理難民危機的滿滿信心與熱情，就和他當初申請建造飯店或策劃派對時一模一樣。

維克多和反猶太日本上校犬塚的第一次會面在一九三八年。犬塚首先敦促維克多改變他對日本人公開的厭惡，以及對日本侵略中國的批評。他提及三十四年前雅各布．希夫對日本提供財政援助這件事，而今，日本人和猶太人再次有了共同敵人。以往，猶太人面臨的危險，主要是俄羅斯沙皇的大屠殺；現在殘害猶太人的則是蘇聯的共產主義，而中國和印度的共產主義威脅，不但正在散播對資本主義的攻擊，也危及了沙遜的商業帝國。犬塚建議，投資日本工廠的回報率要高於維克多持有的大量中國債券。他可以先從投資滿洲一家日本工廠七十萬元開始。「要利用猶太人，」犬塚在給上級的信中寫道，「首先必須詳細了解他們的期望，然後才闡明我們的要求。」犬塚的祕書後來成了他的妻子，她把目標說得更簡單：「我們就是想辦法說服他支持我們[9]。」她回憶道。

論討人喜歡，沒有人比得過維克多．沙遜。結束了與維克多的第一次會面後，犬塚心情非常愉快。維克多告訴犬塚，華懋飯店的酒吧和餐廳很歡迎日本軍官，他們在那裡會得到一絲不苟的禮貌接待。犬塚回報東京，說沙遜是一位「領袖人物」，而且「很願意合作」。他說：「上海猶太人的領導階層已經變得非常親日了。」在獲日本政府採納的一項提案中，犬塚指示：抵達上海或住在上海的猶太人「會受到與其他外國人同等的公平對待，不需採取任何特別措施驅逐他們」。

但事實上，維克多根本不信任日本人。從一九三七年開始，維克多就建立了一個由間諜和線人組成的網路，並與英美情報人員合作——他認為和這兩個國家結盟是至關重要。維克多在日記裡寫

1 原文是「The only race greater than the Jews」，「race」可指「比賽」也可以指「種族」，維克多在這裡玩了一個雙關。

道，在中日戰爭導致炸彈落在華懋飯店外頭以後，他給了一名中國男子五百元，讓他從事「情報工作」[10]。多年後，他們住在巴哈馬群島時，維克多的妻子想起他曾經告訴自己，美國在上海為維克多安排了一名保鏢，做為「預防措施」。

「我想，這件事是絕對機密[11]。」她回憶。

現在，維克多開始收集這群日本新朋友的資料。他在日記中寫著：「日本特使伊藤簡直就是胡言亂語，根本醉到不行。昨晚我才知道他鬧著要……一個女人[12]。」

向來健談機智的維克多，開始在公開場合謹慎行事，以保持自己一直在考慮日方提議的假象。一九三八年訪問美國時，他私下告訴華爾街的朋友和國務院的官員，只要一次經濟禁運，說不定就可以迅速把日本趕出中國。但當他抵達舊金山接受記者採訪，被問及上海的情況時，他只簡短回了一句「無可奉告」，讓記者大吃一驚。隔天早上，他在聖法蘭西斯飯店（St. Francis Hotel）翻開報紙時，簡直氣壞了，新聞標題寫著：「維克多．沙遜爵士一無所知。」

「你能想像我一無所知嗎[13]？」他怒氣沖天。

就連猶太難民委員會中的同事也不知道維克多在幕後做什麼。「我們在開會時聽到很多事實和猜測[14]。」猶太領袖雅各布．阿爾考（Jacob Alkow）回憶道。沙遜「拒絕透露」他和日本人的所有對話，也「迴避回答我的問題。但我記得，向日本人提出的任何請求，都沒有得到回應。」

維克多認識許多日本的銀行家、企業家和國會議員。他相信這個國家和軍方是分裂的，而且最終，這一點將使日本免於戰爭。然而，強硬派的陸軍「希望日本成為大陸強國，並且詛咒所有的外國人和全世界[15]」。以犬塚為代表的海軍說：「這是不可能的，日本必須繼續當一個依賴貿易為生的島國，所以必須小心英國，因為英國可以切斷日本和任何地方的聯繫。」他告訴埃利不要驚慌。羅蘭士在給弟弟的信中寫道：「維克多爵士相信，日本人和英國人不用多久就會成為好朋友。事實上，他對世界上這個地區的情況非常樂觀[16]。」

維克多寫信給友人，提到他和犬塚之間正上演一場表面優雅的攻防戰。「他們暗示，只要（幾百萬英鎊）加上表態支持，我們就可以留在租界裡了。」他寫道。「我微笑著說，向勒索者讓步永遠都是錯的，不管什麼貸款，都必須在包括中國在內的所有問題都徹底解決之後才能談。他們說，他們並不反英。陸軍仍然對我有所懷疑，但其他人說，我是他們和英國聯繫的最佳人選。」

他總結道：「瞧！我就這麼走起了鋼索[17]。」

§

一九三八年十月十九日，埃利邀請上海的猶太富商到他的辦公室開會，協調他們的工作。這時，抵達上海的難民已有一千多人，船隻每週還會帶來好幾百人。會議結束後，負責資金、住房和食物分配的雅各布．阿爾考說，資金即將耗盡，難民援助很快就會斷絕。埃利掏出支票本，開了一張五萬元的支票，遞給阿爾考的時候，他大聲說道：「現在去找維克多！」

阿爾考去了華懋飯店維克多的辦公室。這位先生臉上帶著微笑。「埃利給多少，我就給多少[18]。」他說，然後也開了一張相同面額的支票。

維克多相信自己應付得了日本人，上海也應付得了難民。他認為，危機是暫時的。維克多在給朋友的信中說：「我認為，只要我們有足夠的資金，並且知道這些人最終會從我們手裡被接走，我們應該能慢慢做到照顧三到四千人。」

儘管話說得豪氣，但維克多還是越來越擔心，並且漸漸為不確定的未來做打算。一九三八年，他飛往巴西，買下兩萬五千平方公里的土地[19]。表面上看來，他買這塊地是為了投資；隨著德國和日本崛起，並開始對亞洲和歐洲造成威脅，他相信，英美聯合起來利用南美洲的自然資源才是未來所在。但他真正的目的，是為猶太人尋找避難所。維克多不是猶太復國主義者，他不相信解決難民危機的答案就是把猶太人送到巴勒斯坦；南美洲是更實際的方案。他去見了巴西總統熱圖利奧・瓦爾加斯（Getúlio Vargas），提議建立殖民地。「在那裡，猶太人可以從事從清潔工到總統的一切事情」。而巴西政府就和世界上其他所有政府一樣，對幫助猶太難民一點也不感興趣。

維克多後來說：「瓦爾加斯告訴我，他希望來的是合適的人……像丹麥人、斯堪地那維亞人這樣的種族。他們沒有想像力，沒有頭腦，卻有強大的耕地能力。任何只想住在他們城鎮裡的人，他都不想要。他希望他們到鄉下去種地，然後就待在那兒。」

回到上海後，維克多發現上海工部局（公共租界實際上的政府）中有權勢的非猶太成員變得不耐煩了。「吸收大量外國難民完全是不可能的事[20]。」工部局告訴維克多，這個城市「可能會被迫採取措施，防止更多難民登陸」。

§

一九三八年七月，包括加拿大、澳大利亞和紐西蘭在內的三十二個國家，在法國埃維昂（Evian）召開會議，決定如何處理數萬名試圖逃離德國、奧地利和歐洲其他國家的絕望猶太人。除了多明尼加共和國之外，其他所有國家都宣布拒絕難民入境。在維也納，何鳳山開始簽發更多文件，讓猶太人能離開奧地利前往上海。一九三八年十一月，埃利和賀理士到香港參加羅蘭士和慕麗・古貝（Muriel Gubbay）的婚禮。慕麗是顯赫猶太家族之女，該家族也源自巴格達，她的母親和羅蘭士的母親蘿拉是好朋友。羅蘭士也一直在努力協助猶太難民落腳香港，還為他們提供中華電力公司的工作，但即使在納粹崛起、戰爭言論甚囂塵上之時，香港怡和洋行的負責人約翰・百德新還是忍不住再度對嘉道理家族提出反猶太抨擊。羅蘭士的婚禮是在香港猶太教利亞堂（Ohel Leah Synagogue）舉行，希伯來語的意思就是「利亞之家」（House of Leah），取自聖經中猶太女族長的名字；羅蘭士還在猶太社區中心舉辦喜宴。

百德新在寫給上海老闆耆紫薇的信中，故意把「Ohel」這個字說成了「地獄」（hell），高興得格格直笑：「是『噢，地獄！』沒錯啊[21]。」他還說，他希望嘉道理夫婦在「猶太男孩俱樂部」玩得開心。

羅蘭士的婚禮在一九三八年十一月九日舉行。隔天早上，嘉道理一家醒來之後得知，在半個地球之外的奧地利和德國爆發了「水晶之夜」（kristallnacht），又稱「碎玻璃之夜」：暴徒焚燒並搶劫了猶太教堂和猶太商店，警察卻在一旁觀望，甚或慫恿暴徒襲擊。德國和奧地利猶太人的警覺，轉變成全面恐慌，湧入上海的難民潮成了大洪水。「有五百六十二個難民會搭週六的輪船抵達這兒，據我所知，兩週內還有七百個要來。」賀理士・嘉道理在給倫敦朋友的信中寫道，「上海應付不了這些人。」

維克多把他的一棟豪華摩天河濱大樓的一樓，提供做為難民接待中心，每個難民都可以領到毯子、床單、錫盤、杯子和湯匙[22]。他在地下室設置廚房，每天提供一千八百份餐食，還把自己的一座工廠改成難民宿舍。維克多化名瓦爾・西摩（Val Seymour），為許多過海關的難民支付了入境費用。他設立一項基金，每天為上海的每一位難民提供免費牛奶。他把購買昂貴鐵肺（iron lung）的錢，捐給三家難民醫院的其中一家，還把自己在南京路上的大樓改成移民的二手商店，難民可以在那裡出售自己的物品籌錢。他建立訓練營，提供兩百名技工、細緻木工和木匠的職業訓練。他開始在自己的企業裡雇用難民。有個難民是專業植物學家，便被安排去管理維克多在上海郊區的鄉村莊園；另一個難民在和另外三個家庭共用的廚房裡擺了一台縫紉機，用維克多紡織廠捐贈的布料製作新襯衫。

希爾薇亞·錢塞勒（Sylvia Chancellor）是住在上海的英國人，她曾經批評維克多是花花公子，對這座城市的貧窮和不平等視而不見，但現在也大為改觀。她說：「因為他施予難民的仁慈，上帝會寬恕他所有的罪過[23]。」難民們瞥見過他們的恩人，但並不清楚他是誰。「幫助我們的人是摩洛哥人[24]。」艾里希·雷斯曼回憶這件事的時候這麼說。

對於在一九三八年十一月踏上上海這塊土地的雷斯曼一家來說，經歷過維也納的完善健全以後，上海成了一種衝擊。有一次，他走在路上，看見地上有個捲包，是用草席或報紙裹著的，一條小小的腿伸在外面。他猛然意識到，那是個被父母放在人行道上的死孩子。那孩子在夜裡餓死了。

新來的人沒有一個會說中文，會說英文的也只是少數。雖然他們在德國和奧地利過的是中產階級生活，但納粹在他們離開的時候沒收了他們的金錢和財產。他們迷失了方向，非常害怕。艾里希一家很幸運，他們分到的那間一房公寓裡，還有一間浴室；大多數難民家庭，都被送到遭炸毀的虹口區。在一九三二年和一九三七年的中日戰爭中，虹口幾乎被夷為平地。一個個家庭擠在遠離主要道路的小巷弄中一層或雙層的房子裡，空氣不流通，光線也不足，每棟房子有十個房間和簡陋的浴室——通常只是每天要倒好幾次的「蜜罐」或水桶。有個新來的難民寫道：「對於那些習慣了無比優越環境的人來說，這裡看起來是如此無望，周圍環境如此骯髒，以至於許多成年男子……絕望到難以承受，坐在髒兮兮的地板上，像孩子一樣哭了起來[25]。」

到了一九三九年二月，難民增加的速度已經超過維克多的估計。當時住在上海的猶太難民有六千多人，並且還以每個月一千人的速度持續增加。

§

雖然生活條件十分惡劣，但難民們並沒有碰上任何法律障礙或限制。艾里希的父親開始找工作。在維也納，他做的是水果進口批發生意。當雷斯曼一家顯然不能不離開維也納的時候，艾里希的母親開始在一家猶太機構學習縫製手套，這成了一家人在上海的生命線。艾里希的父親和許多男人一樣，難以適應失去工作、失去威望的生活。他把妻子做的手套賣給其他難民，後來，他和艾里希的哥哥在一家德國移民開的巴士公司，找到了汽車修理工的工作[26]。很快他們就攢夠了錢，在虹口買下一棟小房子，並把其中一部分出租，好賺點小小外快。

幾個月後，艾里希和家人沿著街道步行幾個街區，做了一件在一九三九年的維也納或柏林不可能做到的事：為艾里希舉辦十三歲的成人禮。在湧入上海的猶太人不堪重負、沒完沒了抱怨住房擁擠、衛生條件太糟和缺乏工作機會的同時，他們其實也是自由的。他們來到虹口，開啟上海的另一次轉型。這座城市在中國控制的部分地區旁邊，已經有了公共租界和法租界等外國社區，現在又加上了一個「小維也納」。

由於找不到原本的專業工作，許多難民開始在虹口開起商店、餐廳和咖啡館。他們掛起德語招牌，賣起德式食品。他們創辦三種不同的德語報紙，由難民屠夫和裁縫的廣告支撐著。有許多難民是業餘音樂家，他們一起組了室內管弦樂團，附近也湧現好幾個業餘劇團。來自維也納和柏林的藝術家們，競相推出布萊希特（Bertholt Brecht）的《三便士歌劇》（Threepenny），以及史特林堡（August Strindberg）、蕭伯納（George Bernard Shaw）和諾維．考沃的作品。將近三百名藝術家加入了歐洲猶太藝術家協會，並舉辦展覽。

即使維克多社交日程滿滿，也會抽出時間和難民一起吃飯，觀賞業餘難民劇團演出的戲劇作品。他還帶英國大使參觀難民的工作室。他在日記裡寫著：「忙著幫我們的兒童牛奶基金會辦表演，並為一些經營得不錯的難民企業尋找合作夥伴。有一位很好的女裁縫，一個皮匠和一個肥皂製造商也做得非常棒。」

維克多雇用的難民中，有一位叫西奧多．亞歷山大（Theodore Alexander）的年輕人㉗，他和意志堅定的母親一起從柏林逃到上海。他媽媽把家裡的黃金和股權證書縫在床墊裡，然後帶著床墊一起登上了開往上海的輪船。西奧多從他們家附近的猶太會堂拿了一卷《妥拉》[2]，在水晶之夜期間，那間猶太會堂被納粹洗劫一空。在波濤洶湧的航行過程中，當船隻的顛簸和搖晃把其他乘客都趕到甲板上作嘔時，西奧多的媽媽卻不讓三個孩子離開餐桌，她說：「我們不知道什麼時候才能再吃到東西、什麼時候才能再玩得開心。」她點了一瓶奇揚地酒（Chianti）。一到上海，她就向剛滿十八歲的西奧多說：「這是世界上最邪惡的城市之一。我沒辦法阻止你和女孩約會，但是隔天早上一定要打一針。」這是為了預防性病。

西奧多在柏林學過英語，維克多．沙遜雇用了他，讓他擔任採購人員，為華懋飯店和沙遜其他物業採購物資。逃離了柏林的混亂和反猶太主義之後，西奧多對維克多和嘉道理在上海的勢力非常驚訝。他受到激勵，開始追求一生的夢想，並學習成為一名拉比。

一九三七年二月，當難民第一次抵達，賀理士·嘉道理就決定為猶太難民兒童成立社區團體，為他們提供食物、藥品、體育和娛樂活動。上海現有的英語學校無法容納他們，許多孩子只能自己照顧自己。「自從他們來到上海，生活中的美好就蕩然無存了。」上海一家英文報紙報導說。「很多孩子住在小巷裡……還有些擠在四十人一間的房子裡，他們的父母為了找工作忙得不可開交，沒有足夠的時間照顧他們，只好在街上遊蕩，無人照看。」

那時賀理士三十多歲，已經在哥哥的陰影下長大成人。羅蘭士負責監督家族在香港不斷增長的投資，賀理士則負責大理石宮的運作，並協助父親做生意。當日本人逼近上海，難民從停靠在外灘的郵輪蜂擁而出之時，羅蘭士在一千一百公里外南方、安全平靜的香港度過了這場危機。埃利曾經讓賀理士負責一些家族投資項目，像是大英自來火行有限公司，但羅蘭士經常責怪弟弟缺乏商業技能。賀理士被任命為自來火公司董事長時，他寫信給哥哥說：「員工對我獲得任命都感到非常高興。」羅蘭士在便箋空白處回覆：「很好，我希望你會喜歡你的新工作，你得學一點煤氣的知識了。」

隨著危機越發嚴重，賀理士只能靠自己去應付父親和威脅漸增的日本人。賀理士就算生氣，也從不表現出來。難民危機是他展現與父兄不同的身分、建立自己獨立人格的機會。多年來，賀理士一直默默接受那類評語，也總是禮貌回應哥哥，祝他身體健康，靜靜服從父親和哥哥的意願。現在，他找到了自己的聲音，並且以全新的自信回應哥哥。

難民的困境以一種做生意時從未有過的方式激勵著賀理士。「一場可怕的災難降臨了，」他寫信給倫敦的一位朋友，「我在上海和這些貧困的難民生活在一起，親眼目睹他們經歷過，以及正在經

2《妥拉》（Torah）：猶太教的核心經典。

歷的一切。」賀理士考慮到和家人一起過來的年少難民兒童沒有地方運動，於是創立上海猶太青年會（Shanghai Jewish Youth Association），為年輕人提供娛樂和體育活動，以及工程、會計、速記和簿記等職業課程。這個組織為三百個年輕人安排了工作，它提供醫療檢查和體檢、玩具和書籍、曲棍球聯盟和男女童軍俱樂部。夏天來臨時，賀理士在上海郊外資助了為期十八天的夏令營，包括游泳、網球、羽球、營火晚會，以及在大理石宮舉辦的特別晚宴和派對。「對孩子們來說，這是個美好的假期，他們當中大部分人從來沒離開過這個悶熱的城市。」一位老師寫道。賀理士每天都和他的祕書一起到處探視，檢查操場、餐廳和廚房，並會見醫生和老師。「在第一次夏令營期間，每個孩子的體重平均增加了一．五公斤。」他記錄。

一九三九年十一月，賀理士在虹口租了一棟樓，做了翻修，並且從難民社區和上海的英語社區請來老師，這就是後來的嘉道理學校（Kadoorie School）。這間學校有教室、圖書館、音樂教室和體育館，他還叫羅蘭士把母親用過的吉他寄來，這樣老師就可以在音樂課使用。他堅持所有班級都用英語授課，並採用英國課程，因為英語是上海商業和市政事務的主要語言，對學生來說，英語比他們的德文母語更有用。在一艘從歐洲返回上海的船上，賀理士遇到了猶太難民露西．哈特維奇（Lucie Hartwich），她曾是柏林一間學校的校長。他當場聘請她擔任嘉道理學校校長。到一九四〇年，嘉道理學校已經招收了七百名學生，另外還有幾百名學生在晚上接受職業培訓。艾里希．雷斯曼也登記入學，不到六個月就能說流利的英語。賀理士密切關注每一名學生，如果有孩子生病，不得不住院治療（這種情況在上海很常見，因為衛生條件很差，醫療用品又有限），賀理士就會為這家人送上一籃水果和鮮花。寄回家的成績單上都有他的共同簽名。上海一家英文報紙的記者來這所學校採訪，並稱之為「模範機構」；這份報紙寫道，很難相信這樣一個地方，是「專門為難民兒童」

而存在的。

「許多難民看到我們為他們孩子做的事，真的就哭出來了。」賀理士在寫給哥哥的信上說道。

羅蘭士從香港寫信給賀理士，抱怨他把時間都花在學校，而不去經營嘉道理家的煤氣公司。他責備弟弟：「我覺得，如果你能把心思放在家族生意上，我們會有非常好的收益。」賀理士對哥哥的惱怒毫不在乎，有一次，他在回應羅蘭士某份冗長的商業問題便箋時，說自己「一直忙著照顧難民，試著解釋當地情況……沒空寫信。」他在上海的辦事處已經變成「非官方的難民中心」，但「這是很棒的生活，不管怎樣，我們都忙得不亦樂乎。」賀理士說。

§

維克多在和犬塚及日本人的一次次會談當中，持續地拖延時間。「現在，每個東京來的人都會來我這裡朝聖[28]。」他在給朋友的信中寫道。「昨天是前財政大臣和貴族院議員，今天是兩個國會議員……我似乎在那幾個單位有了一些影響力，這是好事。但是，當然，如果陸軍的思想變得嗜血，他們總是有做傻事的風險。」日本這時還沒有正式加入德國成為軸心國盟友。維克多試圖說服犬塚上校和他會見的日本官員，這樣做是錯誤的。「我一直秉持的看法是，」他寫給友人的祕密信件中說道，「一、對日本來說，最糟糕的事情是德國和俄羅斯結盟；二、第二糟糕的事情，是日本加入軸心國，迫使英國和俄羅斯在遠東地區結盟，對抗日本。」

犬塚變得越來越謹慎。他向維克多施壓，要他和羅斯福總統交涉，並引導美國報紙（他認為這些報紙都是由猶太人控制的）改變公眾輿論，支持日本的目標。犬塚寫道，猶太人就像河豚，如果沒有正確的事前處理和上菜方式，就會致人於死：「牠鮮美絕倫，但除非十分清楚如何烹調，否則可能會要了食客的命[29]。」

§

到一九三九年初春，上海的難民已經有一萬人了。維克多和猶太領袖們不知所措，他們呼籲歐洲的猶太組織減緩難民潮，卻得知蓋世太保正逼迫猶太人逃往上海；義大利的郵輪公司也在宣傳，說上海是唯一一個難民不用辦理任何手續就可以前往的地方。負責監督難民救援工作的商人當中，沒有人有救濟工作或社工背景，他們開始爭吵。維克多派會計去調查他的錢是怎麼被花掉的，還成立了自己的委員會來監督開支；他請求國際難民組織提供資金，並且發電報給美猶聯合救濟委員會（American Joint Distribution Committee），當時這個委員會正在監督全世界各個幫助歐洲猶太難民的組織，他說：「由於醫院條件非常惡劣，流行病病況危急，需要二十五萬美元。事態緊急……情況可能會變得非常絕望。」

難民依然不斷湧來，到了一九三九年五月，已經超過一萬兩千人。他們把虹口的廉價公寓擠得水泄不通，很多都是三四個人住一間房。有些人為了生存而賣淫，家家戶戶排隊等待領取食物。維克多的國際委員會與其他團體為安置難民而建的宿舍裡，出現了白喉、猩紅熱、肺結核、麻疹和傷寒。維克多很擔心疾病會蔓延到上海比較富裕的地區，他考慮把免費食物減少到一天一餐，以應對不斷增長的人數。他向紅粉知己愛蜜莉．哈恩抱怨，現在才來的許多猶太人都是歐洲的「殘渣」[30]，也就是窮人和絕望的人。

犬塚在某次和維克多會面時，提議接收更多難民，然後在與外灘隔江相望的浦東為他們建立一塊殖民地。這個計畫只是空口白話，但來到上海的這些成千上萬猶太人對日本來說有其作用。讓猶太難民「處於我們的影響之下……有一種『人質』的感覺。」犬塚在發給東京的電報中說，「隨著歐洲戰事發展，為猶太人覓得避難之地……是一種迫切的需要，他們不惜一切代價尋找安全處所的願望顯然變得越來越強烈。」

在東京，犬塚有些上司開始懷疑維克多在欺騙他們。沙遜的誠意「令人懷疑」，「鑑於猶太人固有的本性」，依靠他來幫助日本「很難讓人相信」。

維克多拒絕公開表態支持日本，這更加劇他們的懷疑。一九三九年七月，他在前往香港的途中暫時停留日本，在那裡告訴移民官員，日本和西方關係日益緊張，他認為應該歸咎於日本。他說，如果日本人繼續騷擾他在上海的工廠，他和其他許多人都會遷往香港。在維克多接下來的行程中，日本警方一直跟蹤。另一方面，在某次紐約行當中，維克多對電台聽眾說，日本人民必須盡快「反抗一個為權力瘋狂的軍事集團」。東京的報紙呼籲逮捕他；在日本直接統治下的滿洲國，有些猶太領袖懇求沙遜不要再公開發表言論。在紐約，聯邦調查局擔心他會遭到納粹或日本同情者襲擊，特地指派了兩名保鏢。

儘管如此，犬塚還是向東京上層堅持他的「河豚」計畫（將難民做為人質）是正確的做法。他看著維克多的眼睛，就知道他是真誠的。「猶太人善於利用他們兩千年來的習慣討價還價，他們不會採取這麼愚蠢的策略，把真實意圖表現在臉上。他們的欲望越強烈，假裝採取的態度就越冷淡……凡是和猶太人有過交手經驗的人都會承認這個事實。」

一九三九年春末，沙遜又見了犬塚，他說，自己和商人夥伴已經快要沒有錢援助難民吃住了。

人數還在增加，德國完全沒有表現出想減緩難民潮的意願。犬塚也受到來自東京的壓力，要求他控制局勢。三個月後，也就是一九三九年八月，日本宣布不再允許猶太人進入這座城市[31]。上海這時有一萬五千名難民，還有三千多人在途中。犬塚和日本人同意，這一萬八千人會受到保護。

§

一九四〇年九月，日本正式加入德國和義大利，組成軸心國，這加強了對犬塚與維克多談判持懷疑態度的日本強硬派勢力。納粹把注意力轉向上海的猶太人，日本官員要求維克多和猶太領袖給他們一份所有猶太難民的名單，這是納粹在歐洲圍捕猶太人所用的相同策略。「他們害怕西班牙的德國猶太人加入中國人的行列，害怕毒氣專家加入中國人的行列。」維克多在日記中透露。「他們想讓（委員會）找出虹口所有德國猶太人的檔案[32]！」

由軍方控制的上海日文報紙開始刊登文章警告，稱小維也納猶太商人激增，削弱了日本商店和企業的競爭力。日本官員邀請德國蓋世太保成員來到上海，造訪小維也納，並禁演了一齣由難民編寫的戲劇——這部戲描寫納粹占領奧地利後的猶太人苦難。一家上海報紙報導，除非這部戲停演，否則「將對住在德國的猶太人以及這裡的猶太移民進行報復[33]」。

維克多在給朋友的信中說：「日本陸軍行為就跟禁酒令時期的美國黑幫一樣，每個人都得付保護費[34]。」一隊日本士兵出現在上海南方維克多的一家棉紡廠，命令他把棉花按四折價格賣給他們。他們宣稱，如果維克多拒絕，就會發布命令，禁止他把棉花賣給其他人。「這裡的日本人很奇怪，」他在華懋飯店裡的辦公室寫道，「陸軍對我非常惱火，說要『處理』我，意思是要綁架或者幹掉我，但我在老一輩政府官員和東京的銀行家、企業家當中，可是很受歡迎的，因為他們認為我頭腦清醒，而且身為英國人，我的觀點絕對正確。在所有麻煩結束之後，必須把我培養成一個可能成為日本好朋友的人。」

在華懋飯店，維克多為日漸減少的外國住客放映間諜電影，企圖提振士氣。然而在柏林，赫爾曼．戈林[3]譴責他是「愛搗亂的好萊塢花花公子」[35]。維克多一直希望德國不要發動戰爭，德國入侵波蘭時，他非常鬱悶。幾個月後，他從廣播中聽到法國投降了。「壞消息，法國人要求和解[36]。」他在日記中寫道。一九四〇年七月，犬塚多次要求和維克多會面，他堅持要維克多投資日本工廠，以顯示誠意，並藉此確保難民的安全。維克多在日記中寫道：「我告訴他，沒有可以動用的資金。」

犬塚和日本人加大了施壓力度。他們建議維克多將他持有的大量房地產和一家日本公司合併，以「保護」他的房地產。維克多表示異議，並且推遲了正式答覆的時間。最後，一名日本軍官帶著兩名全副武裝的中士，來到維克多在華懋飯店的辦公室。維克多給他們一份建議房產清單，全是老鼠出沒的公寓和廢棄的房子，「這是對日本的侮辱。」這名軍官跳了起來，「我們絕對不會放過你的[37]。」

幾週後，日本人在華懋飯店為維克多舉辦一場私人晚宴。一位日本軍官一面喝著白蘭地，一面警告，如果維克多不合作一點，強大的沙遜帝國很快就會崩潰。

「告訴我，維克多爵士，」他低聲問道，「你到底為什麼這麼反日？」

「我一點也不反日，」他回答，「我只是親沙遜，而且非常親英而已。」

3 赫爾曼．戈林（Hermann Wilhelm Goering, 1893-1946）：納粹德國黨政軍領袖，與元首阿道夫．希特勒關係極為親密，曾被希特勒指定為接班人。

聽到這些面談內容，犬塚終於受夠了。維克多・沙遜「顯然選擇忽視日本當局到目前為止對猶太難民的同情和慷慨。」他一直在從事「反日宣傳活動」。

他接獲警告，如果他繼續留在上海，而日本人占領了公共租界，他很可能會被逮捕。維克多登上一艘開往印度的船，在一九四一年秋天離開上海，就在偷襲珍珠港的幾週前。

§

致力於嘉道理學校的賀理士留了下來。他把家裡的勞斯萊斯拿出來，移掉豪華的車體，在車軸裝上一個臨時湊合的巴士車身，用來接送孩子上下學。隨著來這所學校的孩子越來越多，賀理士能給他們的食物也減少到一天一餐。「醫生說這樣會導致許多疾病和死亡，但我們無能為力。」他在給羅蘭士的信中寫道。「我真的很擔心。」賀理士報告，上海各地的食品供應日漸不足，因為爭搶食物造成騷亂的事「每天都在發生」，法律和秩序正在崩潰。「今天早上五點，我們家大門前的中國俱樂部外面，發生了一起綁架事件，」賀理士寫道，「據我所知，有三、四個人被綁架。我們可真是生活在一個愉快的社區裡。」幾天後，日軍封鎖了大理石宮前的街道，「一個六歲的小男孩在我們家外面放聲大哭，他回不了家。」賀理士說。「所以我們收留了他，讓他有個地方過夜。」

九月，賀理士和羅蘭士取得共識，同意把已經七十六歲且病重的埃利送到香港，和羅蘭士一起生活，兩人都認為香港比較安全。他們還把埃利的醫生一起送去，並且把埃利安置在家族持有的半島酒店套房裡。賀理士寫信給哥哥說道：「如果真的宣戰，我們可能會被迫分開很長一段時間，我們必須各自斟酌情況，採取行動。」

一九四一年十二月八日，上海的星期一早晨，日本飛機襲擊珍珠港，癱瘓了美國艦隊。凌晨快四點鐘的時候，帶著武士刀的日本士兵登上黃浦江上的美國砲艇威克號（USS Wake），制伏了船員。日本人砲轟並摧毀了附近的英國船隻。在沒有對手的情況下，日本海軍陸戰隊開著坦克和裝甲車，沿著外灘行進；裝著擴音器的卡車行經華懋飯店，大聲播放上海已經被占領的消息。士兵們散發著印有羅斯福和邱吉爾在日本炸彈落下時，驚恐緊抱在一起的漫畫傳單。英國和美國公民接獲告知，要求他們到維克多的豪華公寓，漢彌爾登大樓報到，這棟樓現在已經成為憲兵隊的司令部（憲兵隊在日本相當於蓋世太保）。「敵國人民」被發放鮮紅色臂章，在公共場合配戴，A代表美國人，B代表英國人。在外灘附近的港口，一艘日本軍艦在日本領事館前下錨，這艘軍艦是「出雲號」，就是三十五年前雅各布．希夫貸款協助建造的其中一艘。

日本軍官來到嘉道理學校。他們告訴賀理士，今後授課不再使用英語，而要用德語。他們把賀理士趕出大理石宮，軟禁他，然後把他帶到另一個外國私人住所，要他照顧兩個生病的外國人。

這時在華懋飯店，沙遜的高階主管打電話給西奧多．亞歷山大和其他職員，命令他們早點到公司的營業部，開始粉碎、銷毀商業紀錄，以免落入日本人之手[38]。職員把文件塞進碎紙機時，他們聽見走廊傳來靴子的腳步聲。門猛一下打開，日本士兵衝進來占領辦公室，拘留了職員。犬塚上校來到華懋飯店，搭電梯到九樓，大步走進維克多棄之而去的套房。日本兵仔細閱讀維克多的每份文件時，犬塚走到維克多的桌子後面，坐在他的椅子上。他命令日本攝影師拍下一張照片，現在，他是上海的老大了[39]。

消瘦的俘虜歡迎美國士兵。美軍的到來，讓上海日軍閘北集中營的人們重獲自由，嘉道理夫婦就是被關押在這裡。

第七章 戰爭

就在日軍占領上海華懋飯店、抓走弟弟賀理士，並予以軟禁的時候，羅蘭士正蹲在一艘穿越香港港口的軍用救援船裡❶。

在他背後，是連著中國南部的農村半島，九龍；前方是香港島，濱水區密布著辦公樓和船塢。海濱上方隱約可見五百五十公尺高的香港地標太平山。時間是一九四一年十二月八日。在雲霧中浮現的山頂一帶，是香港最高級的住宅區，羅蘭士的家就在那裡，暴露在日軍的砲火和燃燒彈之下，妻子和兩個孩子蜷縮在屋裡。為了配合一九四一年十二月七日轟炸夏威夷珍珠港和上海公共租界的奇襲作戰，日本飛機向香港機場投下了炸彈；日本軍隊和砲兵部隊越過幾公里外的邊境線，從中國開進了殖民地。

這次空襲完全在羅蘭士的意料之外。

一九四〇年四月，英屬香港殖民政府催促英國婦女和兒童登船，撤離到澳大利亞，羅蘭士的妻子慕麗拒絕離開，並請求豁免。她是年輕的母親，正懷著第二胎，她不打算拋棄丈夫。一九四一年初，中國邊境的觀察人員已經可以看到遠方的日本軍隊在部署彈藥和補給；英國援軍抵達香港，準備應對入侵。羅蘭士與其他英國男性都被徵召參加軍事訓練，但他和大多數英國人一樣，認為香港堅不可摧，不太可能發生戰爭。香港和上海不同，這裡是英國的殖民地；就跟印度一樣，是帝國的一部分，英國絕對不會讓它投降。嘉道理一家不像維克多，已經變得不信任且討厭日本人，他們這時依然很欣賞日本。小時候，羅蘭士和賀理士幾乎每年夏天都會和父母去日本度假兩個月。他們喜歡日本寧靜、優美的風景，以及藝術和建築——和喧囂的上海截然不同。他們的母親蘿拉曾經對日本現代化的速度感到驚訝。一九一九年，她在日記中寫道：「每個人都同意，日本正在崛起。」埃利和日本公司有過業務往來，他進口木材，協助美化了幾座日本寺廟周圍的花園，還贏得日本皇室的讚賞。和許多在香港的英國人一樣，嘉道理認為日本比中國更文明、更優雅。雖然他們擔心日本擴張，但也很欽佩日本在一九〇五年擊敗俄羅斯並征服滿洲的方式，儘管並不情願。

經過整個一九三〇年代，嘉道理家族對上海的戒心越來越重，也把越來越多的資金投向南方一千一百公里外的香港。羅蘭士在埃利的培養下接管了事業，四十二歲的他，無論從哪方面來說都稱得上成功。從父親任命他成為中華電力公司董事長開始，十多年來，他一直致力於為香港北部的九龍（當年埃利和何東、布力架一起投資的地區）帶來電力，以及現代化。對羅蘭士來說，電，或者用他更喜歡的字眼——電力，就是香港未來的關鍵。他在一九四〇年說：「有些人還記得，在那些九龍夜晚沒有燈光的日子裡，」道路照明靠的是煤油燈，但現在，「從製造線香，到建造遠洋汽船的大小工業，雖然就像從保存生薑到開採鉛礦一樣，性質各有不同，但今天它們靠的都是嘉道理公司提供的電力❷。」羅蘭士在香港一個偏遠的小港灣設計、建造一座鄉村住宅，採用從歐洲引進的最新技術，包括占據客廳一角的冷氣機，可以吹出冷空氣，對抗三十幾度的高溫和濕度。

若要說羅蘭士在香港成就了什麼不朽的事業，就要數鶴園發電廠（Hok Un Power Station）了，這是亞洲最大的發電機。在一九四〇年二月盛大的開幕式上，羅蘭士對出席的達官貴人和英國官員說，他之所以建造這座新發電廠，是因為「對未來抱著樂觀的看法」。

二十一個月後，日本入侵香港。

日軍越過邊境，直接衝向羅蘭士的驕傲，這座新發電廠。英國官員曾經警告羅蘭士，如果日本入侵，他就必須炸毀電廠，以免落入日本人之手。住在附近的中華電力工程師趕過去引爆炸藥，摧毀了渦輪機。他們還把關鍵零件拆下來扔進港裡，使發電廠無法運轉。羅蘭士在日本入侵前幾週就被授予軍銜，並接受軍事訓練，他拿到通行證和一艘小艇，可以用來營救他的父親和中華電力的員工。他們完成工作後，羅蘭士催他們趕緊回到港口、跳上汽艇，返回香港島躲避不斷挺進的日本人。一踏上陸地，羅蘭士就開著他的陽光塔爾博特（Sunbeam Talbot）汽車，沿著蜿蜒曲折的彎道向山頂的住家駛去；一顆砲彈落在他的前方，他猛一加速，兩顆子彈射穿了汽車後部。他後來回憶：「你看到了發生的一切，但沒有辦法停下來，你只能直接衝過去❸。」

羅蘭士把車停在家門口，卻發現家裡空無一人。他驚慌失措，開始敲附近人家的門，最後才發現家人躲在阿姨家裡。慕麗帶著兩個年幼的孩子在門口迎接——一歲的麗塔（Rita）和還在媽媽懷裡的米高（Michael）。慕麗原本拒絕離開家裡，但一枚日本砲彈在附近爆炸，嘉道理家的中國保母抱著麗塔倒在地上，她的臉被彈片擊中，血流不止。房子的窗簾著火，燃燒彈燒焦了麗塔的衣服。嘉道理一家擠進車裡，沿著山路往下逃到朋友家。「山頂」暴露在砲火中，他們是最後一個逃離那裡的家庭。一九四一年平安夜，香港投降了。

十天後，也就是一九四二年一月五日，日本人命令羅蘭士和他的家人，以及所有英國人在皇后像廣場[1]集合，這是位於香港海邊的香港上海銀行總部前方的小公園。大約五十年前，在同一個地方，一位香港上海銀行的主管走到坐在公園長椅上、孤單無助的埃利面前，說服他把錢轉到新銀行，

1 皇后像廣場（Statue Square）：香港的一座廣場，位於香港島中環，是早年維多利亞城的地標。

以換取一筆豐厚的信用額度，讓他孕育中的商業帝國得以維持運作。這天，埃利從半島酒店的套房裡被人潮推擠出來的時候，抓起他的晨褸，以抵禦冬天的寒冷。

日本人以「羞辱式遊街」的方式，讓被俘的平民從皇后像廣場走到送他們去拘留營的巴士上。路邊圍著帶刺鐵絲網，上面掛著屍體，是日軍開槍打死的。《紐約客》作家、維克多．沙遜在上海的情人愛蜜莉．哈恩親眼看到這一幕。「想想，」她後來寫道，香港的英國精英「表現得跟國王一樣，坐在那堆苦力頭上。記住這件事。然後，突然之間，變成這樣❹！」羅蘭士和妻子、兩個孩子，以及他的父親被推上巴士，送到一排倉促改造成拘留營的大學大樓裡，就在香港島另一邊的赤柱監獄旁。這家人擁有的另一家豪華飯店，淺水灣酒店，離這裡不到兩公里遠。

兩千多名囚犯被塞進赤柱拘留營。這裡的生活環境很糟，營房建築在日本入侵期間遭到砲擊，很多都沒了屋頂，或是牆壁上有洞。在分配給嘉道理一家的「已婚區」，三十人共用一個淋浴間，幾乎沒有床。羅蘭士回憶，日子好的時候，配給是「一根菸、一小罐稀粥、一些煮熟的生菜和一點點湯❺」。這些囚犯以前一直依賴僕人，現在也學會了做飯，還會製作、縫補、洗衣服。他們種菜、演出戲劇和音樂會、舉行宗教儀式、打牌。羅蘭士加入一個由被監禁的政府官員組成的小團體，他們動腦筋為戰後政府制訂計畫和預算，藉此保持自己的士氣。

由於埃利年事已高，日本人免除了他原本必須做的許多雜務。他穿著他的晨褸，在拘留營走來走去，偶爾在樹下坐一會兒，和坐在附近的其他囚犯聊天。有一天，一名焦慮不安的英國囚犯——原本是一名督察——跑到羅蘭士面前。

「我才不要跟你父親去上海。」那個督察說。「天殺的！我要待在這裡❻。」

「你到底在說什麼啊？」羅蘭士回答，完全被他搞迷糊了。

「我聽說你父親要帶全拘留營的人跟他一起去上海。」那個督察說。羅蘭士大步走向樹下的父親，要求知道發生了什麼事。他是不是瘋了？結果埃利說，他只是在開玩笑。

「如果他們心理上都相信我做得到這件事，即使是在這樣的情況下，在戰爭中，可見我的信用還是相當不錯的。」

事實上是，所有人哪裡都去不了，他的信用好壞也不再重要了。

§

場景轉回上海。雖然日本人把賀理士．嘉道理當成「敵國人民」逮捕了，卻沒有對這些猶太難民採取行動；賀理士聘用來擔任嘉道理學校校長的露西．哈特維奇仍然被視為德國公民。頗具諷刺意味的是，由於德國是日本的盟友，所以哈特維奇還是可以每天管理校務。然而，維克多．沙遜現在人在印度，賀理士也被捕，難民們需要另一位勇士。一位來自水牛城的美國女性接下了這個角色，事實證明，她最重要的工作跟維克多一樣，就是要迷惑住犬塚上校。

經過維克多、埃利和其他人多年的懇求，監督全球幫助猶太人逃離納粹的美國組織——美猶聯合救濟委員會，終於在一九四一年春天同意在上海提供幫助。在珍珠港事件發生前七個月，委員會派了美國人勞拉．馬戈利斯（Laura Margolis）去上海，看能做些什麼❼。馬戈利斯是來自水牛城的左傾社會工作者，她沒有太多時間花在有錢的捐助者身上；在水牛城，她經常和富有的捐助者發生衝突，她認為這些人捐錢只是為了消除良心上的不安，而且他們總是在干擾像她這類社工的當地工作。她認為，慈善機構的經營並不像企業那樣，商人永遠不會明白這一點。一九三九年，美猶聯合救濟委員會派遣馬戈利斯前往古巴，在那裡幫助猶太難民登陸。她在哈瓦那時，聖路易斯號搭載九百多名猶太難民從歐洲出發，橫渡大西洋，希望能抵達美國，卻被拒之門外，不得不返回歐洲。許多難民因此在歐洲喪生，這事件後來被稱為「詛咒之旅」[2]。上海的難民人數幾乎是這個數字的二十倍——一萬八千人。馬戈利斯下定決心，絕不讓聖路易斯號猶太人遭遇的悲劇重演。

經過兩週的海上航程，馬戈利斯於一九四一年五月抵達上海。這座城市嚇壞她了，「我討厭這裡。」馬戈利斯後來回憶，「這座城光彩奪目，擁擠不堪，還有中國人死在街頭。」她帶了一個手提箱到上海，裡面裝的是實用工作服和低跟鞋，結果別人告訴她要買新衣服，這樣她才能去參加大理石宮舉辦的派對、會見資助難民學校的嘉道理家族。維克多．沙遜安排她住在華懋飯店的房間，但隨後就出差離開了。「什麼事情都沾不到他們身上，他們是不會出事的。」勞拉回憶。一天晚上，她離開大理石宮時，在街上差點踩到一個死掉的中國男人。「我會回到我的飯店，放下窗簾、上床睡覺，只為了擺脫腦子裡所有的恐懼。」馬戈利斯的結論是，維克多．沙遜、嘉道理，和那些試圖幫助難民的猶太商人把事情搞得一團糟。他們就和水牛城那些有錢的捐款人一樣，根本不知道怎麼運作福利機構，他們就只是個「億萬富翁委員會」。在華懋飯店的幾次雞尾酒派對上，馬戈利斯遇到了犬塚上校，她覺得這個人很安靜有禮。她和助手一起制訂了正式接管難民的工作計畫。

凌晨四點，日本人入侵上海公共租界，吵醒了華懋飯店房裡的馬戈利斯。她望向窗外，港口起火了。馬戈利斯迅速撕碎她最重要的一些文件，丟進馬桶沖掉。她下樓來到飯店大廳，看見拿著刺刀的日本衛兵，他們把她趕回自己的房間。美國人不准外出。他們是囚犯。

幾天後，馬戈利斯知道犬塚已經住進維克多的辦公室和頂層公寓。她要求見他。他熱誠地和她打招呼，請她喝茶。馬戈利斯遞給他一封她在日本入侵前收到的電報，是美猶聯合救濟委員會發來的，電報通知她錢已經存入一家瑞士銀行，供她用於上海難民的食衣住行。但因為銀行關閉，馬戈利斯又不能離開飯店，她沒辦法拿到錢。

「你們現在已經是占領國了。」馬戈利斯告訴犬塚。「占領國不會喜歡暴動的。飢民會暴動。你、我，和我們的國家可以在外頭打仗，但我想，讓我利用一下我的信用，對你們有好處。」犬塚同意了，但他告訴馬戈利斯，不能向維克多．沙遜、嘉道理，或任何與他們合作過的人尋求幫助。馬戈利斯很清楚，維克多的背叛暴露之後，犬塚對他可說是「怒不可遏」。他已經逮捕了維克多留在上海的一名副手。在馬戈利斯準備結束這次會面的時候，犬塚上校提出另一個請求，可以看出，他始終相信上海的難民與試圖幫助他們的猶太人對美國政府具有影響力。他問馬戈利斯，她是不是猶太人。她說是。他要她聯繫猶太裔的美國財政部長羅伯特．摩根索（Robert Morgenthau），請他放寬凍結日本在美資金的規定。馬戈利斯說她不認識摩根索，然後她補上一句，她非常感謝犬塚的人道主義幫助，接著迅速離開了他的套房。

§

到一九四二年夏天，羅蘭士和家人已經在香港拘留營待了五個月。獄友們都向他尋求鼓勵，他

2 詛咒之旅（the voyage of the damned）：該事件於一九七六年改編成電影，台譯片名為《苦海餘生》，港譯為《海上驚魂三十天》。

也很自豪自己鼓舞了大家，他把眼光放在未來，相信日本人一定會被打敗。但戰爭還是帶來了負面影響。他的體重在下降，埃利的健康也在惡化。一名英國實習醫生告訴羅蘭士，埃利可能患有前列腺癌。羅蘭士和父親坐在一起，協助他寫信給日本拘留營的指揮官[8]。信中以他七十八歲的「高齡」和「虛弱的身體」為由，請求允許他和家人返回上海大理石宮，在那裡度過接下來的戰爭時間。他列舉自己「與日本在上海和香港的有力利益集團，有許多重要的業務關係」，並指出他曾經多次訪問日本。他描述了他獲得的榮譽和認識的人，其中包括伊拉克國王費薩爾和衣索比亞國王海爾・塞拉西。幾天後，羅蘭士被叫到拘留營指揮官的辦公室，對方告訴他，他即將獲釋：他要把自己當成一名「加拿大新聞工作者」，為自己和家人買好去上海的船票。

因為沒有現金，銀行又掌控在日本人手裡，羅蘭士只好向一位印度朋友借錢買船票。那是一艘小船，船上載著外交官、他們的家人和其他外國人，先去台灣，然後再去上海。這艘船原本可以載運六百名乘客，這時卻擠了三千人[9]。嘉道理家五個人——三個大人和兩個小孩——擠在一個船艙裡。他們給了埃利一個臥鋪，因為他的病情越來越重，身體也越來越虛弱。航程原本是三天，但這艘船為了躲避美國潛艇，一直迂迴前進，結果花了九天才到。除了晚上，乘客不准上甲板。羅蘭士在外頭的甲板上給他的小兒子換尿布，再用海水把尿布洗乾淨。

他們正處於戰爭期間，日本人在上海各地都設了路障和檢查站。剛開始，中國人和外國人都相信占領時間不會太長——面對被激怒的美國，日本不是對手。但隨著戰爭持續下去，日本打了一連串勝仗，也加強了控制。日本人發給西方人配給卡，食物貴如珠玉，黑市很快就出現了。像賀理士這樣富有的外國人可以弄到他們需要的食物。日本人在檢查站對中國人特別殘忍，他們會讓中國人跪下，雙手伸直平舉，保持這個姿勢幾小時，然後才讓他們通過——不管他們是回家還是去工作。

羅蘭士期望的「釋放」結果成了一場騙局。嘉道理一家抵達上海，埃利被帶到日本人占領的大理石宮，和賀理士一起被鎖在屋後的馬廄。羅蘭士和妻子以及兩個嬰兒被囚禁在閘北集中營。這座集中營是一所廢棄大學裡的兩棟三層樓宿舍，緊鄰一家化工廠，距離外灘十一公里。未婚的被拘留者住在其中一棟，已婚家庭和孩子在另一棟。嘉道理夫婦和另一家人被安置在宿舍房間，這個小房間是設計給兩位學生居住，卻擠進了八個人。雨水從破裂的窗玻璃打進來。兩家人拉進來八張床，晚上一起用，白天就把床靠在牆上。他們每天早晚都要在走廊上排隊點名。洗澡是在走廊盡頭的公共浴室——冷水淋浴。日本衛兵會在一個沒有暖氣的大房間裡，配給香菸盒大小的一點點白米和腐爛的蔬菜；囚犯們會把米粒裡的米蟲煮熟吃掉，以獲取蛋白質。一名囚犯回憶，他父親「帶著一碗番茄皮、碎蛋殼和米」走進來，拿給孩子們當晚餐。為了獲得肉類，日本人會從上海賽狗場尋找那些已經死去的狗屍或老得不能比賽的狗，監獄廚師再把狗肉做成燉肉，加上一大堆大蒜，分給他們當午飯。和嘉道理家共用房間的一名女人，體重從六十一公斤掉到三十八．五公斤。餐廳牆上的手寫標語寫著：「如果你不想吃，就別吃，把東西留給那些必須活下去的人。」

羅蘭士的妻子慕麗．嘉道理被囚禁時二十六歲。她曾是香港上流階級的一員，父親是沙遜大家族中的富家子弟，爺爺是著名學者。她喜歡音樂，會彈鋼琴。她在一九三〇年代和羅蘭士談戀愛時，美麗活潑，經常去上海，住在大理石宮，早上去騎馬，晚上和羅蘭士在派對和夜總會跳舞。她在上海認識了許多英國商人，其中有一人衣櫥分類的方式非常特別，每天早上他都會問男僕當天氣溫幾度，如果僕人回答「攝氏二十四度」，他就會打開衣櫥裡標著那個數字的櫃子，裡面有一整套適合那個溫度的衣服。他便可以立刻穿上西裝、襯衫、打領帶，戴上圓頂禮帽。

一九三八年，二十三歲的慕麗嫁給羅蘭士，那年他三十九歲。當英國在珍珠港事件前夕下令疏散婦女和兒童時，她拒絕離開香港，也不願拋下丈夫。她母親當過護士，在照顧其他被拘留者時，在赤柱拘留營去世。她把自己少得可憐的配給口糧分給病人，慕麗認為，母親的營養不良加速了她的死亡。慕麗告訴其他囚犯，她年輕時懷抱的所有雄心壯志都被戰爭摧毀了，現在她對自己的角色看得非常清楚：「照顧好你的孩子，盡你所能去做所有能做的事，並且盡可能正常生活[10]。」

日本人經常用兩天不給水喝的方式，懲罰嘉道理一家和其他囚犯，這對還是嬰兒的米高和麗塔尤其殘忍。欺負人的日本守衛會對輕微的違規行為施以可怕的懲罰，有個中國人偷偷溜進拘留營賣食物給囚犯，他被抓住了，被綁在樹上，在被拘留者眾目睽睽之下遭毆打整整三天。囚犯們完全沒辦法睡覺，因為那個人整夜都在呻吟。

羅蘭士成了囚犯的領袖，他組織會議，討論香港的未來，藉此振作大家的精神。他還自學速記，好在開會時做筆記。羅蘭士會到監獄家庭區的院子和女囚犯們一起洗衣服，一星期去好幾次。他在拖把柄釘上穿孔的空罐子，像使用活塞一樣在肥皂水桶裡洗兒子的髒尿布。在負責洗衣服這群人裡，他是唯一的男人。他告訴慕麗，這是聽到營裡八卦和各種消息的好方法。

§

一九四二年七月，幾個住在閘北集中營外的難民驚慌地來找勞拉・馬戈利斯。他們說，德國黨衛軍成員已經抵達上海[11]。他們打算消滅猶太人。

他們的擔心有道理。犬塚上校突然從上海被調去馬尼拉，這表示日本軍方的強硬派已經占了上風，準備對上海難民採取更嚴厲的措施。納粹黨衛軍上校約瑟夫・梅辛格（Josef Meisinger）曾因為把數千名猶太人送往波蘭處死，而有了「華沙屠夫」的稱號，他被派往上海，隨行的還有另一名黨衛軍軍官。這一年八月，梅辛格在上海日本海軍司令部會見日本官員，並提出了幾個「處理」上海一萬八千名難民「問題」的方案。日本人可以把猶太人送到滿洲和其他地方當苦力，以協助日本的戰爭活動；他們也可以在長江附近的島上建立集中營，進行「醫學實驗」。最後，梅辛格攤開一張大大的上海地圖，大致描述了他心中的首選方案：再過幾個星期，在猶太新年的第一夜，德國黨衛軍部隊會去圍捕帶著妻兒到上海猶太會堂參加儀式的難民，其餘的人就到他們家裡去抓。他們會押著猶太人遊街，穿過街道走到港口，把人群帶上準備拆除的船隻，拖到海裡，然後把船弄沉。

日本官員嚇壞了。經過內部辯論，他們向納粹盟友提出一個折衷方案。這些難民依然是具有價值的人質，但必須對他們進行更嚴格的控制。他們決定在虹口建立一個猶太區⑫——這裡曾是著名的「小維也納」，這個貧窮、擁擠的社區有排屋、戶外廁所和骯髒的小巷，而且已經有一萬名尋求廉價住房的難民住在這裡了。日本人在廣播和報紙頭版宣布了這個計畫，說「由於軍事需要」，所有猶太人都被命令遷到虹口某個兩平方公里大小的地區。他們沒有使用「猶太人」和「猶太區」這兩個詞。猶太人被稱為「無國籍難民」，而猶太區被稱為「限定居住區」。馬戈利斯被關進了集中營，她幫助難民的努力戛然而止。

已經在「限定居住區」外買了房子的艾里希．雷斯曼和他的家人收到通知，說他們必須搬走，房子將被沒收，並移交給日本將軍。艾里希一直在嘉道理學校上學、旁聽拳擊課。他和哥哥、母親、父親搬進新猶太區的一間單人房；現在，虹口有超過一萬八千名猶太難民和十萬名中國人居住、生活。難民們開玩笑說，這裡唯一的綠意就是人行道上漆成綠色的長椅。食物配給變少了；嘉道理、沙遜，以及後來馬戈利斯和美猶聯合救濟委員會提供的食物及牛奶被大幅削減。日本哨兵在街上拉起帶刺的鐵絲網，嚴密守著猶太區的出入口，難民需要一張正確蓋章的通行證才能進出。犬塚離開後，難民管理權交給另一位反猶太日本軍官合屋叶中士。合屋自稱「猶太人的王」，他喜歡讓難民為了申請通行證在烈日下排幾個小時的隊。他參加嘉道理學校的難民足球賽時，還叫球員在他面前列隊，讓他閱兵。惹火他的難民會被甩耳光。一位難民回憶：「他壞到極點，如果他發現有人違規，哪怕是最小的規定，他都會嚴厲懲罰他們。」

為了養家，艾里希的父親在猶太區擺了一個蔬菜攤，他讓艾里希和哥哥每天排隊領通行證，這樣他們就可以在猶太區外面的中國市場買到蔬菜，再帶回去賣。嘉道理學校仍然開著，艾里希畢業後，在一家藥店找到工作，負責填寫訂單和送藥。他賺的錢讓全家人得以生存，但誰也不知道未來還有什麼樣的命運等著他們。

§

儘管難民們失去了大部分財產，現在又擠在上海猶太區的小房間裡，但他們的生活其實比中國鄰居過得更好，這些中國鄰居當中有一些人也是難民，是從更北邊的戰區來的。中國人和猶太人彼此沒有辦法順暢交流，猶太難民中，連會說幾個中文詞的人也沒幾個；而中國人既不懂德文，也不懂英文。但是，這些中國人卻可以過著公開的生活，這個簡單事實讓許多難民感到驚訝。來自維也納的難民格哈德・摩西（Gerhard Moses）回憶：「在歐洲，如果一名猶太人逃跑了，他或她就得躲起來，而在上海，我們可以跳舞、祈禱，還可以做生意。」他很訝異於「比我過得還糟的人，居然會為我感到難過」。另一位難民約瑟夫・羅斯巴赫（Josef Rossbach）一直保留著一台玩具竹製三輪車，有個上海黃包車夫每星期總會有幾個晚上回家後，讓約瑟夫和自己的孩子坐進他的黃包車，拉著他們歡樂地滿街繞。「他們根本不知道什麼反猶太主義。」難民里奧．羅斯（Leo Roth）驚訝地告訴家人。

維克多．沙遜人在印度，日本軍方鞭長莫及。他籌集資金，幫助受傷的英國士兵，並周遊世界各地，為盟軍的目標代言。同情共產黨的左翼作家韓素音[3]在一艘從孟買開往紐約的船上遇到他，認為這個人傲慢自大，對他不屑一顧。「他一瘸一拐地上了船，戴著單片眼鏡，還有那股上海人特有的傲慢，現在看來幾乎是種拙劣的模仿。」她後來寫道。他帶著那股「單片眼鏡的傲慢」向她宣布：「我們明年就會回上海⓭。」

在波士頓的一次演講中，維克多說得更實際，他講述了自珍珠港事件以來，同盟國在亞洲遭遇的一連串失敗、英國和美國低估日本軍力的方式，以及新加坡和香港的投降。「他們似乎對我們的領土正在發生什麼、我們在做什麼、我們打算做什麼，以及他們必須解決什麼問題，都瞭如指掌。而相反的，我們似乎對他們所做的事情一無所知，就算知道也知之甚少。」

維克多預言，盟軍最終會贏得戰爭，世界將由「俄羅斯帝國」、由美國控制的歐洲帝國，和「可能由中國管理」的亞洲帝國統治。維克多認為，中國人看到日本的成功，會對自己說：「如果學習一些西方技術，就能讓日本幾乎擊敗美國和英國，那麼，對擁有四億人口的中國來說，是個多麼好的機會啊。我們曾經統治過世界，為什麼我們不能再統治一次呢？」

3 韓素音（1916-2012）：本名周光瑚，英籍亞歐混血作家。作品主要描寫二十世紀的中國生活和歷史。以英語和法語寫作。

「我覺得中國人的心態正在改變。」他總結道。「我認為他們已經覺醒，而且中國人會以日本的方式做為自己的基礎。」

然而現在，日本控制著上海，還監禁了維克多的最高副手兼政治顧問，埃利斯・海因姆（Ellis Hayim）。海因姆是巴格達猶太人的一支，沙遜家族從十九世紀開始就把他們帶到上海。海因姆在難民的食宿問題上扮演了關鍵角色，如今他被關在曾是維克多的精品代表建築——河濱大廈裡，鎮日躺臥，生著病，無人照看。和海因姆關在一起的美國記者，獲釋後寫信給維克多，描述了海因姆的痛苦遭遇。他轉述海因姆的話：「我在這樣的磨難下挺了六十天，但在八十二天後的現在，我撐不住了。這幾天我一直想找醫生治療我的發燒，但他們完全不肯動。我擁有的那些錢為我帶來很多好處，但我作夢也沒想到，我會淪落到跟最骯髒的苦力過一樣的生活。」海因姆太虛弱了，連上廁所都需要其他獄友幫忙扶著。這位記者在信中寫道：「他說自己得了瘧疾，而且因為在角落躺太久，四肢都在抽筋。他覺得自己之所以會有這樣的悲慘命運，都是因為你。」同時，這位記者也寫到：「日本人在你的工作室找樂子，仔細研究你留下的東西[14]。」

維克多在印度安全無虞的環境中讀著那封信，心中羞愧萬分。他對未來越來越絕望。他問在印度一起工作的其他主管，自己的身價值多少。他們把安放在銀行的錢、投資在美國股市的數百萬美元、印度的工廠，以及他在上海的大量房地產和投資一一列出來。

「你可以略過中國那部分，」維克多沮喪地說，「它已經沒了[15]。」

§

一九四四年，嘉道理一家被關在上海閘北集中營已滿兩年。埃利的病情越來越嚴重。羅蘭士找到一部舊打字機，給日本指揮官寫了一封信，請求允許他父親死在家裡。「我父親已經八十歲，而且命不久矣，見到他的長子和孫子孫女，將是他最大的快樂。」羅蘭士請求准許他們夫妻搬回大理石宮，「允許我們在父親生命的最後幾天和他待在一起，讓我們可以照顧他、安慰他。」

羅蘭士獲准回家，在馬廄上層的小房間裡見他父親最後一面，身邊還有以前的僕人。一九四四年八月，埃利過世。羅蘭士獲准在葬禮前把父親遺體搬進家裡。在這之後不久，日本人允許這家人離開閘北集中營，軟禁在馬廄裡，主屋則預備成為未來的偽上海總督官邸。

日本入侵之前，賀理士買了一件大型家具，裡面裝有短波收音機。搬回大理石宮後，羅蘭士會在深夜溜到客廳，在日本守衛聽不到的地方收聽美軍廣播電台。一九四五年八月，他得知美國投下原子彈，美國播音員說，這顆原子彈「將改變人類的進程」。

幾週後，也就是一九四五年八月二十日，那天是他妻子慕麗的生日，美國大兵出現在大理石宮門口。五年來，羅蘭士第一次打開了大理石宮的燈。戰爭結束了。

在虹口猶太區，艾里希．雷斯曼也意識到戰爭結束了，因為看守大門的日本守衛突然消失，帶刺的鐵絲網大門也打開了。難民和中國平民湧向虹口街頭慶祝。「簡直像是睡美人從夢中醒來一樣。」一位難民回憶。艾里希和其他難民跑過街道，把標示著「限定居住區」邊界的標誌一張張撕掉，和興高采烈的中國人一起跳舞。美國軍隊進了上海，在外灘周邊的建築頂端升起美國國旗。

美國軍人向北前往猶太區時，因為聽說過在歐洲猶太人聚集區和集中營發生的事，心裡已經做好了面對恐怖場面的準備。但在上海，他們奇蹟般地發現了一萬八千名倖存的猶太人。這些人生活在骯髒的環境中，吃得很差，但沒有猶太人被殺害。在過去四年半裡，這些難民被切斷了和外界的聯繫，他們圍著美國人，吵著想知道他們奧地利和德國親戚的消息。從一九四一年日本占領上海以來，大多數難民都沒有家人的音訊。「德國入侵波蘭之後……家人的來信越來越少。我收到的最後一封信，是我姊姊寫給紅十字會的，日期是一九四二年十一月八日[16]。」一位難民回憶。

上海的難民如今從廣播、電影院的新聞短片，和紅十字會人員那裡得知了歐洲猶太人的命運。報紙每星期都會按照字母順序公布倖存者名單，隨後難民們會將這些名單張貼在虹口各處。難民每星期都聚集在一起，仔細檢視名單，希望他們尋找的名字能夠出現。「我們坐在那裡，沉浸在自己的思緒和悲傷中。」其中一人寫道。噩耗陸續傳來，雷斯曼從虹口的鄰居得知，他家兩邊的親戚總共四十多人，幾乎都遇難了；還有兩名婦女失去了所有的家人。一個難民寫道：「我們經歷的一切突然變得微不足道。飢餓、疾病……貧窮，這些都不重要了。我們很幸運，沒有人放毒氣毒死我們。我們還活著，但這不是慶祝的理由[17]。」

§

一九四〇年五月，何鳳山在維也納辦事處為猶太人簽發了四千多份簽證後，被他的上司駐柏林大使召回[18]。由於國民黨統治的中國試圖保持和德國的關係，並購買武器抵抗日本，中國大使擔心何鳳山會引起納粹不滿。他指責何鳳山透過出售簽證賺錢，何鳳山否認這項指控；沒有事證可以證明。結果，何鳳山被指稱「抗命」。當共產黨接管中國、國民黨政府逃往台灣時，何鳳山依然忠於國民黨，後來擔任了台灣駐埃及、墨西哥、玻利維亞和哥倫比亞大使。他從來不公開談論自己拯救過的猶太人。一九七七年去世之後，他的女兒拼湊出這個故事，讓以色列猶太大屠殺紀念館（Yad Vashem）同意授予他「國際義人」稱號，以表彰他的勇氣和人道主義精神。

艾里希．雷斯曼和家人在戰後離開上海，定居美國，他在那裡結了婚，成為一名飛機機械師。他哥哥保羅娶了一個在上海認識的猶太難民女子，定居以色列，後來又去了南美。

勞拉．馬戈利斯在被逮捕並關押在上海的集中營後，一九四三年九月，以戰俘交換的方式被送回美國。她寫下一份給美猶聯合救濟委員會的報告，措辭嚴厲，對維克多．沙遜、嘉道理家族和「億萬富翁委員會」的做法大加批評。多年以後，她承認自己過於苛刻，他們在當時巨大的壓力下已經盡了最大努力[19]。

維克多．沙遜寄了三年份的薪水支票給每一位猶太員工[20]——這三年他們失業，還被迫住在猶太區。儘管西奧多．亞歷山大被迫搬到隔離區的小公寓，他還是完成了他的拉比研習，並且被上海的猶太難民拉比小組任命為拉比。他和一個在上海認識的難民結了婚，在嘉道理學校舉辦婚宴，有樂隊伴奏，還跳了舞。一九四七年，西奧多運用維克多送給他的意外之財，訂了一張航向加州的船票。他帶著那捲從被毀掉的柏林猶太會堂搶救出來、並帶到上海的《妥拉》，前往舊金山。

犬塚上校在馬尼拉被美軍逮捕，美軍準備以戰犯名義審判他。但上海的難民和滿洲的猶太人站出來為他辯護，說他保護了他們，不但讓他們免於受到更激進的日軍和納粹的傷害，還為一萬八千名逃離納粹的猶太人提供了避難所。犬塚則拿出一個打火機為自己辯護——這個打火機是戰爭期間滿洲的一群猶太人刻給他的，以感謝他的幫助。美國人決定不起訴他。犬塚和他的日本祕書結了婚，她曾經陪他去上海，和維克多會面。接下來十五年，他們都住在東京的公寓裡。他一直在玄關擺著一張鑲框照片，是維克多拍的，照片裡的犬塚和日軍同僚在華懋飯店裝傻胡鬧，笑得非常開心[21]。

一九四九年，共產黨士兵慶祝征服上海

第八章 我放棄了印度，中國放棄了我

第二次世界大戰開始時，監督上海公共租界的是英國人。而現在，就像整個歐洲一樣，掌權的變成了美國人。駐中國美軍指揮官魏德邁將軍（Albert C. Wedemeyer）搬進了華懋飯店維克多．沙遜的套房。一支二十人的美軍小隊出現在大理石宮，要求嘉道理為他們提供住宿。羅蘭士四歲的兒子米高，踩著三輪車，沿著大理石宮六十七公尺長的露台，邊騎邊發出飛機般的噪音❶。一位美國大兵把他扛在肩膀上，帶他去睡覺，嘴裡喊著：「我就是你的B－29轟炸機！」每當嘉道理家的僕人外出到上海各地倉庫，去取回日本人存放的家具時，他們一家人就和美國人一起吃K口糧，羅蘭士的妻子慕麗一面彈著鋼琴，一面承諾：等一切恢復正常，就讓他們享受一份「咖哩午餐」。一位親戚會敲敲顯示天氣的氣壓計，看著外面晴朗的天空，然後宣布：「現在，孩子們，該去練練你們的飛機了！」一九四五年九月二十八日，是賀理士的四十三歲生日，美國向他致敬，派出兩百架飛機在大理石宮上空呼嘯而過，除了向賀理士的熱情款待表示感謝，也提醒了嘉道理家族這份熱情款待的必要性。羅蘭士對賀理士說：「我覺得，不管用什麼方式，和美國人合作都是最重要的，因為他們對中國越感興趣，就越能理解所有商人在這裡面臨的問題。」

英國總領事抗議了，他說自己和其他英國人感覺受到冷落，因此賀理士和羅蘭士也邀來幾位皇家空軍成員住在大理石宮，並把大廳其中一邊側翼交給英國領事館，讓他們招待來訪貴賓。他們還開放嘉道理家擁有的另一棟房，做為英國領事官邸。英國總指揮官讓羅蘭士帶著他參觀曾遭囚禁的閘北集中營，還邀請他來見證日軍正式投降的簽字儀式。

一天晚上，在大理石宮寬敞的餐廳裡，有場晚宴一直開到凌晨三點，軍官一邊喝酒，一邊交換戰爭故事。羅蘭士在晚宴上問能不能順路搭英國軍用飛機去香港，他必須去看看他的發電廠和嘉道理家的房子❷。英國指揮官答應了，只要羅蘭士能在三小時後準備好，就可以出發。早上六點，羅蘭士搖醒慕麗，請她照顧好孩子和房子，便動身前往香港。再一次，他留下賀理士去應對上海的不確定性。

接下來兩年裡，這對兄弟幾乎每天都透過便箋和信件，在上海和香港之間互相交流，他們在空白處潦草寫下的評論以及越來越急迫的語氣，反映了共產黨征服中國時的恐慌情緒。

§

美國人讓上海重獲自由，但很快就把這座城市的日常管理權移交給蔣介石和國民黨的中國人。賀理士決心成為一名優秀、在政治上精明的東道主，但他堅決不肯為中國軍隊提供食宿。當八十位中國士兵來到大理石宮要求床位時，他和慕麗把這些人趕走，同時也提出雇用其中一半人員當守門人和警衛，免得傷害他們的感情。這是殖民心態的餘續，而殖民心態一直是上海的特色。但是，這座城市正在改變。在這場戲劇性的戰爭中，幾乎沒有人注意到，美國和英國在一九四三年同意結束治外法權，也就是讓所有外國人和外國企業凌駕於中國法律之上的規定。公共租界——及其由沙遜家族與其他商人控制的工部局、專屬法院、警察部隊，和保護租界的英國軍事力量——在戰爭結束以後，都將不復存在。從一八四〇年代開始，嘉道理家族和沙遜家族一直居住其中的這個泡泡消失了。嘉道理家族現在成了上海的一分子，一百多年來，中國人第一次控制了整個城市。賀理士憂心忡忡地向羅蘭士報告，中國人變得「非常排外」。

一九四五年九月二十三日上午十點半，賀理士離開大理石宮，前往上海煤氣公司，這是戰爭結束之後第一次❸。他依然被列為主席。日本人在撤退時洗劫了辦公室，那裡只剩下幾張爛桌子。他的中國員工們擋住他，阻止他上公司的車，說在交通工具這麼短缺的情況下，他不再有資格擁有汽車。賀理士叫中國主管來辦公室，但那位主管拒絕前來，於是賀理士親自去到他的辦公室。「我還沒有尊貴到不能進你辦公室的地步。」賀理士說。「如果你不願意去我那邊，我應該還有資格過來找你。」賀理士提醒那位中國人：「我們一起打了這場仗，現在我們必須一起解決戰後問題。」他的姿態平息了爭端，也把車拿回來了。回到辦公室後，他坐下來，非常擔心地寫了封信給香港的羅蘭士：嘉道理的中國員工「對外國同事的尊重正在消失」，很快他們就「不會再尊重我們了」。

羅蘭士要賀理士多多請中國人來大理石宮交際，以贏得他們的好感。「和你接觸的各階層中國官員和商人培養友誼。」他建議弟弟。「請他們吃午飯，讓他們嚐嚐巴格達菜。父親就是靠邀請中國人和其他人物到大理石宮，才交到那麼多好朋友的。」

儘管中國的國民政府表現出前所未有的自信，但它依然無力管理這座城市。燃料嚴重短缺，鐵路系統癱瘓，通貨膨脹率也在上升。賀理士寫信給羅蘭士，請他寄幾箱果醬和奶油來，因為上海買不到。美國透過蔣介石向中國提供援助，國民政府則被腐敗的國民黨官員吸乾了血。「中國是個充滿不確定性的國家：持續不斷的戰爭、不誠實的政府，還有從上到下的腐敗人員。」賀理士在給朋友的信中寫道。「我向每個人宣揚樂觀主義，但有時候，我自己都不知道該不該相信自己。」

一九四六年二月，賀理士報告說，國共戰爭在離上海只有一百公里的地方爆發了。謠言說，英國可能會被迫將香港歸還中國，而美國將會放棄國民黨。在二戰以及日本占領期間，共產黨和國民黨同意暫時停止這場始於一九二七年的上海內戰。日本戰敗，表示戰爭再度開打；國民黨軍隊占領了包括北京和上海在內的主要城市，共產黨則控制大部分農村地區。美國鼓勵雙方進行談判，但到一九四五年秋天，也就是日本投降幾個月後，國共兩黨的軍隊便在全國各地開始交戰。對上海和嘉道理家來說，真正的危險，並不是剛壯起膽子和賀理士爭論誰該擁有公司汽車的國民黨人，而是由毛澤東領導的共產黨。賀理士——害羞、可親的賀理士——在歷史上站錯了邊。

§

對於上海的未來，維克多．沙遜比賀理士更不抱幻想。維克多在日本投降後不久就到了香港，他告訴報紙，雖然統治中國的人來來去去——從皇帝、共和政府、國民黨，一直換到共產黨，但它們都需要沙遜這樣的外國商人才能生存。維克多告訴記者：「中國人是精明實際的民族，他們知道自己在國際貿易方面經驗有限。」他說，蔣介石和國民黨現在應該「帶頭重視外國的商業利益」，並保證「外國商業計畫的安全投資」。

當然，共產黨並不想和維克多．沙遜這樣的人打交道。維克多知道這一點。他告訴賀理士，就算在決定要不要回上海的前一刻，他都還在等著看「風向如何」❹。他不打算再去上海待六個月，一兩年內也不會有任何投資計畫。

事實上，維克多已經決定放棄上海。他派表弟兼得力助手盧西恩．奧瓦迪亞（Lucien ovadia）到上海脫手房產❺。買家寥寥無幾，華懋飯店一片狼藉。日本人撤退時，把地毯和房間裡所有的固定裝置都拆掉了。這家飯店至少需要一年維修才能重新開業。奧瓦迪亞賣掉一棟辦公樓，並達成一項協議，將維克多擁有的釀酒公司賣給中國銀行，但這間銀行在最後一刻退出了。他還以估定價值的零頭賣掉了其他幾處房產。當維克多終於回到上海，他開始想辦法走私外幣出境，避開國民黨政府派駐在機場和碼頭的海關人員。有天晚上，他的友人因為試圖用飛機偷運三萬一千元離開上海而遭到逮捕。他在日記憤怒地寫道：「根本沒有必要，蠢得毫無道理[6]。」狂飆的通貨膨脹，摧毀了經濟和中國工人對國民黨政府的信心。一九四四年，二十元法幣（法定貨幣）可以兌換一美元；到一九四六年三月，匯率是兩千法幣兌一美元；一年之後，變成了一萬兩千法幣兌一美元。又過了四個月，黑市的匯率是一百萬法幣兌一美元。維克多的中國雇員，包括華懋飯店的員工在內，都拒絕接受以現金支付工資，他們堅持以白米、布塊或其他所有可食用或穿戴的物品代替。願意接受現金工資的人則要求三天就付一次錢。

某次發薪日，維克多支付員工工資所需的成綑鈔票不夠，憤怒的員工要求在華懋飯店的舞廳召開緊急會議。維克多走進房間，裡面塞滿幾百位表情冰冷的員工[7]。他身穿淺色西裝，登上舞台，手持切肉刀的廚師們站在身邊保護著他。他站在中式木桌後面，把手杖掛在桌邊，兩手握拳，挺直身子，向擠得只能站立的人群說話。他向他們保證，幾小時後就會付他們錢。員工散去，維克多拿到了需要的現金，並把錢發給中國員工。又一場危機得以避免。

§

一九四七年初，維克多回到這座城市後不久，共產黨就發動了大規模進攻。美國軍方估計共產黨會獲勝，樂觀的毛澤東在提交給中國共產黨中央委員會的報告中宣稱：「這是歷史的轉捩點。」

共產黨挺進的消息驚動了大理石宮。「上海的情況在惡化❽。」賀理士在給羅蘭士的信中寫道。收垃圾的工人罷工了三天，接著，上海電力公司的工人也罷工了。市內有軌電車停止運行，警察連續兩天拒絕到班，引發一連串騷亂和搶劫事件。賀理士報告，工人衝進沙遜洋行的長期競爭對手怡和洋行的辦公室，不讓員工離開，除非得到承諾提高工資，以彌補急速增長的通貨膨脹。賀理士邀請英國大使館人員住在大理石宮，好讓自己得到「良好的保護」，因為大使館會在屋外配置武裝警衛。為了補貼法幣暴跌帶來的損失，他每天都給家裡雇工兩百萬元法幣的「小費」。他寫信給羅蘭士：「我們的財務狀況很糟糕。我討厭這個地方。」他開始隨身帶著一把魯格手槍。

賀理士還遭遇另一個打擊，他得知沙遜家正在出售他們的房產，這和維克多告訴他的相反。事實上，維克多把嘉道理辦公室所在的那棟大樓賣掉了——賀理士和員工直到被告知必須搬走的當下，才發現這件事。他告訴羅蘭士：「沙遜家正竭盡全力脫手他們在上海的各種產權。」

籠罩上海的恐慌，也加劇了兩兄弟間的緊張關係。羅蘭士在香港隔空對弟弟下指導棋，教訓他怎麼樣才能管理好他們的上海生意。羅蘭士寫道：「如果你合理安排自己的一天，除了特定時間之外都不見人，我想你會發現，比起讓別人想進來就進來（就像最近這樣），你的工作會完成得更快、更省力。」在另一張便箋中，他批評賀理士的慷慨，擔心他被騙了。當地一家報紙報導，賀理士有個客人一直住在大理石宮，因為住得久了，她便對外宣稱自己是大理石宮的新主人。羅蘭士火冒三丈：「我不喜歡我家裡有這種歇斯底里又愚蠢的女人在……讓我們成了別人的笑柄。」在同一封信裡，對著曾經夢想成為建築師、並對家族在香港和上海房產有濃厚興趣的賀理士，羅蘭士批評他花太多錢在香港鄉村別墅和上海滙中飯店的翻修上。「我跟你說過，不要把事情弄得一團糟，不幸的是，你就是這麼做了。」羅蘭士催促賀理士賣掉股票和房地產。賀理士同意，但謹慎行事，以免引起國民黨的注意，或者在上海股市引發恐慌。

賀理士身上的壓力開始顯現出來。讓羅蘭士越來越驚恐的是，在被日本軟禁期間一直照顧病重父親度過最後幾個月的賀理士，現在開始每天花好幾個小時為父親的墳墓尋找墓碑[9]；他研究了蘇格蘭和美國進口的墓碑，還把這些石頭的外觀、設計和銘文草圖一張又一張寄給羅蘭士。隨著共產黨不斷逼近，羅蘭士（他一向不像弟弟那麼感情用事）叫賀理士不要再找了，然後叫大理石宮的員工在上海買下一塊本地墓碑放在墳上。賀理士怒不可遏，繼續寄草圖，直到他明白自己沒辦法進口墓碑，才把這項任務交給中國員工。從一九二〇年代以來，他一直和父親、哥哥住在這棟上海的房子裡，他開始擔心，這個家究竟會發生什麼事。

國民黨的軍事地位正在崩潰。幾千支國民黨軍隊投奔共產黨，好幾萬人投降，共產黨繳獲這些人的美製步槍和卡車。到一九四八年底，共產黨在中國北方集結，準備南下渡過長江，向上海進發。賀理士的注意力，也從嘉道理公司的命運轉向大理石宮，和嘉道理博物館及收藏品所面臨的風險。賀理士擁有世界上最珍貴的一批象牙收藏，在戰爭爆發前，他把這些珍藏託付給法租界的一位法國法官[10]。戰爭即將結束時，這位法官在半夜偷偷摸摸出現，要羅蘭士為他藏一塊金塊。羅蘭士把金子埋在花園裡。戰爭結束後，這塊黃金被找出來還給了法官，賀理士詢問他象牙的下落，法國法官面露難色，說很難找出來。後來，這批象牙出現在一家古董店，賀理士要把這些珍藏買回來，但遭到拒絕。

然而，嘉道理家的中國僕人似乎和上海勢力龐大的黑社會有關係。羅蘭士到上海的時候，有位中國僕人激動地走到他面前，說前門有位陌生人想見嘉道理家的人。羅蘭士出去一探究竟，在他面前的是一位體格高大、肌肉發達的中國男人，頭上和臉上都有傷疤。

「你就是嘉道理？」他粗聲粗氣地說。

羅蘭士點點頭。

「你在城裡有一批象牙收藏，你家的人對中國很好。明天早上，你就可以把那批象牙拿回來，我們會把擁有那批象牙的人殺掉。」

羅蘭士說不需要這麼極端。隔天早上，露台上就出現了五百九十四件象牙收藏品。住在大理石宮的美國海軍少將主動提議，可以用他的旗艦把這些珍藏帶出上海。

賀理士的祕書透過她自己的「情報來源」告訴羅蘭士，蔣介石和國民黨已經「控制不住人民」，而且「共產黨在中國已經占領太多地盤，上海非常有可能被他們迅速攻陷。」由於共軍距離上海只有幾小時路程，羅蘭士命令弟弟銷毀他們的信件和所有商業紀錄，以免落入共產黨手中。

賀理士出席了沙遜在上海扶輪社的演講。維克多非常悲觀，他說，不僅共產黨即將在中國取得勝利，蘇聯也緊盯著與中國接壤的滿洲地區，希望有朝一日能接管那裡。維克多預測：「如果俄國今天（對滿洲）宣戰，輕而易舉就能獲勝。」因為，美國和英國的反應不可能那麼快。

賀理士對已經回到香港的哥哥說：「維克多爵士的演講很棒，但我個人覺得，不舉辦這場演講更好[11]。」

聽了維克多的悲觀演說幾週後，賀理士搭飛機離開上海，去了香港。他帶著中國管家隨行，「我需要一些夏季衣服，因為我一件都沒有[12]。」他在動身前夕寫信給羅蘭士，「請挑幾件漂亮的，這樣我馬上就可以穿，不會被我的冬裝悶死。」他向羅蘭士保證，當大理石宮再次舉辦派對的時刻到來，他的管家很快就會回到上海。

賀理士再也沒能回去。

§

維克多留下來了，隨著共產黨漸漸逼近，他心裡的怨氣噴湧而出。「中國人不喜歡外國人，從來都不喜歡。」維克多告訴記者。「他們會跟我們做生意，但僅限於符合他們目的的範圍。」而且，「中國人就跟女人一樣，」維克多說，「你給她越多，她期望的就越多。如果她違背你的建議做出什麼事，最後證明是錯的，她就會說：『你為什麼不阻止我⑬？』」

到這個時候，許多中國人也受夠了維克多。一位華裔美國商人在上海某家報紙上發表一封信：「他在中國賺了這麼多錢，卻沒有對中國人民表達任何感謝，反而詛咒我們全體中國人……如果我們就如他所說，不喜歡外國人，他怎麼可能大半輩子都待在中國呢？在中國，最不受歡迎的人不是美國人，而是那些對別人好意不知感激的人。」

一九四八年十一月二十八日，維克多帶著一張泛美航空的回程機票離開上海，機票上的回程日期是一九五〇年春天。他告訴記者，他預計那時候上海已經被共產黨控制了，但他堅稱「紅軍還是會和美國及英國聯邦做生意」，因為他們需要西方的產品。他對記者說，他當然想清算自己的持股，「但以中國目前的狀況，誰會買呢？如果你能在那裡把我任何一項資產賣掉，我會付你一大筆佣金。」

賀理士透過上海祕書和大理石宮管理人的每天來信，持續在香港關注上海日益惡化的局勢，以及共產黨推進的情況。他離開幾個月後，祕書來信，說他煩惱許久的墓碑已經安放在父母的墳上。由於賀理士和羅蘭士兩人都沒有到場致哀，便由幾名中國僕人和辦公室員工在墓前獻花。

除了這件事，還有令人沮喪的消息。大理石宮的中國僕人正在拚命收拾家具、地毯和銀器，希望能把這些東西運到香港。共產黨人民解放軍向這座城市發動砲火攻擊，「城裡到處都能聽到沉悶的砰砰聲。」大理石宮管理人向賀理士報告，有兩塊彈片擊中了大理石宮。

「在新政權出現之前和之後，可能會有段時期食物變得非常稀缺。」賀理士在回信中寫道。「我們非常想念你們在上海的每個人……我很懷疑這封信能不能送到你們手上，但無論如何我可以試試。」

在外灘，中國國民黨軍隊湧入華懋飯店，在俯瞰街道的房間裡架起機槍，誓言要「誓死保衛上海」。三星期後，共軍部隊幾乎沒有遭遇任何抵抗，就開進了這座城市。國民黨從華懋飯店的窗戶裡勉強開了幾槍，然後就投降了。共產黨軍隊——大部分是從農村招募的農民——進了大廳，在大理石牆和精緻陳設前看得目瞪口呆。

這時的維克多，住在倫敦麗池飯店（Ritz），當收報機傳來上海落入共產黨手中的消息時，他正坐在律師辦公室裡。

「好吧，就是這樣了。」他平靜地說。「我放棄了印度，中國放棄了我[14]。」

幾天後，維克多在倫敦看戲，中場休息時，大廳有個人走到他面前。

「我上次去上海，就是住在你的華懋飯店。」那人說。

維克多苦澀地笑笑，糾正他說：「你說的是我以前的飯店吧。」

§

上海展開下一輪轉型。和維克多預言的相反，共產黨並沒有繼續和他或其他外國商人合作，上海的新統治者開始緩慢而無情地接管沙遜和嘉道理的企業。他們立即掌控了運作這座城市不可或缺的公司，像是嘉道理的上海煤氣公司。接著，共產黨沒有立刻奪取私有財產、驅逐外國人，而是盡可能地壓榨外國企業。共產黨向他們提出一連串沒完沒了的稅單、法規，和工人的要求。在滿足這些要求之前，他們拒絕讓外國主管離開中國。中國在嘉道理和沙遜這類資本家手中經歷了一場「百年國恥」，現在，輪到外國人受辱了。

和日本人逼近上海那次一樣，維克多．沙遜逃離了這座城，讓下屬去掌管一切——這次是他的表弟盧西恩．奧瓦迪亞，自一九四五年以來，他一直試圖賣掉沙遜的房產，但沒能成交多少。共產黨宣布中華人民共和國成立後不久，共產黨警方就通知奧瓦迪亞，即使他是英國公民，若沒有警方許可，他也不能離開中國；除非華懋飯店和維克多所有公司把債務全部付清，包括稅款、工資和退休金，否則不會發放許可。奧瓦迪亞成了俘虜⑮。

首先是稅單。維克多建造的、那些定義了上海天際線的建築——華懋飯店、漢彌爾登大廈、河濱大廈——被課徵數十萬英鎊（相當於今天的數百萬美元）的新稅項，且必須立即支付，每天利息百分之一。奧瓦迪亞說付不起，共產黨人則說，他應該跟國外要點外幣。奧瓦迪亞叫維克多不要順從，他對維克多說，寄錢是「不可能的事」。「所有外國資產都會被接管，這只是時間問題。」奧瓦迪亞提議，讓一位中國人或另一位外國主管接替他的職位，這樣他就可以離開上海。中國人拒絕了。

接下來是工人的要求。沙遜公司雇了一千四百人，其中一千一百人在華懋飯店和維克多的豪華公寓大樓工作，另有三百人是辦公室職員。共產黨掌權後的頭幾週，華懋飯店失去了大部分客人；幾個月後，大型公寓和辦公大樓的租戶（大部分是外國人）也離開了。公司沒有租金可以支付工人工資，且根據新規定，沙遜公司不得解雇任何工人。奧瓦迪亞提出把維克多所有財產都交給共產黨政府，實際上就是要放棄這些財產，這樣他就可以離開了。共產黨再次拒絕了奧瓦迪亞。

僵局持續。曾經稱霸上海的這些外商，如今生活在恐懼之中。怡和洋行一位英國主管在沒有任何解釋的情況下，被關押了六天。兩名共產黨祕密警察在半夜來到奧瓦迪亞的公寓，讓他填寫一份關於背景和工作經歷的詳細問卷；奧瓦迪亞被迫和他的中國律師祕密會面，因為律師害怕被人看到和他在一起。

§

在上海陷落幾週以前，大理石宮管理人一直向賀理士保證，他手下的家事人員和其他房產的中國租戶都會對他忠誠。這些話就像蔣介石說的「勝利即將到來」一樣，都是幻想。共產黨進入上海不久後，嘉道理的二十二名僕人——廚師、園丁、女僕和苦力——就組成工會，要求提高工資[16]。嘉道理幾處房產的租戶拒絕搬出去；嘉道理家的僕人帶了四十幾個親戚，搬進了大理石宮。「形勢不是很好，所有人，無論中國人還是外國人，都抱著悲觀態度。」管理人在給香港的賀理士的信中這麼說。中國人占領了賀理士心愛的嘉道理學校所在大樓，並移交給一家中國紡織公司，還去掉了建築物門面上的嘉道理大名。

共產黨政府的檢查人員突擊檢查嘉道理的其餘飯店——滙中飯店和禮查飯店——列出了必要的「修繕」和「翻新」清單，否則就要罰款。大理石宮的新稅單金額是國民黨時期的五倍。禮查飯店的中國經理在信中嚴厲訓斥賀理士，要求他寄錢來，以支付越來越多的、共產黨政府下令的維修、罰款和補稅要求。後來，這位經理透過中間人，向在香港的羅蘭士．嘉道理傳遞一條訊息，為他「無禮的電報及信件」道歉；他說，他是「被迫這麼做的」，否則就會被指控是「同情外國人」[17]。

「不要付錢，因為錢會被浪費掉。」他警告羅蘭士。「他們會設法搾出更多錢。最後，他們會沒收你的財產。」

當共產黨逼近上海時，嘉道理家一直和孫逸仙夫人保持聯繫。她同情共產黨，羅蘭士則相信，她能協助共產黨的接管。她宣稱自己是「中國革命的一員」，譴責國民黨和美國是「反動派」。賀理士忙著收拾大理石宮時，孫夫人來到嘉道理家，問她能不能在大理石宮辦一場慈善活動。羅蘭士命令賀理士答應，他認為，在孫夫人的立場明朗之前，最好讓她的溝通管道保持暢通。

一九四九年十月，當毛澤東登上紫禁城的陽台，向台下人群宣布中華人民共和國成立時，這一點終於有了答案——孫夫人站在他旁邊。兩年後，一位代表孫夫人的女士來到大理石宮門前，所有期盼著孫夫人能看在三十年交情份上，善待嘉道理家的希望，至此完全破滅。

一九五一年，孫夫人的代表宣布，孫夫人想為她的兒童福利基金「租下」大理石宮，把它變成一座兒童劇院兼診所。上海政府預計向大理石宮徵收五倍的稅，而租金正好可以支付這筆費用。大理石宮管理人把這項要求傳達給在香港的賀理士和羅蘭士。五天後，孫夫人的代表就來要求答覆；同一週內，所有住在附近街區的外國人都被告知立刻搬走，只給予幾小時的清理時間。在上海的另一個地區，一批德國人的財產也被沒收。「我希望你們已經決定好了。」管理人寫道，他指出，孫夫人「正在接管上海及周邊地區許多值錢的房產，我擔心，除非你自願考慮出租，否則可能哪天就會發現，房產幾乎都被沒收了[18]。」

賀理士拒絕了這項提議。「絕對反對這個做法。」他寫道，「考慮到我們家和上海的長期關係，這座建築應該能留多久就留多久。如果情況好轉，我們回到上海，這座房子對我們來說，會是無價之寶。」

然而，在經歷近兩年的騷擾和禁止出境之後，奧瓦迪亞將維克多．沙遜建造的每一棟建築，統統移交給共產黨政府，價值將近五億美元，沒有任何補償。他得到了一張出境許可證，和一張去香港的火車票，被勒令在四十八小時內離開這個國家。

猶太人的存在，曾經塑造上海，讓這座城市充滿活力，現在，他們的痕跡正在被抹去。在虹口老城區，共產黨軍隊開進猶太教堂，二戰期間，猶太難民曾在這裡做禮拜，艾里希．雷斯曼也在這裡舉行猶太成年禮。整個上海只剩下幾個上了年紀的猶太人，其餘的都去了以色列、美國或澳大利亞。共軍從一個面向耶路撒冷的壁櫥裡取出《妥拉》，再小心翼翼把毛澤東肖像掛在牆上。這棟建築被改建成精神病院。

情勢已然不可避免，嘉道理家只是在盡力拖延。孫夫人現在堅定地站在共產黨那一邊，決定給嘉道理家一個教訓。「全國的目光都在關注上海，」她在演講中說，「我們已經成為反抗帝國主義和資本主義沉重負擔的象徵[19]。」資本主義曾經「騎在我們工人和公民的背上」。一九五四年，掙扎多年之後，羅蘭士承認，拯救大理石宮的戰鬥結束了。他同意將財產「捐贈」給孫夫人和她的兒童基金會。孫夫人說，她不需要附帶任何工作人員和家具。共產黨把嘉道理家的家具放進倉庫，向嘉道理收取的倉儲費用遠超過財產本身價值。

羅蘭士在給弟弟的便箋中寫道：「我覺得，我們必須把在上海擁有的一切，都當作丟了[20]。」

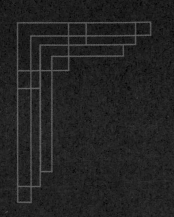

第三部

流亡與回歸

當中國向下沉淪，香港趁勢崛起。

共產黨掌權後，兩家族被迫撤離上海。

香港成了嘉道理的新家，

他們為這座城市帶來電力、光，和現代化設備。

他們是「最後的大班」。

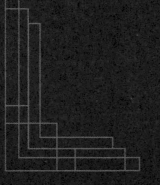

羅蘭士・嘉道理（左）與賀理士・嘉道理

第九章 報應

羅蘭士・嘉道理在香港安全的地方，眼睜睜看著上海和他的家族事業崩解。

一九四五年九月，就在美國人光復香港幾週後，羅蘭士離開了上海，打扮成美國大兵的樣子，搭乘英國皇家空軍的飛機前往香港。他坐在一堆嶄新的英國鈔票上，這些鈔票是為了取代日本占領香港期間使用的軍用貨幣❶。羅蘭士急著想知道他家和中華電力公司的設施發生了什麼事；幾星期來，他一直在懇求英國和美國軍官派機把他送到香港。最後，他到了中國的南方城市昆明，在搭乘英國軍用吉普車前往英國領事館的途中，他的褲子被坐墊上冒出來的釘子劃破了。一群開車經過的美軍士兵看他站在領事館的台階上，揪著自己的褲子，一臉的尷尬和不自在。

「嘿，老兄，怎麼了？」其中一位士兵喊道。

「如果你只有一條褲子，就知道是怎麼回事了。」羅蘭士大聲回答。

「喔，來吧，上我們的吉普車。」

四十五分鐘後，羅蘭士穿上了棕褐色的美軍迷彩服。他前往英國空軍基地，指揮官們態度堅決，不管有沒有這套借來的制服，羅蘭士都是平民，他們是不會讓平民搭軍機去香港的。

「可以把我歸類到貨物嗎？」羅蘭士問道。

於是，他們就讓他坐在飛機後段，穿著美國士兵的制服，坐在一堆堆的香港新貨幣上頭。

戰前，當他們還年輕單身的時候，羅蘭士・嘉道理和朋友曾經開玩笑說，跟上海永遠不休息的夜總會、舞廳及開不完的奢華派對相比，香港就像是「世界照明最好的公墓」。一九四五年九月，羅蘭士寫信給妻子慕麗說道，香港是「世界上被掠奪得最厲害的城市」❷。日本人把每一片木頭都拆下來當燃料燒了，街道上到處是成堆的垃圾，建築物的門框、門和地板都不見了。羅蘭士走過一架棄置路邊的大鋼琴，木質鋼琴外殼早已不知去向，只剩下金屬製的琴弦和內部結構。他告訴妻子，當夜幕降臨，香港成了「黑色的」——只有寥寥幾棟建築亮著燈，其中一棟就是曾經被日本人當成占領區司令部的嘉道理半島酒店。嘉道理企業總部位於俯瞰港口的聖佐治大廈（St. George's Building），曾經被憲兵隊（日本的祕密警察）占用，庭院裡有日本人處決犯人時留下的彈孔；野狗在街上遊蕩，羅蘭士在給妻子的信中寫道，香港到處是「又瘦又累的人」，成千上萬的房屋已經不適合居住。一九四一年日本占領之前，有一百二十五萬人住在香港；現在人口已經減少到六十萬。

戰爭也給羅蘭士帶來創傷。他在兩個集中營裡被監禁了四年，又被軟禁在大理石宮馬廄上方的房間裡，眼睜睜看著父親在沒有醫療照護的情況下死去。在香港參加一場印度商人舉辦的婚禮時，他告訴慕麗，已經「好多年沒看過這麼多食物了❸」。

然而，對羅蘭士來說，這場戰爭也是解放。他現年四十六歲，已婚，有兩個年幼的孩子。他一直活在其他男人的陰影之下，他的父親埃利中斷了他的律師事業，把他帶到上海，然後又派他去香港經營自己的公司；還有維克多・沙遜，憑著他的財富、人脈和派對，在上海商界一手遮天。現在，戰爭結束，埃利死了，維克多的力量被削弱了，沒辦法賣掉他在上海的房產，並且因為中國和歷史的背叛而痛苦不堪。

羅蘭士還有資產❹。多虧他父親卓越的遠見，他在中電集團擁有控股權，這是九龍的主要電力公司。日本人沒有去香港的銀行搶劫，所以嘉道理家在香港的錢財仍然安全。羅蘭士英勇地保衛了香港，但現在他意識到，家族的人對上海的看法是錯誤的；他們跟其他外國人一樣，對不平等、日本人的進步、共產黨的崛起，以及這一切的解決方法都視而不見。如果他們想讓香港成功運轉，羅蘭士必須和他的父親不同、和維克多．沙遜不同，和他自己在上海時的樣子也不同。

維克多在上海展現了成功者該有的樣子：傲慢而張揚的精明商人。羅蘭士年輕的時候也享受過這樣的生活，他在大理石宮開派對、去夜總會、騎馬；他的家族從殖民主義獲得暴利，在上海那段時間，中國人並不重要，重要的是成功。現在情況不同了，中國不再俯首稱臣，一個團結的共產主義新中國正在邊境另一頭崛起，可以隨時派遣軍隊接管香港。大英帝國正在撤退，未來變得不確定，想留在這麼靠近中國的香港，需要有堅忍的意志。維克多已經逃離，嘉道理家也撤走了；他們宏偉的大理石宮被一個叫孫夫人的女人奪走了，而他們曾經當她是盟友。許多猶太難民住在半島酒店的臨時宿舍裡，準備搭船前往巴勒斯坦或澳大利亞，這些人的困境和他自己的囚禁生活提醒著羅蘭士，他的家庭是多麼的脆弱。

羅蘭士知道，如果他還有重建家族財富的希望，並且還會在未來某一天回到上海的話，他必須採取不一樣的行動。他必須更低調，更關注於幾乎摧毀了他家族的政治。在上海，羅蘭士和父親及弟弟住的是一棟有四十二個僕人的豪宅；在香港，他會放棄在「山頂」蓋豪宅的機會，搬到九龍的普通住宅——儘管這棟住宅周圍都是他名下的房子和公寓。他會把上海多餘的東西收在偏遠的新界鄉間別墅；這座別墅實在太大了，友人的兒子來拜訪的時候，驚叫道：「這是什麼啊，一家飯店？」

一九四六年中，在香港待了幾個月後，羅蘭士寫信給賀理士說：「如果我們只是坐著擔心，不但不會有任何進展，反而一切都會變得更糟。」他說：「如果我們樂觀地往前走，相信香港前途無量，雖然我們也可能會犯錯、會失敗，但相反地，如果我們是對的，而且我認為，我們很可能是對的，就能彌補我們的損失，並取得進展。」羅蘭士說，對埃利・嘉道理的兩個兒子而言，香港「說不定會成為另一個上海」❺。

§

搭乘英國皇家空軍的飛機到香港之後，羅蘭士搬進自家半島酒店的四四四號房。一九四五年平安夜，他坐在自己房間的辦公桌前，給英國殖民當局寫了一份備忘錄，針對如何重建香港提出建議，並提到應從改革稅收制度開始。他還記得在戰爭期間，自己是如何和一群被囚禁的殖民地官員及商人一起草擬戰後香港的規劃，藉此克服身在集中營的無聊。「在被拘留的那段時間裡，我為這個問題準備了一份備忘錄，但不幸的是，後來情勢惡化，我們只好把它銷毀❻。」他不帶感情地寫道。

英國殖民政府接受了羅蘭士協助重建城市的提議。他們一起展開一系列令人眼花繚亂的計畫，好讓這座城市重新站起來❼。羅蘭士接受任命，擔任官商聯合委員會的負責人，這個委員會記錄了香港遭受的破壞，以及需要重建的東西，例如需要多少公尺的木材、多少電線，甚至幾千個失蹤的門把，這是世上最大張的採購清單。他清點了遭毀壞、需要更換的浴缸和水管；他報告，有十六萬中國人（占香港的中國人口百分之十）流離失所、失去家園。有著相同遭遇的還有七千名歐洲人，包括羅蘭士自己在內。他在「山頂」俯瞰港口，那兒的家已經被日本的砲火摧毀。

三年半的日本集中營生活，以及共產黨在中國大陸驚人的快速推進，都改變了羅蘭士。他的結論是，上海那些有權有勢的外國百萬富翁錯了，他們忽視了上海中國居民的痛苦，忽視了推動革命的嚴重經濟不平等。也許是因為意識到自己失去太多，也因為共產黨向上海挺進，他的家族財富同樣面臨風險，羅蘭士在上海時擁護的激進自由市場觀點，已經被一種看起來更像是新政（New Deal）的看法取代——讓政府介入城市的修復和重建。他支持政府的租金控制措施，以阻止香港的地主牟取暴利。他還擔任委員會的主席，負責制訂計畫，為九龍建造新消防站、新的警察總部、新的移民辦公室、新郵局和郵件分揀站、新的豬隻屠宰場，以及新的精神病院。接下來，他處理交通問題，在他的監督下，他們向中國公民發放三十萬份中文問卷，詢問他們該如何改善渡輪服務，這是中國居民第一次被徵詢意見。他遊說官方建造一座連接香港島和九龍的大橋，並且為香港大學的新商學院募集資金；他說服政府雇用更好的公務員，支付比戰前更高的薪水，以避免貪汙腐敗，國民黨在中國的支持度就是被這種腐敗侵蝕掉的。他幾乎沒有漏掉任何細節，當學校已恢復上課，但桌椅不足時，羅蘭士找上一家中國老闆經營的工廠，每天生產兩三百張課桌椅。「六個月內完成的工作，比六年還要多。」他自豪地說。

與英國當局和殖民政府關係密切的當地報紙《南華早報》（South China Morning Post），稱讚英國管理階層願意「引進有不同背景和才能的人」[8]，例如羅蘭士。羅蘭士自此不再被當成局外人，他「在香港出生，必須與『本地』人更積極地聯繫在一起……所有不同種族和信仰的負責任居民……都把香港當成自己的家。」一位英國高級官員拍了拍羅蘭士的背，以一種終於允許他成為一分子的口氣說：「很高興知道，我們高層還有個像你這樣的代言人。」慕麗和孩子們從上海搬來和羅蘭士團聚。他們搬進一棟房子，地皮是他們在一九三〇年代把資金轉出上海時買的，新家所在的路名，叫做嘉道理道。

羅蘭士把香港當成自己的新家時，同時也要保證自己的剩餘財產不會再受到威脅。他會見了澳大利亞官員，這位官員希望接收一些上海猶太難民到澳洲，羅蘭士把他拉到一邊，「澳大利亞是個年輕的國家，」羅蘭士說，「我想做一筆小小的投資。」他把一包澳幣遞給這位叫亞歷克斯・麥瑟爾（Alex Maisel）的官員，「你願意為我做這筆投資嗎？」羅蘭士要麥瑟爾去買成長型公司的股票和市中心附近的房地產，並且登記在嘉道理的名下。他告訴麥瑟爾，他特別喜歡街角的公寓和樓上有公寓的小商店。他估計，勤勞的店主最愛租這兩種房子，這樣他們晚上鎖好店門之後可以直接上床睡覺，隔天一大早開個門就可以營業了。

羅蘭士決定，嘉道理家再也不會把一半以上的資產留在中國或香港了。要是共產黨像威脅上海那樣威脅香港，羅蘭士希望能「剪斷這個家族和中國連在一起的臍帶」，在其他地方重新開始。

§

意識到上海即將崩潰的商人，不只有沙遜和嘉道理，在上海發家致富的中國富人也同樣感到恐慌。一九二〇和三〇年代，外國人占領了中國主要城市的部分地區並主宰經濟，那正是中國苦苦掙扎的時候，不過，這些中國新生代雄心勃勃，反將怒火轉向了中國本身，而不是對著外國人。他們對傳統中國的停滯感到氣憤，而且在上海看見嘉道理和沙遜等外國家族的成功後，為自己的崛起畫下藍圖。

身為麵粉和紡織業巨頭的榮氏家族，就是這個群體的典型代表[9]。他們的財富已經讓他們成了國民黨和日本人的目標，但是他們知道，在共產黨的統治下，他們的處境只會變得更糟。

這個家族來自上海西邊一百二十公里的無錫，十九世紀時，他們擁有一家從事傳統蠶繭貿易的公司。榮宗敬是這個家庭的其中一個兒子，他在一八八七年決定搬到上海，時間正好是埃利・嘉道理被沙遜洋行派到中國幾年後。當時的榮宗敬和埃利一樣年紀輕輕，離家時只有十四歲；對他來說，上海是個充滿了經濟和商業機遇的城市，這點也和埃利一樣。身為中國成功商人的長子，榮宗敬走上了人們期望他走的路。他在上海當地的錢莊當學徒，把賺的錢寄回家。之後，他與父親和弟弟在上海合夥開設起自己的錢莊。四個月後，他的父親去世了。這時，二十三歲的榮宗敬離開了原先走的那條道路。他沒有回無錫接管家族企業，而是堅持留在上海，因為他認為那裡的前景更好。他有個親戚在怡和洋行這家英國新公司做買辦，榮宗敬和他一起創辦一家企業，開始學習西方的技術和商業手法，並把業務擴展到麵粉廠和棉花製造業。一九二一年，他把家族公司遷到了上海。

榮宗敬的弟弟要他根據「風水」選個好地方，中國人相信，建築物的建造和選址應該和周邊環境協調，從而帶來好運氣。榮宗敬拒絕了這個提議，選擇把總部設在公共租界，和外灘一整排的銀行和洋人公司比鄰。他跟弟弟說，另外那個地方「風水也許不錯，但電話服務不好」。他開始向匯豐銀行申請貸款，這家銀行是沙遜家族和貸款給嘉道理家族的銀行家創辦的，而且還在持續擴張。為了把他的產品運到中國內陸地區，他和中國輪船招商局談妥了大宗貨物運費，這家公司是在伊利亞斯．沙遜的協助下成立的。他從沙遜家族那裡得到啟發，在家鄉無錫開辦一所學校，訓練男孩們在他的辦事處和工廠工作，為他們提供職業培訓，然後到上海當學徒。在上海創業十年後，榮宗敬成了上海最有錢的中國商人，報紙稱他為「麵粉大王」和「棉紗大王」；他的工業帝國包括十家紡織廠和十六家麵粉廠，雇用了三萬一千名工人。為了顯示自己的地位，他搬進一棟最初由某位西方大亨建造的歐式豪宅，開始和西方的商業精英交際。在他們新家的走廊地板上，榮家的人注意到一塊前歐洲屋主鋪設的馬賽克磁磚裝飾，圖案和他們以前見過的任何東西都不一樣，那是猶太人的大衛之星（Star of David）[10]。

而現在，隨著共產黨向城市逼近，榮家出現了分歧，就像許多中國家庭一樣。有些家族成員宣布要逃離這個國家，能帶多少錢走就帶多少，然後在泰國和巴西創業。但這時三十二歲、即將接手家族事業的榮毅仁決定留下來。他認為共產黨會需要商人來重建中國，他要當個愛國的人。

榮家的一名親戚想出第三個辦法。他可以帶一大批人去香港，在那裡開闢事業。雖然香港是英國統治的英國殖民地，但就在中國旁邊，如果日後證明共產黨是講道理的，那裡可以提供他們回歸的機會。當然，當時的香港是一片廢墟，幾乎沒有電，但榮家認識羅蘭士．嘉道理。

榮家的一位代表帶領一批中國商人，從上海來到香港和羅蘭士見面。他們向他說明了席捲上海商圈的恐慌和混亂。

在日本剛投降的那段樂觀時期中，榮家和其他紡織業者從歐洲訂購了新設備，現在他們打算把收貨地點改到香港，在這裡建立新的紡織廠。但他們面臨兩個問題，首先是香港比上海潮濕，棉紡廠需要可靠的電力讓空調運作，以防止濕氣破壞棉線；這些中國商人還擔心，中華電力公司才剛從日本的破壞中恢復過來，是否有辦法提供足夠電力讓棉紡廠運作。他們剛剛才放棄遷往台灣的計畫，因為台灣的電力不足。

「如果我們來香港，你會供電給我們嗎[11]？」上海紡織工廠的老闆們問羅蘭士。

「絕對會。」羅蘭士說。

羅蘭士其實是虛張聲勢，他手上的渦輪機連為現有客戶供電都不夠。日本入侵香港時，羅蘭士的工程師摧毀了許多發電機；安置這些機器的建築也廢棄了，老鼠四處橫行。但羅蘭士意識到，紡織業不但能給香港帶來好處，對他自己的資產負債表也助益不小。他聯繫上倫敦一家重工業製造商，說服對方把原本賣給南非公司的渦輪機轉給他。三天內，羅蘭士還說服了當時仍管理著香港的英國軍政府，捐出幾處位於九龍的土地給紡織廠。他和榮氏家族成立合資企業，也準備擔任南洋紗廠的董事會主席，使該公司擁有一名英籍合作夥伴，藉此獲得銀行及信用貸款的機會。最後，羅蘭士把賭注押在他上海的人脈上，當時他還不清楚香港該如何應對共產黨在中國大陸的推進。而這個賭注得到了回報。到一九四九年，羅蘭士共為兩百四十九家工廠供電，隔年又增加了三百六十七家，讓中華電力成為香港最大、利潤最豐厚的電力生產商。最終，十萬上海人來到香港，和當地的廣東人一起為香港提供技術和經濟基礎設施，推動這座城市向前發展。

另一方面，在上海，繼承了麵粉和紡織業的榮毅仁眼睜睜看著共產黨奪走他家的工廠和財產，卻無計可施。他決定留在中國，他哥哥則去了香港和嘉道理合夥。「一個留在中國，一個去海外。要是沒問題，我就可以回去了。」他哥哥在信上這樣跟他說。但共產黨接管這座城市不久後，就展開一連串反中國商人的政治運動。他們把企業主當成「五反」的目標：反行賄、反逃稅、反盜竊國家資產、反偷工減料，和反盜竊國家經濟情報。光是一九五二年的頭四個月，就有兩百多名前工廠主和企業主自殺。

春天的某個下午，在維克多．沙遜老華懋飯店的華麗大廳裡，榮毅仁和其他幾十位企業主排著長長的隊，手裡拿著厚厚的信封，裡面裝有他們從事經濟犯罪的自白。隊伍穿過大廳，一直延伸到酒吧，維克多曾在這裡舉行過招待會，供應他的招牌雞尾酒。如今，站在吧台後面的不是身穿白衣、端上酒水的服務生，而是穿著淡棕色軍裝的士兵，和藍色毛裝的共產黨官員。他們上方的橫幅寫著：「自動徹底坦白並能戴罪立功者，從寬處理！抗拒坦白，威脅職工者，一定嚴懲！」

一位小時候曾親眼目睹這一幕的中國作家後來回憶：「遊行隊伍裡的人都極度恐懼，就像二戰期間的猶太人一樣[12]。」——想到維克多為拯救猶太人所做過的事，這幅對比更令人印象深刻。

共產黨決心要消除外國勢力，因為它讓許多中國人蒙受恥辱，造成了這麼多的貧窮和不平等。英國人建造的上海賽馬俱樂部——維克多曾在這裡賽馬、款待朋友——如今被夷為平地，變成人民公園，工人們在人工湖上划船。外灘一帶的建築被斥為「經濟帝國主義的跳板」，也被中國官員和官僚占領；遊客不再去維克多的著名夜店仙樂斯舞廳，跟著紐約或倫敦的最新音樂起舞，他們現在聽的是中國傳統民謠和民族歌曲。近二十萬上海居民被下放到農村幫助農民，好清除他們身上的外國人與資本主義惡臭。住在上海的外國人減少到不足三千人，大多是來自認同共產黨政權的非洲、亞洲或拉丁美洲學生。

榮毅仁在華懋飯店承認了自己的非法牟利行為，並承諾會幫助共產黨建設社會主義。毛澤東邀請他去北京參加會議，還送給他一幅親筆寫的口號：「抓住社會進步的規律，把命運掌握在自己手中。」他被任命為上海市副市長，負責工業。榮毅仁放棄了家族財產，但得以倖存，在共產中國重新開始。

一位作家回憶：「他就像一艘燈火通明的輪船，在波濤洶湧的黑暗大海上駛向他自己選定的目的地。」作家推測，如果維克多．沙遜還在上海，應該會很欣賞榮毅仁的求生本能，並願意和他交朋友。

§

一九四八年，一身骯髒、疲憊不堪的賀理士逃離了共產黨，從上海來到香港。這時，羅蘭士一連串的改革和研究小組已經改變了這座城市，一家美國雜誌宣稱，與上海和中國大陸的通貨膨脹、物資短缺及內戰狀態相比，香港現在已經是一座「繁榮的城市」了。

賀理士帶著管家和幾件衣服從上海飛到香港後，安穩地待在相對偏僻的博爾德別墅（這是嘉道理家在新界的週末度假屋），而不是住在九龍嘉道理道的一大堆宅邸中。羅蘭士任命弟弟擔任半島酒店的董事長，他在上海管理飯店的經驗以及對設計和美食的喜愛，可以在半島酒店得到充分發揮。上海的最後十年讓賀理士筋疲力盡；羅蘭士顯然是這個家族的領袖，而且他很享受聚光燈。見過這對兄弟的政府官員都認為賀理士沒有羅蘭士聰明，但羅蘭士堅持，不管做什麼商業決定，他都會徵求弟弟的意見，而且他們共用一本支票簿[13]。大多數時候，賀理士會從博爾德別墅開車到嘉道理道的羅蘭士家去見他，兩個人一起吃早餐。

一九四九年的一個早晨，賀理士走出博爾德別墅，看見一個新來的園丁正在花圃工作[14]。他把中國女僕叫過來。

「這是誰？」他用破破的中文問道。

「是我外甥。」女僕緊張地回答。「他是中國來的難民。」隨著共產黨在中國各地鞏固權力，每個月都有超過一萬個來自中國南方的難民湧入香港、逃離共產黨的接管。這些人包括商人、地主、富有的資本家，和國民黨支持者。香港從「世界上被掠奪得最厲害的城市」變成了「最擁擠的城市」，難民們擠在鄉村和山坡上沒水沒電的棚屋裡；他們纏著親戚，要親戚把他們藏起來、保護他們。

在賀理士花圃工作的新園丁名叫梁植。他帶著妻子、兩個孩子，和關在籠子裡的幾隻兔子，前一天才剛抵達這裡。他們的姑媽，也就是賀理士的女僕，把他們藏在賀理士的車庫裡。梁植原本是中國南方的農民，有幾塊小小的土地，他帶著家人和六美元的現金，逃離了不斷推進的共產黨軍隊。梁植焦急地看著面前這名高大、害羞的外國人——賀理士穿著一條吊帶短褲，腰帶笨拙地繫在腰部以上，黑色及膝襪和黑色皮鞋上方露出了蒼白的皮膚。

賀理士朝他走了一步，示意女僕替他翻譯。「我也是難民。」他說。

就像當初猶太難民在上海的困境激勵了賀理士一樣，這群新難民逃離中國，他們的困境也開啟了他的目標，好比羅蘭士奮力追求商業成功。香港政府擔心共產黨特工會隨著這些難民一起潛入香港，因此派警察前往博爾德別墅附近的住宅，以確保這裡的中國家庭沒有祕密窩藏難民。警察在例行檢查時，詢問賀理士是否見到難民，賀理士揮手讓他們走開。「沒有，從來沒人來過這裡。」他說。接著，梁植搬出賀理士的車庫，住進不遠的一間小屋，在附近的田裡尋找丟棄的蔬菜養活家人。他打算當個佃農，租一塊地十年，這樣就可以自己種菜了。賀理士聽到這件事，便叫梁植和他的姑媽來，他問梁植為什麼不買下幾塊地，梁植說他沒有錢，賀理士主動說要借他。「你可以慢慢還，一點一點還，我不在乎。」賀理士參觀梁植的農場時，斥責他燒木炭取暖的行為，說那樣太髒了。他叫中華電力的人來，給屋子拉了電線；他還把半島酒店一張不要的桌子給了梁植，這樣他的四個孩子就有地方寫功課了。

梁植開始帶著其他尋求幫助的難民農夫來見賀理士，賀理士給他們錢，讓他們去買農具和種子。某一年的平安夜，賀理士開車行駛在鄉村道路上，突然發現附近的一座農場失火燒毀了[15]。隔天，他來到那座農場，借給農場主傅先生一筆無息貸款，讓他重建房子；他安排人為傅先生買豬、買雞、建豬圈，還雇人修了一條通往村子的小路，這樣傅先生就可以走路或者騎腳踏車去賣菜了。後來，傅先生在聖誕節去拜訪賀理士，從此成了每年的傳統，他會和他聊聊這一年過得怎麼樣，並向他表達敬意，就像對待中國親戚一樣。

賀理士開始為農村的問題寫信給英國行政官員，他實在太堅持不懈了，最後他們乾脆把他派到一個委員會，以解決新界農民面臨的問題。他的信流露出一股鋼鐵般的意志，這是舉止害羞的他從來沒在公共場合表現過的。在幕後，賀理士成為新界農民和難民的堅定靠山，他追蹤政府官員和農民組織的每一場會議，並且在政府取消會議時責備政府；他拒絕成為批准農業政策的橡皮圖章，事情再小都重視。他會去找政府官員，談他在農村看到的垃圾、工業廢棄物產生的汙染，以及在鄉村道路上開得太快的汽車。

一九五一年，賀理士去找羅蘭士，說自己想做點事情來幫助成千上萬在新界艱難謀生的難民，並提出一個支持農業的計畫。羅蘭士對農業一無所知，但他知道賀理士對果園種植的科學一直很著迷；比起待在辦公室裡，賀理士更喜歡戶外生活。羅蘭士同意先投資一百萬港元（約今天的十七萬美元）。「要是這樣能讓他開心，我沒問題[16]。」羅蘭士對友人說。

賀理士成立了嘉道理農業輔助會（Kadoorie Agricultural Aid Association, KAAA）。有了最初的資金支持，賀理士和香港殖民政府接洽，提出小額貸款模式——幾十年後，這種模式竟流行起來。嘉道理提供農民幾百塊美金的貸款，足夠買一塊地、種子和農具，再加上建豬圈的石頭和兩頭豬；殖民地政府會派出專家，教導農民有效的農業技術，像是梯田耕作：將山坡上帶石頭的土壤變成肥沃的土地。農民用嘉道理借給他們的錢，種植並銷售農產品，然後用部分利潤、種子或食物來償還貸款。賀理士堅持，這種方式不是施捨，而是農民們自食其力。嘉道理家會借給每個農民足夠的錢，讓他們開始種植。專業知識由政府提供，幹活的部分農民會做。

政治因素加劇了這個計畫背後的急迫性[17]。共產黨已經停止往香港邊境前進，但他們隨時都可以接管香港。激增的難民意味著許多家庭和宗族現在居住在邊境兩端，也代表在香港控制的新界裡，滲透、間諜活動，或表達政治不滿的時機已經成熟。幫助農民可以增進香港的政治穩定，但政府肩負著重建市中心的任務，沒有任何資源可以協助。賀理士就像戰時在上海那樣挺身而出，很快的，新界各地就出現了嘉道理家修建的道路標誌，農民可以搭車到村裡去販賣產品，孩子們也可以走路去上學了。嘉道理農業輔助會在幾十個村莊裡修建了水壩和水塔，賀理士還資助果園，並鼓勵農民養雞，以促進產業多樣化。

在賀理士幫助的家庭當中，最典型的是曾家⑱。他們住在偏遠的大嶼山，離香港的商業區和工業區有好幾公里遠。曾家母親仍得在凌晨四點起床，走一小時的路到井邊打水，再帶回家洗東西、準備早餐；孩子們上學前，同樣要長途跋涉，把水拉回來灌溉田地。曾家聲稱他們不關心政治，但事實上，他們一直認同共產黨，還在日本占領香港期間藏匿了共產黨游擊隊。在共產黨掌權後的幾年內，每當共產黨人從邊境潛入香港，在他們的田裡來來去去的時候，曾家從來沒有對英國當局透露過一個字。他們刻意採取中立態度，「我們都是喝同一杯茶的人。」曾家祖父這樣告訴整個家族。

一九五〇年代的某一天，賀理士出現在曾家農場，一名陪同員工充當他的翻譯，他問：「你們需要什麼？需要豬嗎？」

「不需要。」爺爺回答，他的孫女害羞地站在他旁邊。

「那你需要雞嗎？」賀理士問。

「不需要。」對方回答。

「需要乳牛嗎？」

答案還是一樣，「不需要。」

賀理士的助手用廣東話打斷了他們的對話，問曾爺爺到底怎麼回事，他為什麼敵意這麼重。

「我們不認識這個鬼佬（外國人），」曾爺爺回答，「我不相信他，他想從我們這裡得到什麼？」

「他什麼都不要。」助手用廣東話繼續說，賀理士在一旁看著，「他非常有錢，很多東西都是他的，像是上下山的山頂纜車，還有一家水泥公司。他就是想幫你。」

「好吧，」曾爺爺說，「我們要一些水泥，」他停了一下，「還有一些水管，這樣我們就可以把溪水接到田裡來了。」

賀理士給了曾家人一封信，批准他們從嘉道理的水泥公司拿水泥，還給他們一張幾百美金的支票，讓他們可以買水管，把溪水引到田裡。接下來幾年，曾家人向賀理士的嘉道理農業輔助會中請無息貸款，購買肥料和種子，然後在六個月內用賣蔬菜賺的錢還清這筆貸款。他們同意讓嘉道理農業輔助會建水壩，改善農田的灌溉問題，他們也開始養雞。以前，他們經常買不起足夠的白米，只好給孩子吃番薯；現在他們不但食物充足，還加入了由嘉道理發起的合作社，把他們的蔬菜用船運到市場去賣。嘉道理團隊的獸醫參觀了他們的農場，為他們的雞做檢查，還提供建議、施打抗生素，以增加雞隻的產量。「嘉道理家族改變了我們的生活。」當年親眼見到賀理士來訪的那位孫女說。

接下來是豬。豬肉是香港人的主食之一，隨著人口增長，豬肉市場也蓬勃發展。賀理士和他的農業專家們認為，養豬是通往成功的最快途徑，如果給每個農民四頭六個月大的豬，養八到九個月，他們很快就會有小豬，而且可以開始賣豬吃肉，賺到一筆穩定的收入。賀理士相信農民們夠聰明，能管理好他們的農場，只要給他們技術上的支持，和品質更好的肥料、種子和動物，他們就能賺錢。賀理士認為，養豬可以讓農民看見投資的實際增長。

賀理士還展開了一項研究，目的是消除「凹背豬」。這是一種幾十年的營養不足和不良的飼養習慣導致的香港豬隻畸形，這些豬的背部反凹、肉量減少，造成過早死亡。在賀理士資助的研究中，培育出一種產肉量更多的新品種香港豬。到一九六二年，賀理士的嘉道理農業輔助會已經幫助了三十萬難民，貸出了六千萬美元，所有貸款都由農民在穩定的基礎上償還，然後再次以小額貸款的形式借出。梁植創辦了一家每年產出兩萬頭豬的公司，然後在離農場不遠的路上開了一家中餐館，供應各種菜餚，包括他養的豬肉，並以賀理士的名字命名。「賀理士不吃豬的，他是猶太人。」梁植跟他的家人說。「但是他非常了解豬。」

農民們發明了一句話：「關於豬的一切，嘉道理都知道，除了味道之外[19]。」

這雖然是關於豬的事，卻可以由小見大。世界已經變了。大英帝國正在撤退，印度獨立了；然而，這不是香港可以選擇的路。共產黨已經明確表示他們打算收回香港，毛澤東在共產黨占領中國大陸時宣稱：「中國要清理自己國家的爛攤子，麻煩已經夠多，更不用說企圖統治台灣了，但我們可以要求香港回歸。也許十年、二十年或三十年後，我們可以要求討論歸還它的問題。」冷戰把香港夾在共產主義與資本主義、「自由世界」和「紅色中國」之間。從中美兩國軍隊彼此衝突的韓戰當中，就可以看出這個地區有多不穩定。

香港的解決辦法，便是在涉及中國大陸的問題上採取謹慎中立的態度。「我們在香港的地位是否強大，很大程度上取決於我們不參與政治問題[20]。」香港總督宣稱。「只有在所有帶著政治色彩的問題上保持嚴格的合法性和公正性，才能做到這一點。」

然而與此同時，一場爭奪香港華人人心的戰役正在開打。許多人逃離了共產主義，比如和賀理士成為朋友的難民梁植，嘉道理農業輔助會給予他們一個資本主義的選擇，而不是只能留在他們的故土，接受土地重新分配和迫害。英國殖民政府能做的事很有限，它不想激怒中國，但官員可以悄悄和嘉道理家合作，推動一些可以展現資本主義好處，並促進香港自力更生的計畫。羅蘭士說：「對抗共產主義的最佳保護措施，就是提供比中國本土更好的生活條件。」

嘉道理家改變人們生活的另一個領域，就是電力。一九五〇年代，香港經濟復甦並開始成長時，這裡成千上萬的中國居民依然過著彷彿五十年來從未改變過的生活。夕陽西下，夜幕降臨，工廠工人便回到村莊和社區的家裡；當時只有主要道路會供電，大多數窮人每天有一半的時間生活在黑暗中，從事著危險又累人的工作，為了洗衣服、做飯、沖夜壺，必須到處打水搬運。電力缺乏讓一天的時間縮短，也增加火災的風險、讓取水變得困難、限制孩子的讀書時間、切斷人們和新聞的聯繫，甚至連和外部世界的接觸都斷了。僅有的幾盞街燈是燒煤氣的，每天傍晚五六點，會有一個男人拿著點火的長竹竿，沿著街道一路點燈，早上再回來熄燈，和當年羅蘭士在世紀之交跟父母第一次搬來這裡時一樣。生活的節奏完全沒有改變，街頭到處是算命仙，靠著煤油燈算命；孩子們擠在煤油燈旁邊做功課；房屋起火的主要原因是打翻了煤油燈。人們實在太渴望電了，所以他們老是偷電，把電線從主要的輸電線路接到自己家裡。因為電太貴，有電的人也常常只有一顆五瓦燈泡，只在必要時才會打開。中醫師郭強在九龍油麻地附近開了一家生意很好的中藥店，店面寬敞，但光線昏暗，唯一明亮的地方是一顆光禿禿的燈泡下方，他就在那裡為病人檢查治療。大量難民使缺電的問題更加惡化，一九五三年，一場煤油燈引起的大火在一片大型棚屋區蔓延，一夜之間五萬人無家可歸。

羅蘭士為九龍街上滿滿的工廠接上電線，帶來了電力，並透過生產紡織品、玩具和廉價電子產品，徹底改變了香港的經濟。這時，他提供的電力已經從繁忙的工業區向北延伸，到中緬邊境的居民區和村莊，這些地區原本缺乏電燈和電力，甚至比正在大力推進農村電氣化的中國更落後。連接到電力網路，意味著家庭可以使用電扇和更好的電燈、冰箱和電鍋之類的電器。十年前，賀理士曾經幫助過曾家這個偏遠農場，但這時他們每天早上還是手動從井裡打水來灌溉農田、做飯和打掃；晚上，他們家九個孩子就圍在一盞煤油燈旁念書。羅蘭士和中電公司在大嶼山架設電線之後，曾家的孩子隨處都可以念書了；而且他們家也擴大了養豬業務。曾家九個孩子當中，有四個拿到了大學學位，他們長大後，有兩個當了醫生，一個當了老師，還有三個農民和兩個商人。一九五〇和六〇年代，羅蘭士決定持續增加發電量和配電量，這個決定造就了日後有空調的電影院、燈火通明的購物中心、爬上城市最高建築的電梯和手扶梯、炫目的天際線和熱鬧的街道。在二戰後，羅蘭士歸來時，香港本是座破敗貧乏的城市，然而透過電力網路，這裡變成了「一個位於單色中國的邊緣，掛滿了閃亮霓虹燈的資本主義現代化前哨站[21]」。一位澳大利亞出版商和賀理士與羅蘭士見了面，說他們是亞洲產出的、最有成效的反共人士[22]。

香港最有實力的機構、並足以和殖民地政府相抗衡的香港匯豐銀行，由於明白羅蘭士的影響力，也讓他進入了董事會。這個席位以前都是由沙遜家族世代把持，羅蘭士走馬上任，代表嘉道理家族超越了他們的長年競爭對手。羅蘭士．嘉道理在上海同樣損失了一大筆錢，但在香港，他把所有的損失都賺回來了，而且賺得更多。

羅蘭士稱自己是最後的維多利亞時代人。他出生於一八九九年，也就是維多利亞女王統治的最後幾年。他和每一個維多利亞時代人一樣，都帶著一種帝國的樂觀主義。他知道對香港和中國人來說什麼是最好的，殖民主義在印度、中東和非洲也許正在退卻、受人質疑，並留下種族衝突和戰爭的後遺症；但羅蘭士認為，在大英帝國最後的前哨香港，卻是成功的。「殖民主義有很多好處，」他對雜誌記者說，「它帶來了教育，帶來了郵局和銀行，帶來了法律和秩序。拿印度舉例好了，每個人都去自殺，這樣的話，哪個比較好？」羅蘭士舉止莊重，彬彬有禮；他經常給人一種父權主義和傲慢的印象，殖民主義很合他的個性。「毫無疑問，香港是由精英管理的，這是事實[23]。」他宣稱。「我相信這些精英，我認為這比西方式民主要好得多。」二戰後，他幫助過的上海企業家們加入了新一代香港企業家的行列，他們抱怨羅蘭士利用自己的壟斷地位，收取比其他城市更高的電費，但羅蘭士拒絕了將電力公司國有化的呼籲[24]。許多香港殖民地官員也認同抗議活動，他們抱怨羅蘭士牟取暴利，還提出各種要求，遊說他們做出只符合嘉道理利益的讓步。他們指出，賀理士在新界幫助的農民很快就成了中電的付費用電客戶；一位殖民地官員寫道，嘉道理家的行為就像那些「開著豪車的上海人」，已經身為特權階級了，開起車還要故意發出刺耳的加速聲，招搖過市毫不避諱[25]。羅蘭士透過談判達成妥協，讓政府對電價進行一些管制措施，以換取一定利潤。對許多去過香港的人來說，羅蘭士和這座城市一樣，是個時代錯誤，但似乎是個還算派得上用場的時代錯誤。

相較之下，在中國，經歷了奪取政權後的十年快速成長，共產黨展開一系列由政治驅動的經濟試驗，意圖推動中國經濟，超越英國和其他競爭的資本主義國家。毛澤東在一九五〇年代末發起了大躍進，目的是將每戶人家的後院小屋和外圍建築都變成工廠，並透過中央計畫大幅增加糧食產量。這個運動造成全國性的饑荒，有數百萬人喪生。這場災難的全貌，在將來幾十年內都不會披露，但一個個關於飢餓和貧困的可怕故事，都從那些自中國逃到香港的難民口中，說給了這裡經濟正在改善的中國朋友和親戚聽。

§

維克多．沙遜再也沒有用那張回程機票飛回上海[26]。

當中國在共產黨的控制下越陷越深，維克多周遊世界，待在各地的飯店裡，不然就是住在他位於巴拿馬群島拿騷（Nassau）的新總部，那裡不收個人或公司稅，他希望那裡溫和的氣候可以緩解他持續不斷的臀部疼痛。他曾經是世上最富有的人之一，共產黨占領上海時，在大樓和公司方面他損失了五億美金左右。他的表弟盧西恩·奧瓦迪亞看到羅蘭士·嘉道理在香港的成功，建議維克多除了保留在香港擁有的沙遜地產之外，最好再多買一些。但是維克多拒絕了，還賣掉了他的財產。他和中國玩完了。曾經在上海為維克多工作、後來搬到香港創辦自己事業的莫里斯·格林（Maurice Green）說：「維克多總是在錯誤的時間、錯誤的地點，做出錯誤的決定。」

在巴哈馬群島，維克多打造了一個熱帶版的縮小上海帝國。他買下一棟粉紅色的五層辦公樓，稱之為「沙遜大廈」。他開了一家保險公司和其他的投資工具，就像在上海一樣；他的幾個前員工在巴哈馬定居下來，繼續為他工作。他經常光顧德州達拉斯的一家相機店，沉迷於那裡的最新精巧機械和攝影設備；他花了好幾萬美金拜訪種馬場、參加馬匹銷售會、研究品種；他在倫敦和愛爾蘭都有賽馬馬廄和馴馬師，五月到九月的賽馬季都在英格蘭度過。

他已經七十多歲，還和曾經站在國民黨一邊的宋氏姊妹保持聯繫。當他待在紐約的二一俱樂部或四季飯店時，就和他的舊情人愛蜜莉·哈恩一起吃午餐；他們會談論自己讀到的中國變化。「中國人對共產黨的恨意與日俱增。」他在寫給她的信上說。

在一次前往紐約的旅途中，他因為椎間盤突出住院，隨後不得不坐輪椅。他說服了在紐約照顧他的美國護士搬到巴哈馬，她叫做伊芙琳·巴恩斯（Evelyn Barnes），來自達拉斯，三十歲，身材嬌小，金髮碧眼，她敏捷的工作效率讓他印象深刻。她形容自己是「南方鄉巴佬」，還跟朋友說維克多比他實際年齡要年輕。他們成了一對，一起為朋友舉辦派對。他會坐在巨大的露台上，有六道樓梯從那裡通向海灘和游泳池，他親自調製雞尾酒，看上去總是興致高昂。

他很少提起中國，即使提到，也總是帶著痛苦和失落。巴恩斯的外甥女伊芙琳·考克斯（Evelyn

Cox）在上大學前的空檔年，都和她的姨媽及維克多在一起。維克多告訴考克斯，中國人已經懸賞要他的人頭，他再也回不去了。他談到自己遭遇的反猶太主義，他說，他舉辦過最好的派對，但別人辦的派對卻未必會邀請他。在飯桌上，他聊到了一些朋友，他們搭船從共產黨接管的地方逃出來時，士兵用機槍對著他們開火。維克多在共產黨抵達之前就逃了，但共產黨奪走了他的財產，即使是他賣掉了的那些財產，也沒有賣到它們應有的價值。考克斯感受到維克多的憂鬱，「他的世界變化太大了，」考克斯回憶，「他不像以前那樣有影響力了。我沒有辦法想像他最後一次離開上海時是什麼心情……那是你所有的希望和夢想，你所建立的一切，你投入了生命的一切㉗。」

維克多快八十歲的時候，和他的護士伊芙琳．巴恩斯結婚了。她的家人認為這是他在感謝她的照顧、並確保她經濟無虞的方式。維克多輕鬆地講了一句很有個人特色的玩笑話：「我沒辦法，只能讓其他那一大堆女人失望了。」

去世前不久，維克多去拜訪了他在紐約的律師，調整他的遺囑。他走出律師事務所時，對他的外甥女說：「親愛的，我想告訴你，我留了一點錢給你，但我希望你答應我兩件事。首先，不要把所有雞蛋放在同一個籃子裡。第二，永遠不要投資任何會快速致富的交易。」

然後他又加上了第三件事：「答應我，你永遠都不會去中國㉘。」

§

一九六一年八月，維克多因心臟病發作去世，享年八十歲。當時他正在達拉斯建造一棟新房子，這棟房有一座可以俯瞰前門正廳的露台，和他在上海的避暑別墅一模一樣。

羅蘭士的父親埃利在上海建了大理石宮，以顯示自己在上海的權力和威望。羅蘭士已經擁有香港最好的兩家飯店：奢華的半島酒店和淺水灣酒店，另外還有在嘉道理山的領地，以及一座附有海灘的鄉間別墅。為了彰顯自己的成就，他恰如其分地規劃了一棟辦公大樓，這座大樓以香港的海濱露台取代殖民時期的老式四層建築。七十年前，他父親就是在這裡創辦了嘉道理公司，從那時開始，這裡一直是嘉道理家的總部。這座新摩天大樓將成為香港最高的建築，外面包覆反光的青銅外殼；這裡將會有一座私人博物館，收藏嘉道理家的玉石和象牙藏品，還有一套位於頂層的閣樓公寓，給羅蘭士的兒子米高。被送到歐洲的米高，將在完成學業之後，回到香港接受培訓，準備接管公司。

大樓在一九六〇年代中期動工，當時中國正處於一片混亂。

上海百萬富翁榮毅仁，自一九五〇年代在華懋飯店大廳招認自己的經濟「罪行」之後，事業便風生水起，共產黨任命他擔任上海副市長，專責工業。但從一九五〇年代末期開始，毛澤東打垮了榮毅仁和其他許多人，他向對手和「舊中國」的一切殘餘，發起激進的攻擊；地主受到懲罰，知識分子被羞辱。上海本身也成了攻擊目標[29]，儘管它是中國最富裕的城市，工廠產出的GDP占全國一半以上，但共產黨領導人仍然對那些在大理石宮和華懋飯店陰影下長大的人心有疑慮。他們甚至一度討論過把全部的上海人都遷到農村，進行「再教育」。當毛澤東發起大躍進時（這是一場災難，造成了大範圍饑荒），許多在南方的中國人之所以能活下來，完全是因為在香港的親戚走私給他們一包包的食物。共產黨官員後來承認，在共產黨執政的前三十年裡，有一億人遭受到某種形式的迫害。

文化大革命更是雪上加霜。在大躍進這場災難之後，中國其他領導人排擠毛澤東，開始推行經濟改革。毛澤東決定反擊，發動了文革，目的是透過動員激進的年輕人來推翻對手。矛盾的是，他選擇上海做為他的新鬥爭總部，這裡離他在北京的對手很遠。他的妻子江青和幾個支持毛澤東的激進分子，在這裡建立了權力基地，他們排擠榮毅仁，放逐了他，甚至連孫逸仙夫人這樣受人愛戴的政治人物也在劫難逃。

文革小將們把街道和建築改了名字。由塞拉斯·哈同修建的南京路曾經是中國最好的商店街，他自己的家也在這裡，改名後變成「反帝大道」；黃浦江曾載著沙遜和其他外國人的船隻，把他們送到外灘，則被改為「反帝江」。激進的紅衛兵刮掉了飯店前面的華懋標誌，他們掠奪了市內的墓地，包括埃利和蘿拉下葬的猶太人公墓，還毀掉了賀理士花了幾個月設計的墓碑。示威者襲擊了位於外灘的英國領事館，那裡距離華懋飯店只有幾個街區，他們衝進領事館大院，在牆上和女王的肖像上，漆上反英和支持毛澤東的標語。成群結隊的紅衛兵在上海周邊襲擊、毆打了一萬多人，其中有十一人死亡——這些紅衛兵大多是中學生和高中生。另外有七百零七人自殺。

文化大革命也蔓延到香港，起因是一家人造花工廠的罷工[30]。示威者包圍政府行政大樓，背誦毛澤東的紅寶書。六月份發動了一次大罷工，爆發暴動，總共有五十一人喪生；還有兩百五十起炸彈襲擊，另有一千五百個爆炸裝置被拆除。

羅蘭士·嘉道理自然是站在香港的英國當局和殖民政府這一邊。當左派人士呼籲在中電公司罷工，以癱瘓這座城市時，羅蘭士維持了發電廠的運作，並解雇了罷工者。另一座新發電廠正在建設，工程也繼續進行，沒有中斷。

在九龍的嘉道理公館坐落的那座山附近有所學校，校內老師支持紅衛兵。羅蘭士和家人每天早上都聽到學生在示威喊口號，大家認為這個社區太危險，住在附近的美國大使館人員因此被轉移到港口對面的香港島。人們緊張地盯著香港和中國的邊界，不知道紅衛兵會不會越過邊界，占領這塊殖民地。隨著騷亂升級，英國調集了軍隊，英國官員警告羅蘭士，如果中國軍隊越過邊界，英國軍隊頂多只能保衛香港八小時。有一天，賀理士開著他的勞斯萊斯離開辦公室，遇上了一群憤怒的親共產主義示威者，他們堵住了街道，揮舞著旗幟[31]。賀理士機靈地從車裡探出頭來，說他想買幾面旗子，抗議者答應了他的要求，也放他離開。

羅蘭士召集家人舉行家庭會議，米高也從歐洲飛回來參加[32]。他們在家族的臨時辦公室會面，旁邊是一座尚未完工的摩天大樓，這座摩天大樓可以俯瞰海港，是未來的嘉道理總部所在地，樓高共二十四層，看得到整座城市。兩架波音七〇七隨時準備把青銅鋁板運到香港，用來包覆大樓的外層。但隨著香港和中國陸續爆發騷亂，羅蘭士也不知道該不該繼續施工——嘉道理一家從上海飛來、損失了幾百萬美元的恐懼一直縈繞著他們。昂貴的包殼可以取消，大樓像其他建築一樣用鋼筋和混凝土收尾就好。

「我們可以建一棟用普通材料包覆的建築，這樣成本會降低很多。」羅蘭士說。「聽著，我不知道未來會怎麼樣，這一點我們知道的並不比其他人多。我對這裡有信心，但對我來說，光是有信心是不夠的。」這個決定必須得到眾人一致同意。

全家都同意照原樣繼續建下去。「香港就像一顆橡皮球，」羅蘭士說，「掉得越深，彈得就越高。」建築工程本來只在白天進行，羅蘭士下令深夜繼續施工。包覆層需要焊接，意味著整晚都會有火花從大樓和屋頂飛濺出來。羅蘭士說，這樣全香港都會看見「嘉道理家的大樓依然在施工」。

幾星期後，羅蘭士得知美國拍攝了中港邊境的衛星照片，發現人民解放軍正往香港進發；士兵們在邊境停了下來，中國準備入侵香港的謠言滿天飛。米高聯繫了美國大使館的朋友，得到這些照片的進一步消息。他迅速向父親報告，共產黨正在修建軍事設施，但他們的方向不是朝向香港準備入侵，而是背對香港，以防止無紀律的部隊或紅衛兵入侵這座城市。

香港還是安全的，至少目前是。

中國領導人鄧小平（左）和羅蘭士・嘉道理

第十章　最後的大班

當中國向下沉淪，香港趁勢崛起。

每個工作日早上八點，都會有兩部外國豪華轎車在羅蘭士家所在的嘉道理道上呼嘯而過。賀理士開著他的捷豹，從博爾德別墅來這裡和哥哥一起吃早餐，然後迅速趕到可以俯瞰中國的新界山上，他心愛的嘉道理農業輔助會就在那裡；不然就是前往他位於半島酒店的辦公室，在那裡研究新家具和裝飾品、討論國際菜單的新菜色。羅蘭士的司機開著他的MG跑車，載著這位大班來到天星碼頭，羅蘭士會在那裡搭上渡輪，穿過港口，大步走向包著青銅外殼的聖佐治大廈，這座已竣工的燈塔象徵著安穩，曾在一九六七年暴亂期間安撫過香港人的心。從鋪著鑲板和綠色地毯的角落，羅蘭士能俯瞰整個港口，他掌管的家族帝國集電力、房地產、工廠、貿易和金融於一體。嘉道理家是香港第一批億萬富翁，一九四〇年代末，他們和難民一起在澳大利亞、美國和南非投資，那些寄往國外的一包包鈔票，後來都成了海外的辦公大樓和購物中心。在香港，羅蘭士擴建這個城市的電力網，推動包括海底隧道在內的各式各樣計畫；並且在賀理士要求下，引進更強健的豬種。《華爾街日報》在一九七七年寫道：「公寓照明用的是嘉道理掌控的公共設施，地毯鋪的通常是嘉道理紡織廠的產品；香港港口的海底隧道（連接香港島、九龍和新界）是嘉道理的點子；而且，因為由嘉道理資助的農業計畫，這裡的豬肉和雞肉大部分都貼著嘉道理標誌[1]。」在羅蘭士的電力推動下，香港避免了更激烈的政治動盪，蓬勃發展起來。它加入經濟增長的「亞洲四小龍」之列，融合自由市場經濟和殖民統治，改善了教育、擴大了住房，同時保持了低失業率。一九七〇年代，香港的人均收入是中國的十倍。它擁有世界第五繁忙的港口；如果它是一個國家，那麼在全球貿易經濟體中排名第二十五位；電視、廣播和生機勃勃的媒體孕育了富創造力和日益全球化的人口、蓬勃發展的旅遊業，以及全球時尚和電影的先驅。羅蘭士誇口說，香港經濟有百分之十實際上掌握在他手裡，因為幾乎所有工廠都要依賴他的電力，還有幾百萬住宅用戶也是如此❷。

在整個中國動盪期間，甚至在共產黨引發的香港騷亂期間，羅蘭士都小心翼翼，從不說中國的壞話。中國拒絕承認鴉片戰爭後答應把香港交給英國的「非法條約」，因此留下了隨時可能接管香港的威脅，但這件事並沒有發生，因為香港大有用處。就像世紀初的上海一樣，香港已經成為面對西方的窗口，為中國提供了方法，可以和西方公司做生意、賺取外匯，卻不受資本主義的影響。羅蘭士認為，中國需要一個地方讓它能「做那些它不能讓中國人民做的事」，比如說和西方銀行家打交道，以及投資房地產。「我們的未來取決於我們是不是對中國有用，這是我們還在這裡的唯一原因。」他警告他的大班同僚，不要像一九四〇年代那樣表現得傲慢自大——正是這種態度，才在上海「拉下了竹幕」❸。[1]

羅蘭士盡可能保持和中國的聯繫，他繼續寄錢給以前在大理石宮服侍過嘉道理一家的上海老僕人，還派代表和新華社（中國駐香港非官方使館）官員舉行非正式會談。在公開場合，羅蘭士對香港的未來抱著堅定的樂觀態度，相信自己總有一天會回到上海。若有朋友來訪，或是週末有賓客前往博爾德別墅拜訪，他偶爾會提起戰爭時父親在家族宅邸的馬廄上方屈辱死去的事。羅蘭士最喜歡的一首曲子是貝多芬的第五號交響曲❹，這源自於被囚禁在上海的戰時歲月；樂曲最著名的就是開篇的那四個音「登登登登——」。這段音樂是ＢＢＣ每小時用來宣布下一段節目名稱的配樂，在戰爭即將結束的那段日子裡，羅蘭士幾乎每晚都從馬廄上方的房間溜到大理石宮的客廳聆聽。他認為，後續的音符和強而有力的音樂，就是命運的敲門聲。他相信，戰爭是他的命運，讓他知道自己能掌控的部分有多麼的少。一九七〇年，一家報社問羅蘭士，他是不是真的擁有一部和房間一樣大的電腦，輸入所有相關的歷史和政治數據後，就能知道中國會在何年何月收回香港，或是預言這件事究竟會不會發生。「關於我和電腦的能力，恐怕你被誤導了。」他回答。「我和它都不會算命。」

§

在中國，文革後一片狼籍。農民占中國人口的八成，人均收入是每年四十美元。人均糧食產量比一九五七年還少，工廠裡的技術從五〇年代起就沒有更新過，大學已經關閉了十年。在這片廢墟中，出現了一個身材矮小的男人，他六十多歲，只比羅蘭士·嘉道理年輕幾歲，但聽力已不佳，而且菸不離手。這個人就是鄧小平，他是頑強的共產主義革命老兵，在一九四九年後爬上了中國領導層的頂端，然後在文革中經歷了一場清洗，被下放到農村，在那裡照顧他被紅衛兵扔出窗外後癱瘓的兒子。這一切使他變得更堅毅，他決心再次崛起。看到同在亞洲的日本，以及經濟四小龍韓國、台灣、新加坡，甚至香港都超越了中國，鄧小平和他的盟友決意釋放中國的潛力，和其他願意與中國分享技術及專業知識的國家發展良好關係，藉此結束中國的孤立狀態。解凍始於一九七二年，當

1 竹幕（Bamboo curtain）：冷戰期間，西方國家用「竹幕」指稱亞洲的社會主義陣營與資本主義陣營邊界。相當於歐洲的「鐵幕」。

時的美國總統尼克森訪問了中國，開始恢復外交和經濟關係。在他這次訪問的最後，中方想找個地點簽署中美關係正常化的「上海公報」，他們選中了上海僅存的幾個優雅場所之一，那就是維克多．沙遜在一九三〇年代建造的豪華公寓老漢彌爾登大廈的舞廳。

鄧小平在一九七三年重新掌權，開始為許多老上海資本家平反，這些資本家在文革期間也遭到清洗，被下放到各地。其中也包括榮毅仁，失勢後，他先是留在上海，接著攀上權力圈，然後又被激進分子打倒；與此同時，他的家人逃到香港，和嘉道理家做起了生意。鄧小平任命榮毅仁帶領中國，努力吸引外國投資，振興中國工業，他被稱為鄧小平最喜歡的「紅色資本家」。同樣捲土重來的還有孫逸仙夫人，她曾經在大理石宮舉辦慈善舞會，並且在共產黨掌權後占領了這座豪宅，她是上海國際化歷史的活生生紐帶。她讚許地表示，羅蘭士同意在不經過法律或公開鬥爭的情況下交出大理石宮，而且在其他外國人譴責共產黨政府時，他總是不批評中國。嘉道理家在北京的領導層中突然有了兩個朋友。

尼克森充滿突破性的訪問中國後不久，中國政府的一名代表找上羅蘭士，問他願不願意協助他們談判、購買，並建造中國第一座商業核電廠的兩個核反應爐。這位代表告訴羅蘭士：「你在香港很熟悉發電廠的建造，我們會重視你的協助[5]。」幾年後，鄧小平宣布了「四個現代化」，這是個雄心勃勃的驚人計畫，目的是在外國的幫助下振興中國經濟，以實現農業、工業、國防和科學技術的現代化。

賣電給中國是羅蘭士長久以來的夢想[6]。一九三〇年代，他和父親曾經提議在香港和廣東之間架設高壓電纜，但中國的政治不穩定與日本的入侵扼殺了這項計畫。中國現正面臨嚴峻的現實，它沒有足夠電力讓計畫中的工廠全數運作。來自北京的這通電話為羅蘭士打開了一扇門，一九七四年二月，他和香港總督麥理浩爵士（Sir Murray MacLehose）進行了祕密會晤，公布了他的計畫。嘉道理家第一次到中國，是搭輪船來的，他們還把電力帶進了新界農村，現在，他們將把中國帶入核能時代。

對羅蘭士來說，這就是命運的敲門聲。儘管羅蘭士對英國忠心耿耿，一生又都在中國生活，但無論是在上海或倫敦，他都從未感到完全自在。當然，後來共產黨把他趕出了中國大陸。一九五〇年代，當他把香港當成自己的家，並協助重建這座城市，還被提名擔任這塊殖民地商業和社會機構顛峰的滙豐銀行董事，他認為自己在香港得到了認可。在香港，沒有一個英國商人像羅蘭士那麼有錢，也沒有一個英國商人擁有像中華電力這樣具影響力的公司。

一九六七年，共產主義引發的騷亂在香港爆發，危及滙豐銀行的未來，這家銀行決定收購阿拉伯的中東銀行（bank of the Middle East），藉此實現業務多元化，擴大業務基礎。中東也處於動盪之中，以色列在六日戰爭中取得勝利，因此在阿拉伯政府及企業中引發了強烈的反以和反猶情緒。在這種反猶太主義的推動下，中東銀行要求將羅蘭士從新東家的董事會除名。滙豐銀行是沙遜家族創立的，嘉道理家族長期以來一直是這家銀行的客戶兼顧問，隨著羅蘭士被任命為銀行董事會成員，滙豐銀行的業績也達到了頂峰；但董事會成員中也有英國精英，他們不需要別人提醒也會公開羞辱羅蘭士，當中許多人私下嘲笑嘉道理家的猶太教信仰，藉此發洩反猶情緒。這些行為可從來沒有斷過。

滙豐銀行同意將羅蘭士踢出董事會[7]。

當銀行律師與羅蘭士會面，通知他即將被董事會解雇的消息時，羅蘭士的反應很平靜。

「那我能拿到多少補償？」他問。

「那個該死的猶太人，」律師告訴香港官員，「你能相信那個骯髒的猶太人居然想要錢嗎？」

羅蘭士同意不對解雇提出異議。儘管他的員工為了報復，要他撤銷與銀行之間的所有業務，但羅蘭士只關掉了部分帳戶。他創辦了一家銀行來競爭，但仍然維持中電和匯豐銀行的業務往來。他的理由是，如果他把業務都轉到另一家銀行，會給幾百萬與糾紛無關的客戶帶來不便，他決定等一陣子再報復。

現在，隨著中國的開放，證明他價值的機會來了，嘉道理家將重新成為中國和西方之間的橋梁。就在即將滿八十歲時，這頭老公牛準備做最後一次出擊。

§

一九七八年五月二十六日，羅蘭士七十九歲生日的前五天，他坐在北京飯店自己的房間裡——這是給外賓最好的飯店——在信箋上用流暢的文字寫下一封信給英國首相詹姆斯．卡拉漢（James Callaghan）。睽違三十多年，他回到了中國。

「在我們來到這裡的短短時間內，身為一個老中國通，此地生活水準提高了許多，讓我印象深刻❽。」他寫道。「我可以感覺到，人民有目的、有目標。當然，考慮到中國龐大的人口規模，不能指望中國經濟從現在的自行車經濟時代迅速轉變成噴射機時代。」儘管如此，羅蘭士預測，中國「很有可能」在二〇〇〇年實現他們的目標，成為世界主要經濟體。

接著，羅蘭士去了上海❾。他異常緊張。雖然在上海淪陷後，他仍繼續寄錢給幾個嘉道理家的僕人，不過在文革期間，他就不清楚僕人們有沒有收到這些錢了。他聽說有幾個人因曾為「外國殖民者」工作而遭到虐待。羅蘭士要求見他年輕時最親近的僕人凌英；賀理士離開之後，凌英成了大理石宮的中國管理員。中國人帶著也已經是個老人的凌英來見羅蘭士，兩人擁抱。凌英很謹慎，雖然他們可以私下會面，但每個人都認為這次會面被祕密錄音了。後來羅蘭士告訴兒子米高：「每個人都唱著同樣的讚美詩。」凌英則是因為太害怕，說話吞吞吐吐。

隨後，羅蘭士被帶到父母埃利和蘿拉的墓地[10]。他知道，自己在一九四四年埋葬埃利的老上海猶太人公墓已經不存在了。文革期間，紅衛兵洗劫並摧毀了墓地。他們沒有帶他去那裡，而是帶他到一個新的「外國人公墓」，賀理士在上海被共產黨包圍時所設計的墓碑就放在那裡，或許只是複製品。賀理士和羅蘭士都沒見過這塊碑，因為在立碑之前，賀理士就逃出上海了。但不管是真是假，這塊墓碑都表明，中國政府當中也有人有意保護嘉道理墓地，而且也認為和嘉道理的關係同樣值得保護——甚至是在文革期間。當然，現在的中國已經是鄧小平領導了。就像一九六七年的聖佐治大廈，羅蘭士下令繼續修建，讓全香港都看見那場火花雨一樣，這塊墓碑也發出了信號。

羅蘭士帶著滿腦子的計畫和點子回到香港。他寫信給卡拉漢，重申他的請求，希望能進行一項雄心勃勃的計畫[11]：賣電給鄰近香港的中國領土廣東省，並且讓英國公司獲得輸電線路合約。卡拉漢的私人祕書很謹慎，他寫信給他的老闆說，羅蘭士「已獲證明是這個國家極為寶貴的朋友……然而，我們也必須避免讓他全權委託英國，去執行一項完全由他自己制訂的計畫。」另一位官員也表示同意，他在信上潦草地寫著：「所有和中國有關的事，似乎都會發展出不可阻擋的趨勢。」但中國為了恢復與西方的聯繫，行動極其迅速。中國恢復了從廣州到香港的直達列車，還開通兩地之間的直航飛機和水翼船服務。鄧小平邀請香港總督麥理浩訪問北京，並再次向他保證，中國致力改革，並向外資開放經濟，香港投資者應該「放心」。股市飆升了，英國官員也許還有點疑慮，但羅蘭士這位「老中國通」深信不疑。羅蘭士說：「要是鄧先生能在未來五年內讓中國保持目前的發展方向，我相信這股動力將使中國的現代化進程在自己的推動之下繼續下去。」

但一個更大的問題隱然浮現。在中國向西方開放並尋求加入全球經濟體系的同時，一九九七年到期的新界租約突然彷彿迫在眉睫。香港將不再是個外來的威脅，不再是共產黨曾經稱呼的「中國背後的一個資本主義小疙瘩」，而是變成超級經濟大國有利可圖的附加物。只要等一九九七年租約到期，英國就必須（合法地）將新界歸還中國，然後中國就可以和和平平、不費吹灰之力地接管香港。如果四百萬的居民、占香港領土八成的土地，以及由嘉道理家族和其他人建造的所有基礎設施，都要交還給中國，實在讓人無法想像剩下的小小香港要如何繼續生存。香港的命運指針滴答滴答走著，就像曾經的上海一樣。

§

正如羅蘭士在北京和香港設想的，倫敦的瑪格麗特．柴契爾（Margaret Thatcher）帶領她所屬的保守黨贏得了勝利，當選為英國首相。

對羅蘭士來說，這是個偶然的轉折。他本來就是柴契爾式的商人：直接、踏實、喜歡從大局著眼的局外人。柴契爾和蘇聯總統米哈伊爾．戈巴契夫（Mikhail Gorbachev）會面之後，曾經宣稱戈巴契夫是她可以「做生意」的人。羅蘭士也是她可以做生意的人，柴契爾非常讚賞推動香港發展的自由市場經濟政策。她在兩年前第一次拜訪香港，這裡就是她希望英國成為的樣子：低監管、低稅收，以法治為保障，由誠實高效的英國行政人員管理。柴契爾當選之後不久，羅蘭士就寫了一封道賀信給她，他們計畫三個月後在她位於唐寧街十號的辦公室會面。為她準備會面事宜的助理，形容羅蘭士是「引人注目的八旬老人，被公認是世界上最富有的人之一……是親英派和偉大的中國觀察家……他是宏觀的戰略家……他認為中國將成為世界政治和經濟的主要力量[12]。」羅蘭士的計畫確實是宏觀的戰略，他希望英國能資助建設一座核電廠，為香港和中國南方提供電力。距離香港移交還有二十九年，這項計畫將會漸漸把兩地連接起來，並展現香港的價值。規劃中的合約會持續到下個世紀，甚至持續到租約到期的很久以後。這就能具體表明，香港可以成為「英國管理下的中國一部分」，就像上海的公共租界曾經是英國人在中國經營的繁榮商業飛地一樣。「如果乒乓外交可以修補中美之間的友好關係，為什麼核電廠不能成為解決香港問題的主要因素呢[13]？」羅蘭士沉思著。

柴契爾熱情地回應了羅蘭士。她把助理擬的信件草稿中禮貌曖昧的用詞全部劃掉[14]，以熱情的支持取而代之，和卡拉漢形成鮮明的對比。她刪掉了描述這次討論「非常有用」的措辭，改成她「非常享受」這次討論；她改掉了「正如我以前所說的，工業部將繼續致力於支持你」，寫成「令人興奮的前景……我們必須抓住中國提供給我們的機會。你有內部消息，我知道你不會失去主動權的。」幾個月後，羅蘭士來到了廣州，這裡是以前稱為「Canton」的老廣州；世紀初，他父親曾經夢想在這裡施行電氣化，但最後以失敗告終，促使他把重心轉往香港。談判中，中方拿出一九二〇年代中國官員和埃利的會談紀錄；羅蘭士簽署了一項協議，允許中國使用中華電力公司生產的電力，三個月內，電力就可以跨境運輸。羅蘭士說，這個想法「在過去五十年一直放在我心裡，最令人高興的是，八十歲的時候，我終於讓這個想法成真了。」

從某方面來說，羅蘭士這個核電廠的開局時機實在是壞得不能再壞了。美國的調查人員正在調查一九七九年的三哩島（Three Mile Island）事故，當時賓州一座核電廠的反應爐部分熔毀，導致核電廠的建設暫停。一百萬香港居民最終簽署了一份請願書，反對在香港附近建造核電廠，理由是為了安全。羅蘭士駁斥了這些擔憂，他在備忘錄中寫道：「有些人認為核電廠很危險，不應該在城市附近使用。」他不同意這種說法，計畫中的核電廠位於中國的大亞灣，就在香港邊境，這將會是共產中國有史以來最大的外國投資，也是對中國繼續走向現代化道路最有力的鼓勵。柴契爾夫人隨後邀請羅蘭士到倫敦參加為華國鋒舉辦的國宴，華國鋒是毛澤東精心挑選的繼任者，這是他第一次訪問歐洲。羅蘭士見到這位名義上的中國領導人後，「印象非常深刻」，儘管這時鄧小平已經在暗中設法找人取代他。羅蘭士發現華國鋒「對世界上正在發生的事情瞭若指掌」，也很渴望「維護並保持我們現在的繁榮，而且要擴大、並協助它的發展」。在廣東，羅蘭士與一位中國高階領導人私下會談時得到告知：包括鄧小平在內，整個中國領導層都渴望看到這個計畫成功，羅蘭士告訴柴契爾夫人：「這可能就是我們談論的，香港的未來⑮。」

一九八一年，中英兩國開始針對一九九七年新界租約到期後的情況進行正式談判。香港殖民總督麥理浩認為，香港在倫敦需要有更強大的代表。他建議柴契爾夫人任命已經有騎士頭銜的羅蘭士成為香港的第一位上議院議員。這個議院權力有限，但這個任命將會讓羅蘭士在香港居民和中國政府眼中具有巨大的聲望，也能在一九九七年移交之際，提供一個宣傳香港的舞台。羅蘭士此時已經藉由向英國工廠大量訂購電氣設備，贏得了柴契爾夫人的支持；她同意了這個想法，一九八一年，伊莉莎白女王封羅蘭士為「香港九龍暨威斯敏斯特市嘉道理男爵」。與此同時，中國政府也任命羅蘭士為「諮詢委員會」成員，該委員會負責起草一九九七年之後管理香港的法律。中英兩國針對香港的命運談判時，羅蘭士就站在兩國政府的最高點。「如果這符合我的利益，也就符合香港的利益，因為如果香港出了什麼問題，我也留不下來。」羅蘭士說。「所以，我為香港努力，以保護讓我留在這裡的有利條件。」香港一家中文報紙稱羅蘭士為「九龍王」。

§

隨著中國開放，越來越多的上海歷史開始重現。

一九七九年，美國財政部長麥可・布魯門塔爾在北京會見一些官員，當他開口用中文——上海話——交談的時候，所有人都大吃一驚。

「我們知道你是猶太人。」一位官員脫口而出。「但中文這件事真是意料之外⑯。」

布魯門塔爾解釋，他曾經是上海的難民。他上過嘉道理學校，中文是跟鄰居學的，十幾歲時還打過零工。

「我會說的老上海話比你們還多。」布魯門塔爾用上海話對接待他的東道主說。

北京官員很快就聯繫了上海的官員。上海難民和虹口猶太區的故事早就被共產黨掩埋了，嘉道理學校變成了工廠，猶太會堂成了精神病院和倉庫。雷斯曼一家和其他人曾經住過的公寓，已有中國家庭住了進去；有些屋子的門柱上還留著印了，那是難民釘在那兒的「門框經文盒」，這是一種裝著希伯來祈禱文的長方形裝飾小盒子，也是四十年前的事情所留下的唯一痕跡。布魯門塔爾在北京對中國官員說，他想去看看自己在上海住過的老房子。那是不可能的，中國人說，中國人不知道那棟房子在哪裡，更別說外灘的大部分建築依然不對外國遊客開放。「我會告訴你房子在哪裡。」布魯門塔爾說。於是，在某次去上海的行程中，布魯門塔爾順道帶著一群上海官員沿著舟山路走到五十九號，穿過陰暗走廊，來到一個髒兮兮的院子。他指著二樓，那是一層兩房公寓，從一九四三年到一九四五年，他和父親、妹妹就住在這裡。「到這裡，真的走了好長一段路。」他說。他帶著中國官員從這棟樓房外面，走到附近的一家老電影院。「我以前常常去看電影，作了很多夢。」他說。

美國插畫家彼得・馬克斯（Peter Max）回到上海，說希望能找到他的中國「阿媽」，也就是他家的女傭[17]。他說，她是第一個教他畫畫的人。麥可・梅道佛（Michael Medavoy）現在是好萊塢主管，他說他想拍一部關於上海難民的電影。

其他難民和難民的子女也回來了，他們報名參加規定嚴格的官方中國旅遊團，然後偷偷跑去他們當年在虹口的廉價老公寓。做為「四個現代化」的一部分，上海的城市規劃者雄心勃勃地想重建這座城市，他們正在考慮剷平整個虹口社區，用摩天大樓和全新的住宅取代。但隨著越來越多的難民和遊客來到這裡，要求參觀這個社區，中國人也意識到它的歷史價值。他們打算在布魯門塔爾的舊居樹立歷史標記，並且在虹口老猶太會堂裡建立一間猶太難民博物館。

在幕後，中國也利用難民建立了重要的軍事關係[18]。一九七九年，當中國向世界開放之際，中國和越南因為一條有爭議的邊界線，爆發了為期二十七天的邊境戰爭；儘管中國擁有比越南規模大得多的軍隊，還是打了敗仗，顏面無光。中國人意識到，他們必須提高摧毀越南俄製坦克的能力。在和美國國務卿亨利・季辛吉（Henry Kissinger）會談時，中方提出購買美國反坦克武器的可能性。季辛吉說，這是不可能的，但他指出，有另一個國家成功擊敗了蘇聯製坦克，那國家就是以色列。以色列在一九六七年和一九七三年的中東戰爭中，多次擊敗了阿拉伯人和他們的俄羅斯坦克。當中國人重新發掘難民的歷史時，他們得知以色列最大公司的老闆兼國際軍火商、億萬富翁紹爾・艾森伯格（Shaul Eisenberg）也曾經是上海的難民。一九七九年二月的一個深夜，一架沒有標記的波音七〇七從台拉維夫的班古里安機場（Ben Gurion Airport）起飛，前往中國廣州，然後轉往北京郊區的軍事基地。這架飛機上載著艾森伯格率領的代表團，成員包含以色列國防官員和製造商。和中方進行了一系列初步會談後，艾森伯格帶著一份採購清單返回以色列，內容包括導彈、雷達、砲彈和裝甲車等。他經常搭以色列空軍的飛機，這些飛機上的藍色大衛之星標誌都已經移除，好讓他們的任務保持機密。在接下來的幾十年裡，以色列成為中國最大的武器供應商之一，中國則成了以色列在亞洲最大的貿易夥伴。

§

在倫敦和香港的新職位上，羅蘭士繼續推動他的想法，也就是，即使中國正式接手香港主權，香港依然由英國控制。他小心翼翼地讚揚中國領導人，展現他對鐵腕人物的偏愛，因為他們能帶來穩定，而且有利於外國投資和發展。「我認為他們管理這個國家的方式很棒。」羅蘭士在一九八三年時說。「這麼大一群人，必須受到非常嚴格的控制，否則就會分裂成各式各樣的派系。」他認為，香港對崛起中的新中國可能很有用。他對中國人說：「中國正處於需要親近西方的歷史發展階段。五十年內，中國可能就不需要了，但目前它確實需要，而且在相當長的一段時間內都需要。」儘管中英兩國針對香港未來的談判陷入了僵局，許多公司紛紛將總部遷出香港，導致香港股市和港幣匯率下跌，但羅蘭士仍繼續在香港投資，以示忠誠。他的公司投資數十億美元，在香港建設一座新的發電廠，並且繼續談判大亞灣核電廠的建設。他定期會見李鵬和其他高層領導人，李鵬曾經擔任工程師和部長，不久後就會被任命為中國總理。羅蘭士就像個大班，在和中國進行有史以來規模最大的外國投資案談判的同時，也堅持自己的政治主張，要讓英國繼續控制香港。

但是鄧小平另有想法，英國人也是。

鄧小平對經濟改革的態度很能變通，也十分渴望讓中國和羅蘭士做生意，但他堅持中國要在一九九七年收回香港。柴契爾在準備和鄧小平舉行事關香港未來的重要會晤時，先聽過了羅蘭士和其他商界領袖的建議。但是當柴契爾在北京和鄧小平會面，提出由英國繼續管理香港的想法時，鄧小平立刻打了回票。他直截了當地告訴她，只要中國有意願，當天稍晚就可以立刻占領香港。會談結束後，平時沉著冷靜的柴契爾在樓梯上摔了一跤。許多香港人認為，這是她被鄧小平的固執弄得心慌意亂的跡象。香港股市暴跌，身為香港經濟基石的港幣貶值；最終，中國把他們多年前為台灣制訂的一項計畫，強加在香港頭上。正如羅蘭士所希望的，這份稱為「一國兩制」的協議將會保留英國的法律和經濟約束長達五十年，但也明確地表示：香港將由中國統治。事實上，雖然英國人會定期徵求羅蘭士的意見，問他如何與中國打交道，但中國人仍然把他當成外國人，只把他安排在起草管理香港官方文件的「顧問」委員會。實際的草擬工作是由忠於北京的中國商人完成的，他們被中國人視為這座城市的未來。中國人覺得，羅蘭士對於在香港的英國企業來說，是個有用的管道[19]，中國人可以靠他來傳達外國商界所關切的事，但權力依然牢牢掌握在北京以及一九九七年後管理香港的中國政治家、官員和商人手中。

在倫敦，羅蘭士也遭遇了挫敗[20]。由於英國議會擔心，香港華人在一九九七年移交後會大量湧入英國，便通過了一項限制香港居民移民英國的法案。香港是英國殖民地，因此香港的中國居民一向被視為英國的臣民；然而在一九八一年，議會實際上把他們變成了二等公民，並且最終將在一九九七年成為中國公民。幾百萬香港居民旅行時攜帶的英國護照，將會在正面蓋上金色的「香港」字樣；他們移民到英國、甚至向英國駐外使館求助的權利，都被大幅削減。相較於羅蘭士這種已經擁有英國國籍的英國居民，這個問題對香港的中國居民而言重要太多。但是羅蘭士——他父親在一九二〇年代試圖取得英國公民身分時遭到反對——被這些改變激怒了。

這位新的「九龍王」，身披英國上議院議員的貂皮斗篷，站在上議院裡慷慨陳詞，反對這些新規定。這些規定給人「一種被拒絕的印象，一種在我們歷史的這個重要階段，英國卻正在『疏遠』香港的感覺，我們正在失去我們的『英國特色』」。他告訴上議院，香港的中國居民「不是在尋求庇護或生存的權利，也不是在和你們的人民搶工作」，香港市民唯一想要的，是「確保他們信任的大不列顛不會讓他們失望」。

幾個月後，羅蘭士列出了所有和中國成立合資企業的香港公司。他強調，在建造香港最大的發電廠時，自己是如何透過訂購英國設備，為英國創造了七千個工作崗位。「我們必須格外小心，」羅蘭士警告，否則香港將成為「一座埋葬在歷史書頁中的死城」。

儘管羅蘭士不斷懇求，法案還是通過了。

就像一九四九年他在上海失去一切，以及一九六七年香港受到文革威脅時一樣，羅蘭士再度面臨抉擇：留下，或者離開。他決定留下來。在許多人依然對那份把香港移交中國的協議感到不安的情況下，嘉道理在他的青山發電廠升起了中國國旗，歡迎中國高層官員來訪。他放棄了香港獨特的重要性，不再主張香港是連接進步西方和發展中中國的橋梁；取而代之的是，羅蘭士在一篇本可在北京發表的演講稿中，欣然接受了中國正在成形的自我形象：「歐洲的發展已經進入平穩階段，美俄兩國彼此用遠程彈道飛彈瞄準對方。」相較之下，中國「提供了一片新的發展領域，一個崛起中的世界強國。」香港可以看成是「中國的孩子，被送到西方學校接受外國教育。」現在，他說：「這個兒子帶著和西方接觸時獲得的知識，回到了父母身邊。他是個好兒子，希望能幫助他的父親，他父親必須有一定程度的理解，以彌合兩種文明之間存在的文化鴻溝。」

羅蘭士認為，自己遵循的是謹慎的商業策略，和許多為了在中國的生意分一杯羹而奉承中國的外國人沒有什麼不同。一九七八年，羅蘭士時隔三十年後，再次回到上海，那時中國的經濟和財富還遠遠落後於香港及西方世界——現在它正在追趕。很快的，中國的經濟規模將超越英國，成為僅次於美國的世界第二大經濟體。對中國人來說，羅蘭士的語氣變化，標示著他們長久以來渴望得到的平等對待，他們終於拋開了一個多世紀以來，影響中國與世界關係的殖民主義與羞辱。演講結束後，羅蘭士回到自己的辦公室，他的巨大橢圓形辦公桌後的皮椅上，放著一個破舊的、棕白相間的「矮胖子」（Humpty Dumpty）填充玩偶，這是他兒子幾年前留下的。他一直把它留在身邊，他說：「好提醒我，這個矮胖子摔了很大一跤[21]。」

§

發表演說一個月後，羅蘭士受邀到北京去見鄧小平。這是鄧小平唯一一次，兩度會見同一位外國商人。

這兩人拿彼此的年齡開玩笑[22]。「我們兩人加起來，有著超過一百六十年的智慧。」羅蘭士說。「所以香港人應該聽我們的。」鄧小平還找來羅蘭士的兒子米高，他這時四十四歲，是嘉道理王朝的接班人。鄧小平用力和他握了握手。

在正式會談期間，鄧小平讚揚了羅蘭士對核電廠的十億美元投資。「你們有勇氣來中國投資，在其他投資人害怕和猶豫的時候敢於冒險。」這位中國領導人告訴羅蘭士。「這是非常友好的行為，我們對此表示感謝。」

羅蘭士熱情地回應。「我很高興能為中國做點事。」他說。「我希望我們的合作，能沿著我們建立的道路繼續下去。」

鄧小平轉向坐在他身邊的助手。「我一見到嘉道理勳爵，就像見到了一位老朋友，儘管我們從來沒見過面。」

鄧小平說，大亞灣計畫「是一件了不起的事……它將成為大陸和香港之間的經濟紐帶，為香港的穩定和繁榮做出貢獻，為香港人民帶來信心。」

鄧小平停頓了一下，朝羅蘭士靠過去，「電廠什麼時候可以開始用？」

「第一部機組計畫在一九九二年投入使用。」羅蘭士回答。「第二部是一九九三年七月。」

「你幾歲了？」鄧小平問羅蘭士。

「我八十六了。」羅蘭士回答。

「我八十。」鄧小平說。「你比我大六歲。」鄧小平很快地算了一下，「等到大亞灣投入使用的時候，你九十三，我八十八。我希望到時候我們能一起舉辦慶祝會。」

羅蘭士笑著說：「那是當然！」

然而，儘管羅蘭士有錢有勢，但中國崛起及其再度嶄露頭角所帶來的震盪，也開始打擊到他。一九八九年，鄧小平的後毛澤東時代改革出現停滯，產生了高失業率、高通貨膨脹、明顯的不平等，以及對政治變革的需求。大學生開始抗議，數十萬人聚集在天安門廣場，普通市民也加入，呼籲結束腐敗，要求更多的民主。共產黨領導層陷入癱瘓。

羅蘭士已經學會不要低估共產黨或他們的決心，他對一九八九年天安門大屠殺及其後果的反應，既顯示了他的政治悟性，也顯示了他的道德妥協。隨著中國權力增長，以及對中國人民持續的嚴格控制，越來越多西方企業將會面臨這種兩難困境。羅蘭士會見了和中國政府關係密切且頗具影響力的學者潘光，直截了當地問他：「如果我投資了，街頭又出現學生，政府能控制住嗎？」潘光向他保證，政府會控制住的[23]。

當鄧小平命令軍隊進入天安門廣場鎮壓暴動並實施戒嚴時，成千上萬的香港人也走上街頭抗議鎮壓。在西方，政府和許多公司批評這次鎮壓，並停止了貿易和投資，這時，羅蘭士卻一反常態地保持沉默。中國總理李鵬是大亞灣核電廠計畫的關鍵盟友，他鼓勵政府出手鎮壓，被指責為「北京屠夫」。核電廠計畫繼續。等到羅蘭士終於開口發聲，卻是在為鄧小平與中國領導層辯護。他說：「對這個地區來說，太多的民主並不是最好的。」他說，「必須有所控制。」他的做法顯示出企業界和世界其他地區對中國的反應：他們會表示譴責，舉辦守夜活動，但還是加快腳步做生意。經過百年的外國干預，中國終於又能再度發號施令了。在一九九七年中國正式接管香港之前，英國最後一任香港總督彭定康（Christopher Patten）曾經試圖在香港推行政治改革，好讓殖民地擁有一個更加民主的制度。羅蘭士批評他：「一個大國，必須有一個強力的領導人。一人一票，或者西方式民主是行不通的。要讓一個國家或一個企業運作，只靠每個人說『這是我的想法，你的不行』是做不到的。」這正是中國政府想聽的話。

羅蘭士偶爾會叫兒子米高用直升機帶他飛過九龍和新界，飛過他建造的發電廠，飛過現在通往中國的輸電線路。燈光照亮了村莊和農場，從公寓和工廠的窗戶射出，也從曾家的大嶼山房子射出——這棟房子現在已經有電了；還有梁植的養雞場與餐廳、和他弟弟成了朋友的傅先生家農場畜欄。這些光形成了一條明亮、耀眼的光毯。

「我做到了。」他應該會低下頭這麼說。

在華懋飯店維克多．沙遜的房間裡，掛有他和夫人的肖像。房間已經修復，華懋飯店也更名為和平飯店。

第十一章 重返外灘

羅蘭士再也沒有回到中國。

羅蘭士九十歲之後，由於嚴重的關節炎，大部分時間都在輪椅上度過。他雙手顫抖，走路的步態也不穩了。他還是會參加中華電力公司的董事會議；他在給朋友的信中寫道：「我經常去辦公室，對這個地區發生的許多變化保持興趣，並且對上帝賜予我的許多祝福心存感激，藉此讓自己精神振奮❶。」由於技術原因，大亞灣核電廠的啟用日期推遲了幾個月，羅蘭士寫信給鄧小平：「雖然我必須很遺憾地說，我現在因為關節炎坐在輪椅上，但我還是很希望在六個月後大亞灣核電廠開幕的時候見到你❷。」

那封信發出一個月後，司機開車送他到博爾德別墅，和弟弟賀理士、妻子慕麗及幾個朋友一起享用他每週日都會吃的咖哩飯❸。他讀報紙，談論香港在一九九七之後的未來。次日星期一，他參加了中華電力公司的董事會議；再隔天，他來到公司的辦事處，順口抱怨了一下，說他覺得自己感冒了。一九九三年八月二十五日星期三，羅蘭士．嘉道理去世，享年九十四歲。兩年後，賀理士也去世了。他病了很多年，但在八十多歲時，他設法參加一場在舊金山舉辦的聚會，成員是他曾經救助過的一些上海難民，還有戰時上海嘉道理學校的校友❹。超過一千個當年的難民參加了這次活動，包括曾在嘉道理學校學英語的美國前財政部長麥可．布魯門塔爾，以及賀理士在前往上海的船上結識、當場聘請掌管學校的柏林教師露西．哈特維奇。這些難民當中，有許多人四十年沒見過面，他們三三兩兩聚在寬敞的飯店大廳裡，大廳裝飾著上海猶太區商店的招牌。他們別著名牌，上面印著自己童年時的照片。上海難民們在舊金山當地建立了一所猶太會堂，在落成招待會上，他們把一排彩色玻璃窗獻給賀理士，感謝他救了他們。主持儀式的是曾經為維克多．沙遜工作的柏林難民西奧多．亞歷山大，他在上海成為拉比，並在嘉道理學校舉行婚禮。距離他上次見到賀理士已有三十五年了，他站上講壇。「如今，我們是受人尊敬的猶太公民，為我們安家的國家做出了寶貴的貢獻。」亞歷山大說著，賀理士看著他，滿臉笑容，「我們何等幸運……為我們年輕一代提供的教育，是為了讓他們在世界上占有一席之地。他們在一個絕望的年代中激勵我們，為更美好的未來做準備。」少年時，亞歷山大帶著他的《妥拉》，從柏林到上海；青年時，又從上海帶到舊金山，如今那部經書就安放在他身邊的妥拉櫃裡。

兩兄弟葬在香港的猶太人公墓，彼此相距只有兩、三公尺。中國政府對羅蘭士過世發表了官方慰問；一支政府代表團從北京來到羅蘭士家中致意，中國官員與羅蘭士的兒子米高共進晚餐，談到了家庭，以及用強大的價值觀教育孩子的重要。中國人知道現年五十歲的米高和他姊姊麗塔將會繼承公司，米高會接手控制權，而中國人希望能繼續和嘉道理王朝做生意。

米高和麗塔出生在日本入侵香港前夕，曾經跟著父母先後在香港和上海被拘禁。米高最早的記憶之一，就是美國讓上海重獲自由的那段日子裡，被美國士兵扛在寬闊的肩膀上，帶回床上睡覺。米高出生時，羅蘭士四十二歲；「他幾乎可以當我爺爺了。」米高後來回憶說。就像埃利為了專注自己的事業，把家庭運作完全交給妻子一樣，羅蘭士也把撫養孩子的工作完全交給慕麗這個身材嬌小、說話輕聲細語的女人，儘管如此，她卻是少數幾個能反抗羅蘭士的人之一[5]。僕人們也幫她。賀理士終身未婚，也沒有孩子，他成了麗塔和米高兩姊弟生活中很重要的一部分，他會帶他們去半島酒店的廚房，偷偷給他們東西吃；週末時還會把他們塞進車裡，去參觀新界，拜訪他幫助的農民。

沒什麼人對米高抱著期望。在成長過程中，他以身為花花公子和有錢的業餘愛好者聞名；他喜歡飆車、開直升機，工作時間很少超過晚上七點。《華爾街日報》引用了一位朋友在一九七七年說過的話，說米高．嘉道理「是個擁有許多熱衷事物的人……只可惜，商業並不在內[6]。」報紙預測他不會繼承父親的職位。他在二十二歲時回到香港，在這之前，他在瑞士就讀私立寄宿學校，並且在倫敦做過幾次金融實習。羅蘭士讓他進入嘉道理飯店公司的董事會，很大程度上這是因為米高和賀理士一直處得很好。米高還認為，羅蘭士經營的電力公司中電「很無聊」，儘管這家公司對嘉道理家族貢獻了最多的利潤。他喜歡在飯店家具的細節上吹毛求疵，像是衣櫥裡衣架的間距，還喜歡添加最新的科技和裝置。

如今，在羅蘭士死後，米高這位新領袖在和中國領導人談判和合作時，表現得十分熟練[7]。他把公司的日常營運交給職業經理人，自己小心翼翼地打理著嘉道理家和中國政府日益密切的關係。米高參加了大亞灣核電廠的開幕儀式，隨後又為嘉道理家贏得在中國各地建設其他電廠的合約。中國新一代領導人崛起時，米高會特地飛到北京去見他們，他常常不使用準備好的講稿，反而以非正式發言來吸引他們。中國領導人兼國家主席江澤民聽說他喜歡開直升機和飆車，就在某次見面時激了他一句，問他哪一種比較安全。「兩種都很安全。」米高圓滑地回答。在他的領導下，嘉道理家族最大的投資中華電力公司的市值增長了十倍，嘉道理飯店公司的市值增長了兩倍。根據彭博社計算，嘉道理家族在亞洲富豪家族中排名第十，財富超過一百八十億美元[8]。

隨著一九九七年即將來臨，香港回歸的時刻也越來越近，米高和勢力強大的榮氏家族擴大結盟[9]。榮氏家族於一九三〇年代在上海發跡，共產黨掌權後，羅蘭士曾經幫助他們遷往香港，重現榮景。留在中國幫助共產黨的「紅色資本家」榮毅仁，被任命掌管一家新公司，即中國國際信託投資公司（China International Trust and Investment Corporation），負責收購海外公司的股份。榮毅仁把兒子送到香港，在中國政府和中資的支持下，他在那裡展開新業務，開始購買香港許多代表性公司的股份，這也是中國即將接管香港的跡象之一。米高邀請榮毅仁的兒子買下中電集團百分之二十五的股份；中國接管香港後，這是保護公司的一種保險形式。幾年後，當中國人開始重視嘉道理家，希望繼續和他們做生意的態度明朗化之後，米高就買回了這部分股權，並且將榮毅仁的兒子踢出董事會。

米高小時候只在上海住過一小段時間，但自從中國重新開放，嘉道理家族也恢復了那裡的生意後，他就經常去上海。米高找到了在嬰兒時期照顧過他的老僕人，兩人含淚重逢，激動萬分。米高和飯店公司的主管見面，宣布他想回上海建一家飯店[10]；嘉道理旗下的半島酒店已經是全球著名的豪華飯店品牌，在曼谷和馬尼拉都開了新飯店，還計畫在比佛利山、紐約、巴黎和倫敦拓展業務。米高的財富有六十億美元，其中大部分來自中華電力公司，但在香港以外的其他地方，很少有人聽說過這家公司；可是大多數人，尤其是米高所在的那個有錢有勢的人際圈裡，大多都聽過半島酒店，中國這時也正試圖吸引這些人來投資旅遊。

上海的外灘沿線上，有個地方是全世界公司都想要的，那便是門前矗立著威嚴銅獅的老匯豐銀行大樓；但很顯然，現在擁有這棟大樓的中國銀行並不打算把大樓交給外國開發商。米高把注意力轉向外灘更南邊的一塊地，那裡是以前的英國領事館。瑪格麗特．柴契爾早在一九八〇年代會見鄧小平的時候，就曾提出想要拿回英國領事館，但遭到回絕。嘉道理家的老對手怡和洋行希望在那裡建大樓，洛克斐勒家族也希望和日本聯手開發那塊土地，但在中國政府支持下，米高突然半途殺出，拿下了那塊地。中國政府同意把這塊地賣給米高，部分原因就是半島酒店的名聲，但嘉道理家族也對其他因素心知肚明，包括：羅蘭士決定把大理石宮交給孫夫人；即使在文革和天安門事件時也從不說中國政府的壞話；而且在許多投資人還不確定中國是不是可靠的合作夥伴時，就在中國投資了超過十億美元。

從他新飯店的頂樓，米高可以俯瞰黃浦江，看得到一八八〇年代時，年輕的埃利第一次靠岸的地方。他可以沿著外灘一路望到大華酒店，蔣介石在那裡舉行了婚宴，巴格達移民們回吻著埃利伸出的手，尋求幫助；而在另一邊，他可以看見虹口，也就是老猶太人聚集區，賀理士曾經在這裡建了自己的學校；還有外白渡橋，日本人和共產黨人先後派軍，從這座橋進入上海，結束了英國和嘉道理王朝在上海的統治。

在外灘新半島酒店的盛大開幕儀式上[11]，米高雇來一些雜技演員，扮成行李員攀在飯店正面的外牆上；盛裝的中國鼓手在入口處打著大鼓，中英兩國的電影明星、官員和少數皇室成員聚集在大理石大廳裡，擺姿勢拍照、啜飲香檳。「能回到家，我們很自豪。」米高說。這是一場維克多·沙遜會喜歡的派對。

一個世紀以來，嘉道理家族和毛澤東以外的每一位中國領導人都見過面，並且為他們提供建議。埃利在第一次世界大戰後和孫逸仙見過面，在他的飯店舉辦了蔣介石的婚宴；羅蘭士見了鄧小平。如今，米高經常去見鄧小平的接班人、中國強勢的新任國家主席習近平。在一場有二十幾位香港商界領袖出席的會議上，米高是唯一在場的西方人；習近平特地花了一點時間，派助手過去和米高握手，並且傳達了一項個人訊息：「你們家一直是中國的朋友[12]。」

§

我一九七九年第一次訪問上海時，中國剛剛向世界開放，那時還沒有承認沙遜家族和嘉道理家族。同一年，美國財政部長麥可．布魯門塔爾在北京對中國官員說，自己曾經是逃離納粹來到上海的難民兒童，並且想去看看他的老家時，那些官員都不知道他在說什麼。當時的中國，仍然深陷在共產主義的泥潭裡，冰冷而程序化；但即便如此，上海還是有小小的火花存在。老華懋飯店上了年紀的老行李員說著法語，年輕人大膽地走向遊客練習說英語；黎明時分，老夫婦在華懋飯店前的外灘跳著華爾滋。離外灘不遠的一條街上，人孔蓋上仍然刻著三個英文字母：ＳＭＣ，指的是上海工部局（Shanghai Municipal Council）；直到二戰爆發以前，上海工部局一直由英國主導，負責管理公共租界。沿著這條路走下去，在一棟一九三〇年代的辦公樓大廳裡（我後來才知道那棟樓是維克多．沙遜建的），一張撕破的中國海報遮住了玻璃後面的大樓名錄，上面列著從一九四九共產黨來到的那年以來，租過這棟辦公樓的歐洲人名單。

接下來的幾年，工人們開始刮去外灘十二號大廈穹頂天花板上的油漆，這棟建築就是前匯豐銀行大樓。他們發現了八幅壁畫，描繪的是香港、東京、倫敦、紐約、曼谷、巴黎和加爾各答的天際線，十分具有歷史意義。從十九世紀開始，上海就和這些城市有貿易往來；上海正在重新發現自己是個國際化、世界級的都市，但這不僅僅是在擁抱懷舊。隨著中國經濟加速發展，共產黨終於克服了對上海的懷疑，投入大量資金重建這座城市；他們允許公民進入商業和金融領域，把上海變成一個能和香港匹敵的商業中心，之後甚至要超越它，和東京、紐約和倫敦躋身同列，可謂雄心勃勃。二十一世紀的現在，嘉道理家族和沙遜家族受到了崇拜和讚揚。維克多．沙遜因為害怕被捕，一九四九年後從未回到上海，於是人們在他修復過的套房內掛上肖像畫，向他致意；他曾經在這個房間裡策劃商業交易、招待國民黨政客、和愛蜜莉．哈恩調情，並且以機智戰勝了犬塚上校。幾個街區之外，就是嘉道理家新開幕的豪華半島酒店，這兩大家族再次君臨河邊。在外灘以北，越過外白渡橋，就是上海虹口社區，在那裡，沙遜和嘉道理家族收容、保護了一萬八千名猶太難民。中國人曾經打算拆除這裡，但現在這兒已經成了猶太人的迪士尼樂園：有一座新的難民博物館，還有一家重建過的咖啡館，從一九三〇年代留存至今。以色列總理班傑明．納坦雅胡（**Benjamin Netanyahu**）就曾經在中國電視攝影機環繞之下，在這家咖啡館品嚐咖啡。

在中國，歷史是一種可以任意替換的東西。我第一次去上海的時候，歷史學家可能會談到一千年前在中國定居、還保留著一些猶太傳統的「失落的部族」，又名「開封猶太人」，但不會提及沙遜和嘉道理，也不會提到他們對上海更近代、也更具變革意義的影響。因為在一九七九年，資本主義依然是個禁忌話題。然而，四十年後，你可能會談論維克多．沙遜和嘉道理家族，卻不會去談開封猶太人，因為中國人這時正在壓制宗教。上海難民博物館專門為何鳳山設立了一個展覽區，他曾發放簽證給艾里希．雷斯曼家和其他數千位難民，儘管他是個國民黨員，而且反對共產主義。我第二次去的時候，日本外交官杉原千畝的展覽區就消失了，他曾經發放簽證給立陶宛的猶太人，讓他們逃離納粹——因為中國和日本在外交方面有宿怨，日本的歷史英雄不受歡迎。

在新的上海半島酒店裡，嘉道理開了一家頂樓酒吧，他們稱它為「埃利爵士酒吧」（**Sir Elly's Bar**）。從那裡，可以看到外灘令人嘆為觀止的景色和裝飾藝術風格的塔樓，近百年來，這些建築一直在這裡迎接著遊客。那裡還可以看到黃浦江對岸浦東新區的未來主義大樓，由鋼鐵和玻璃構成的新中國。從埃利爵士的屋頂酒吧往下看，人們感受得到外灘不再是失聯過往的回憶，而是一條連接新上海和老上海的道路。從歷史的角度來看，今天的上海也許正是人們所期待的。一九三〇年代，上海的摩天大樓比大多數美國城市還多；如今，世界最高的十棟建築中，就有三棟位於這座城市的未來主義天際線上；有兩座機場將上海和世界連接起來，就像過去客輪和貨輪沿著黃浦江往上游航行，把乘客和貨物卸在華懋飯店前一樣。沙遜和嘉道理是上海第一批億萬富翁，如今上海有十幾萬個百萬富翁，和三百多個億萬富翁，全部都是中國人。羅蘭士．嘉道理曾經在一九三〇年代稱上海為「東方巴黎」，現在上海更喜歡和紐約與倫敦相提並論。

那個國際化、精明老練的上海又回來了。羅蘭士．嘉道理的妻子慕麗在丈夫死後回到上海，她抱怨自己老是迷路。一切都變了；新的上海博物館是以前的賽馬場，大理石宮現在被高架道路包圍了，她也幾乎認不出來一九三〇年代的法國俱樂部，她很喜歡去那裡跳舞。她總是想搞清楚自己現在到底在哪裡。

這也是來到上海的遊客經常抱怨的問題，甚至是那些經常來上海的人也這麼覺得。上海變化的速度令人目眩。摩天大樓和購物中心摧毀了舊街區，大街上擠滿新開的商店和餐廳。來到上海的遊客，驚嘆於這座城市的活力：中國人擠在昂貴的商店裡、在星巴克排隊買咖啡、匆忙趕著上班和參加派對。這裡就是西方企業主管和遊客擁抱、卻也偶爾讓他們從心底浮起一絲不安的上海，這裡洋溢著活力，世故而自信。幾位以前住在這裡的居民，對這個新上海一點也不會感到驚訝，他們是埃利．嘉道理、賀理士．嘉道理、羅蘭士．嘉道理，當然還有維克多．沙遜，要是他們也在這座他們協助創建的城市裡，也會覺得賓至如歸。

嘉道理和沙遜這兩個家族，對中國有什麼意義？關於中國的未來，上海的過去告訴了我們什麼？

當然，這兩個家族都是帝國主義和殖民主義的受益者。鴉片貿易是沙遜家族的財富基石，但也毀掉了幾百萬人的生活；沙遜和嘉道理的富有，建立在低薪和不公平競爭的基礎上。他們加劇了不平等，讓中國人死在上海街頭，而與此同時，嘉道理家的人還在大理石宮跳舞，維克多・沙遜還在華懋飯店主持他的奢華派對。他們推動了中國共產黨的崛起和勝利，在中國從僵化的封建社會轉型為現代工業社會之際，沙遜和嘉道理家族利用了上海，但他們也燃起一場經濟大爆發，吸引了榮氏家族和其他數百萬人到這個城市追尋創業夢。改變上海的是中國人，但幫忙點燃引線的是沙遜和嘉道理家族。今日，當世界上包括中國在內的許多地方，正在建立有形的、政治的，和網路的圍牆，以限制移民、思想和訊息的自由流動時，上海可以給我們上一課。羅蘭士・嘉道理稱自己是最後一個維多利亞時代的人，但在許多方面，他和沙遜家族的人也是第一批全球主義者，他們的經歷預示著全球化將在未來幾十年內帶來諸多問題和憤怒。上海的不平等是禍害的根源，使中國人變得激進，進而幫助共產黨掌權，也摧毀了兩個家族的財富以及道德信譽。嘉道理家族長期投身於慈善事業，在共產主義革命的巨變之後，羅蘭士和賀理士意識到教育、醫療照護、住房和幫助難民的重要性，儘管當時他們的沙文主義和家長式作風把這些進步的影響都掩蓋了。

沙遜和嘉道理家族是優秀的商人，卻常常是拙劣的政客。維克多・沙遜預見了甘地在印度的崛起，卻誤判了國民黨對中國的掌握能力；在拖延日本人以及保護一萬八千名猶太難民的精采作為，是他一生的道德巔峰，但他永遠無法將同樣的同情心延伸到中國人身上。相較之下，從蘿拉・嘉道理早期對慈善事業的支持，到賀理士創立嘉道理農業輔助會，嘉道理家族都更適應中國的政治和需求；羅蘭士和賀理士拒絕完全放棄中國，他們的承諾為家族、上海和香港都帶來了回報。然而，當中國崛起並要求香港回歸時，羅蘭士卻堅持要對香港繼續實行某種形式的殖民統治；當中國的復興態勢變得明顯的時候，羅蘭士和兒子米高都屈服於共產黨的政治要求，拒絕批評天安門大屠殺。他們反對試著為香港帶來更多民主；他們選擇了商業利益，而不是政治自由和風骨。從谷歌到臉書再到蘋果，這是許多外國公司都越來越必須面臨的困境。

沙遜和嘉道理創造了上海這座城市基因中的重要片段。維克多．沙遜為上海留下最具特色的建築，飯店和辦公樓經過戰爭和共產黨數十年的忽視後，重新嶄露頭角，成為上海歷史和經濟重生的試金石。維克多賦予了上海魅力、令人激動的戰慄以及神祕；對他們的外國同胞來說，沙遜和嘉道理家族創造了機會，但更重要的是，他們為那些湧入上海、想追求更好生活的人創造了機會。毫不意外的，當中國在一九七八年轉了個一百八十度的大彎，決定開放並接納許多資本主義制度時，它轉向上海，建立了新的證券交易所（沙遜和嘉道理家族在一八九〇年代首次創立）和黃金交易所，並且為許多經濟部門配置了工作人員。在中國，許多最具創造力和經濟頭腦的政治領導人都來自上海，像是領導中國加入世界貿易組織的總理朱鎔基，和國家主席江澤民。

自從伊利亞斯．沙遜穿上中國學者的長袍，在他的圍牆大院裡走來走去，以及蘿拉．莫卡塔鼓勵外國人為中國的慈善事業捐款、支持中國女孩的教育開始，嘉道理和沙遜家族就表現出對中國的熱愛和興趣。但在一九七八年之後，隨著石油公司、科技公司和製造業等國際商業主管湧入中國，這樣的熱情和興趣已然消失殆盡。

雖然嘉道理和沙遜家族有時候顯得滑稽可笑，或者帶有顯而易見的殖民色彩，但他們還是覺得自己和中國有情感上的聯繫和文化上的義務。他們收藏中國藝術品，匯集了世上最有價值的一批收藏品。維克多．沙遜打破了社會壁壘，邀請中國人去他的派對和賽馬場包廂，直到共產黨占領這座城市，他才離開上海。儘管他們可以住在任何地方，但嘉道理家族一次又一次回到上海，後來又回到香港。他們把中國當成了自己的家。

沙遜和嘉道理都決心建立一個家族王朝，但他們讓世人學到的卻是截然不同的教訓。沙遜家的族長大衛・沙遜把家族成員派往世界各地建立沙遜帝國的同時，也把他們團結在一起；他把兒子一個個送到國外，讓他們從一個城市輾轉到另一個城市，給他們賺取個人財富的機會，但要他們始終把家族目標放在首位。他去世的那一刻，倫敦社會的離心力，加上兄弟姊妹之間的競爭和同化，立刻使這個家族分崩離析。沙遜家族在他們選擇的每一種職業，以及他們定居的每一座城市當中，幾乎都是名列前茅。但沙遜家庭也為了金錢和宗教信仰而爭吵，並且分裂成不同的派系，家族再也沒有恢復到大衛和他八個兒子那樣的凝聚力和專注力。相比之下，埃利・嘉道理也許是看到了沙遜家的遭遇，他從不允許自己的兒子偏離家族企業或他嚴格的指導方針。妻子去世後，他強迫羅蘭士和賀理士放棄倫敦的學業，到上海為他工作。接下來的二十年，他一直在培養他們；直到埃利死後，四十多歲的羅蘭士和賀理士才有了自己的生活。羅蘭士也對自己的兒子米高重複相同模式。他們的回報，是個如今價值一一〇億美元的家族。

沙遜和嘉道理王朝中的女性在家族的中國事業扮演要角，卻一直被歷史忽視，有時還與男性親戚發生衝突。蘿拉・莫卡塔幫助埃利聯繫上英國的猶太精英，讓他們意識到中國正在發生的變化。她在大火中跑回來救出家庭女教師，自此成為中國的嘉道理傳奇。誰會知道她能在國共內戰、日本入侵中國、難民危機、二戰和共產黨接管中國這些事件中，對埃利・嘉道理扮演的角色產生了什麼影響呢？擁有敏銳商業頭腦的芙蘿拉・沙遜，得到的回報就是在董事會政變中被推翻。英國最有影響力的女性報紙編輯瑞秋・沙遜，孤獨地走完了一生，還被宣布有精神病。一九三〇年代，傳聞維克多・沙遜會和那位愛冒險又有洞察力的《紐約客》作家愛蜜莉・哈恩結婚，要是這件事成真，她對他又會有什麼樣的影響呢？

自從英國人第一次抵達，並且在鴉片戰爭中擊敗中國後，二十一世紀的中國終於擁有了他們以來一直渴望的國家：一個因再次成為世界強權而自豪的軍事強國。但上海以及嘉道理和沙遜家族留下的影響，引發了持續不斷的爭論：關於上海和北京之間的競爭，以及中國兩條不同的前進道路。每一個到過中國的遊客都能感受到上海和北京的不同。上海開放、多元、國際化，擁抱創新；北京雖然是個大城市，卻有著不一樣的歷史，這裡更內向、更民族主義，這裡曾經是皇帝的家，現在則是共產黨領導人的家。上海的中國人嘲笑他們的北京同胞，說他們天真、心胸狹窄、對世界充滿懷疑；住在北京的人也看不起上海人，認為上海人只關心金錢和時尚，至今依然是外國事物的奴隸。他們會說：和上海人就聊聊錢吧，但在政治上不能相信他們，他們還是太喜歡外國人了。

隨著中國在全球的實力和影響力不斷增長，這個區別非常重要。它們將會形塑中國對世界的態度。中國究竟會選擇那一種呢？

§

在距離新開幕的半島酒店幾個街區的外灘，維克多．沙遜的姪女伊芙琳．考克斯坐在旅遊巴士上，駛過上海的街道⑬。她不想讓其他旅客知道她是誰，她叔叔維克多幾十年前對她的警告依然留在心裡：「答應我，你永遠不會去中國。」他自己在共產黨接管中國之後就不曾回去過，他擔心會像表弟盧西安．奧瓦迪亞那樣，因為莫須有的罪名被逮捕。奧瓦迪亞在中國被共產黨囚禁了兩年多，在這段期間，他們以支付維克多雇用的中國工人工資與修復他們沒收的大樓為藉口，要求越來越多的錢。

二〇〇七年，一家外國公司受雇修復、管理舊華懋飯店，耗資數百萬美元，希望讓它在蓬勃發展的新上海重現昔日風華。新管理團隊向考克斯詢問維克多最喜歡的華懋飯店食譜細節，這些細節他都記在自己一本又一本的日記裡，像是黛安娜牛排、魔鬼雞，和一種用牛頭牌芥末（Colman's mustard）做的辣味雞。他要華懋飯店廚房用來做湯或燉菜的剩菜是什麼？

在維克多生命的最後幾年，伊芙琳經常去拜訪他，還跟他一起去達拉斯、倫敦和紐約旅行。現在，她受邀到上海參觀修復後的飯店。一家改名為「維克多爵士」的咖啡館提供當年的老菜單；大廳外有個小小的博物館展示著維克多的照片，還有一九三〇年代的菜單和銀器；飯店外的街道擠滿了中國遊客，在飯店正門前擺姿勢自拍。夜幕降臨，這棟裝飾藝術風格建築沐浴在聚光燈下，熠熠生輝。「這是西方人留給我們的。」一個計程車司機開車經過時說。「是不是很漂亮？」

伊芙琳帶來了維克多和他晚年的妻子伊芙琳．巴恩斯的油畫肖像。維克多看起來十分高貴，有政治家風度，和早年照片中那個放蕩不羈、眼裡閃爍著光芒的年輕人形成強烈對比。年輕時的他總是為下一筆交易、下一場派對、中國政治的下一個轉折做好準備，也永遠在享受人生。在一場有中國官員出席、也在中國電視播放的儀式上，飯店將這兩幅肖像掛在維克多修復好的套房裡，客人現在可以用每晚一千一百美元的價格預定這間房。伊芙琳想，中國人終於接受了維克多為上海做的那些正面事蹟，不再諷刺他是「那個靠窮人為生的可憎有錢人[14]」，維克多也回家了。

一八六四年大衛．沙遜去世後，沙遜家散居海外的家族成員遍布世界各地，包括倫敦、耶路撒冷、華盛頓特區和紐約，他們的職業從銀行業到政府、藝術和拉比研究，無所不包（和許多人認知相反的是，並不包含剪髮沙龍這一項；維達．沙宣〔Vidal Sassoon〕和他們沒有親屬關係）。家族財富逐漸減少，消耗殆盡。一九三〇年代，維克多的財富讓他躋身世界富豪之林，他的大部分財富都和華懋飯店以及在上海擁有的幾十棟大樓有關，這些房產都被共產黨拿走了。多年來，沙遜的家族成員偶爾會試著向中國政府要求補償，但總是遭到拒絕。相較之下，嘉道理家族從上海遷到香港，繼續為中國崛起效力，並且從中獲利。對沙遜家族來說，上海已經滑入了家族傳說和記憶的鄉愁裡。倫敦銀行家休．沙遜（Hugh Sassoon）是令人敬畏的芙蘿拉．沙遜的後人，他在某次交易前接受背景調查，做為例行詢問，他被問到是否參與過洗錢活動，他格格地笑起來，說：「我們家以前是販毒的⓯。」

沙遜家族中，另一位與上海保持聯繫的人，是休的兒子詹姆斯．沙遜（James Sassoon），他經常到中國出差，後來成為主要商業集團的負責人，倡導對華貿易。二〇一三年，他成為怡和公司的高級管理人員，這家公司就是他的家族在一八七〇年代鴉片貿易的競爭中以計謀戰勝的對手。

二〇〇二年，詹姆斯．沙遜被任命為英國財政部高級官員。他被派往北京進行經濟會談，會見了中國財政部長樓繼偉⓰。在這類行程中，沙遜這個姓氏和歷史經常比他本人更受矚目。

「你的姓氏在中國非常有名。」那位財政部長一開口就說。

詹姆斯．沙遜承認確實如此，他們大略聊了聊他的家族史和維克多的大量財產，然後沙遜頑皮地說：「真遺憾中國沒有實施許多東歐國家採取的政策，允許前屋主來收回他們的房產，如果中國也這樣做，我們家的日子會好過得多。」

樓繼偉看著他，笑了起來。他欠了欠身，改用英語說：「過去的就讓它過去吧。」

致謝

在這本書的研究和寫作過程中，我得到了來自世界各地許多人和機構的協助與支持。

首先，我要感謝嘉道理和沙遜家族的成員，他們和我分享了他們的回憶和檔案。藉由嘉道理一家的家族與商業文件，以及香港人的口述歷史，嘉道理一家建立了「香港社會發展回顧項目」（Hong Kong Heritage Project）。歷史學家愛蜜莉雅·艾爾索普（Amelia Alsop）的指導是一份無價的資源；此外，張有為（Clement Cheung）和梅蘭妮·何（Melanie Ho）及他們工作人員的幫助，也讓我獲益匪淺。嘉道理的家族成員審閱了這本書的草稿，以確保它的準確性，但同時他們也理解，詮釋和分析的權限依然在我。我非常感謝他們在百忙中抽出時間，慷慨地和我合作。

同樣的，沙遜家族的幾位成員也和我分享了他們的回憶與家族文件：包括紐約的艾薩克·沙遜（Isaac Sassoon）、耶路撒冷的納森·沙遜（Nathan Sassoon）、華盛頓特區的約瑟夫·沙遜（Joseph Sassoon）、倫敦的休·沙遜和詹姆斯·沙遜。伊芙琳·考克斯跟我敘述了她對維克多的回憶，還有她哥哥克里斯多福也是。詹姆斯·沙遜審閱了草稿，糾正了一些事實，但同時也承認，他們家族對事件的理解有時可能和我不太一樣。

三百多份原始筆記記錄了我對上海、香港和中國的新聞報導、研究和學術資料的感激。有幾位歷史學家的研究成果值得特別提及和感謝。梅西·梅爾（Maisie Meyer）是研究上海巴格達猶太人的先驅，她的書和談話內容豐富地描繪出他們在上海的生活。史丹利·傑克森（Stanley Jackson）

和塞西爾・羅斯（Cecil Roth）都記錄了維克多・沙遜在一九四〇和一九六〇年代的生活。H・帕克・詹姆斯（H. Parker James）對維克多・沙遜的一生作了廣泛的研究，並且和我慷慨分享了他的許多見解。泰拉斯・格雷斯哥（Taras Grescoe）在他的《大上海》（Shanghai Grand）一書中捕捉到了華懋飯店的世界，以及維克多・沙遜和愛蜜莉・哈恩的關係。彼得・海博（Peter Hibbard）撰寫了幾本關於華懋和嘉道理飯店的書籍，他告訴我這些書背後的研究資料和看法。布里斯托大學的畢可思，生動地再現了公共租界時代的世界，並且記錄了幾十年來上海的角色變化和它在中國世界觀中的地位。馮客（Frank Dikotter）很有說服力地分析了一九二〇和三〇年代上海的獨特世界，以及它在中國現代化進程中的作用。顧汝德（Leo Goodstadt）讓我了解了香港從二戰後到今天的發展歷程。此外我的觀點也在與傅高義（Ezra Vogel）、馬若德（Roderick MacFarquhar）、喬納森・高斯坦（Jonathan Goldstein）、馬文・托卡雅（Marvin Tokayer）、冼玉儀（Elizabeth Sinn）、曾銳生（Steve Tsang）、柯煒文（Patrick Cranley）、史蒂夫・霍切斯達特（Steve Hochstadt）、詹姆斯・羅斯（James Ross）、亞隆・本奈（Yaron Ben-Naeh）、何曼禮（Manli Ho）、梅隆・梅德茲尼（Meron Medzini）、琪亞拉・貝塔（Chiara Betta）、哈麗德・塞甘特（Harriet Sergeant）和江玉翠（Yuk Chui Kong）等人的談話中逐步成形。

我還要感謝在香港的許多人，除了上面已經列出的之外，還有威廉・莫卡塔（William Mocatta）、李銳波（Y. B. Lee）、蘇珊・透納（Susan Turner）、麥可・葛林（Michael Green）、羅伯特・多夫曼（Robert Dorfman）、馬霍綺蓮（Elaine Forsgate Marden）、崔大偉（David Zweig）、馬德克（Richard Margolis）、陳瑞璋（S.j. Chan）、鍾逸傑（David Akers-Jones）、李歐梵（Leo Ou Fan Lee）、冼玉儀（Elizabeth Sinn）、郭少棠（Edmund Kwok）、杜芬（John Dolfin）、薄安哲（Andy

Brown）、柔伊・楊（Zoe Yeung）、康妮・袁（Connie Yuen）、曾繁光（Tsang Fan Kwong）以及丹尼斯・雷文塔爾（Dennis Leventhal），他們分享了許多對於嘉道理家族與中國的回憶和看法。

世界各地的圖書館和檔案館都向我開放了他們的館藏。感謝劍橋大學圖書館的怡和檔案館、香港大學圖書館、大英圖書館，與位於邱園（Kew）的英國國家檔案館，以及波士頓大學霍華・戈利特檔案研究中心（Howard Gottlieb Archival Research Center）的特別典藏。特別要感謝的是安妮・彼得森（Anne Peterson），她在達拉斯南衛理公會大學戴高理圖書館（DeGolyer Library）負責監管維克多・沙遜的日記。東北大學圖書館迅速回應了我所有的請求，在蘇珊・科諾弗（Susan Conover）的幫助下，我才得以將研究和行政職責都保持在正常運作狀態。

在上海，海倫・余（Helen Yu）協助我進行研究，幫助我安排了很多採訪，也分享了她自己對嘉道理和沙遜兩個家族的印象。上海社會科學院的潘光（Pan Guang）和他的同事們，在會面時和多年的研究中都提供了大量的看法，南京大學的徐新（Xu Xin）和她的同事們也是如此。

在寫作當中，我從戴夫・阿諾德（Dave Arnold）和安・莫瑞茲（Ann Moritz）、道格・蒂夫特（Doug Tifft）和邦妮・麥克亞當（Bonnie Macadam）、約翰・塔利亞布（John Tagliabue）和寶拉・布特里尼（Paula Butturini）、萊拉・盧（Lila Lu）和格林・麥凱（Glenn McKay）、史蒂夫・史特克羅（Steve Stecklow）、勞麗・海斯（Laurie Hays）、哈若德・瓦摩斯（Harold Varmus）和康妮・凱西（Connie Casey）以及丹・高登（Dan Golden）的友誼（常常還加上吃住）中獲益不少。

有幾位同事讀了這本書的草稿，並且提出有用的批評和建議，大部分我都很聰明地接受了。感謝提摩西・切克（Timothy Cheek）、馬克・克利福德（Mark Clifford）、洛莉・萊夫科維茲（Lori Lefkovitz）、伊森・布朗納（Ethan Bronner）、愛蜜莉雅・歐索普（Amelia Allsop）、方鳳美（Mei

Fong）、大衛・韋塞爾（David Wessel）、湯姆・阿什布魯克（Tom Ashbrook）、道格・蒂夫特（Doug Tifft）、麥克・卡萊爾（Michael Carlisle）、麥克・曼根尼羅（Michael Mungiello）。從這本書提案開始到大量的草稿，茱莉・利普金（Julie Lipkin）都是我細心的文字編輯。

奧黛莉・舒茲（Andrea Schultz）和她在維京出版社（Viking）的團隊從這個計畫一開始就給予我熱情支持。喬治亞・博德納（Georgia Bodnar）仔細閱讀了草稿，她追根究柢的提問和編輯視角在幾個關鍵點上改進了這本書。泰瑞西亞・西塞爾（Terezia Cicel）是嫻熟的文字編輯，她刪減了重複和笨拙的語句，讓我想表達的意思變得更清楚。她的幽默和判斷力讓這本書變得更好。我也要感謝凱西・德克斯特（Cathy Dexter）的精心編輯。而在倫敦，我的英國經紀人比爾・漢彌爾頓（Bill Hamilton）、我的出版商理查・貝斯威克（Richard Beswick）以及他在利特爾・布朗出版公司（Little, Brown）團隊的支持和見解，也讓我受惠不少。

我的經紀人麥克・卡萊爾，總是在緊要關頭熱情高漲，重要時刻充滿智慧，他是一位具有洞察力的編輯，也是個好朋友。愛國者隊加油！

我第一次去上海時只有二十多歲，還要好多年才會遇見我的妻子芭芭拉・霍華德（Barbara Howard），並且組成我們的家庭。她說她一直都知道我們會回到中國。當我們這麼做的時候，已經帶著三個孩子了。他們也愛上了上海。這本書是獻給芭芭拉，也是獻給他們的。這是我人生最幸運、也最開心的事。

8 麥佩儀（Pei Yi Mak）、布萊克・施密特（Blake Schmidt）、維尼斯・馮（Venus Feng）、Yoojung Lee、史蒂芬・克拉比爾（Steven Crabill）、彼得・埃肯鮑姆（Peter Eichenbaum）、安德魯・西斯考特（Andrew Heathcote）及湯姆・梅特卡夫（Tom Metcalf）共同撰文，〈亞洲二十大富豪家族控制著四千五百億美元資產〉（*Asia's 20 Richest Families Control $450 Billion*，彭博社，2019年8月23日：www.bloomberg.com/features /richest-families-in-asia）。

9 史蒂文・馬夫森（Steve Mufson），〈對中國公司來說，通路成為關鍵商品〉（*To Chinese Firm, Access Becomes a Key Commodity*. Washington Post, March 26 1997, A21）。

10 郭敬文（Clement Kwok）訪談；陳寶山（Paul Tchen）訪談。

11 半島酒店YouTube, 2012.3.11: www.youtube.com/watch?v=l4_GpSqQkew。

12 米高・嘉道理訪談；威廉・莫卡塔訪談；關於米高與中國領導人打交道的細節，取自李銳波訪談。

13 伊芙琳・考克斯訪談。

14 伊芙琳・考克斯訪談。

15 休・沙遜訪談。

16 詹姆斯・沙遜訪談。

16 會面細節根據上海社科院官員和研究人員訪談。

17 李光軍，〈猶太藝術家尋找他的上海阿媽〉，2016年9月14日。

18 以色列政府耶路撒冷新聞辦公室前主任梅隆．梅德茲尼訪談。

19 李國寶（David Li）訪談。

20 1981年10月20日嘉道理勳爵針對《英國國籍條例草案》的發言，香港社會發展回顧項目。

21〈商人哲學家〉，《富比世》雜誌，1983年12月19日，頁116-117。

22 關於鄧小平和羅蘭士．嘉道理的會面，採自嘉道理的翻譯張乃寧（Cheung, Nai Ling）的採訪，及當時的記錄；張乃寧口述史，香港社會發展回顧項目；李銳波，《大亞灣曙光》。

23 潘光訪談。

第十一章　重返外灘

1 羅蘭士．嘉道理寫給拉比馬文．托卡雅的信。

2 李銳波，《大亞灣曙光》，頁45。

3 馬克．休斯（Mark Hughes），〈為香港提供動力的人體發電機〉（*Human Dynamo Who Powered Hong Kong*，《南華早報》，1993年8月26日）。

4 〈憶上海：猶太人的避難所〉（*Shanghai Recalled as a Haven for Jews.* New York Times, August 4, 1980）；另見西奧多．亞歷山大口述史；香港社會發展回顧項目舉辦的團聚活動及紀念品。

5 麗塔．嘉道理及米高．嘉道理口述史（香港社會發展回顧項目）；米高．嘉道理訪談。

6 馬修斯，〈羅蘭士．嘉道理爵士延續了舊中國商人的傳奇〉；另見喬納森．弗里德蘭（Jonathan Friedland），〈上議院王國〉（*Realm of the Peer*），出自《遠東經濟評論》（*Far Eastern Economic Review*. July 8, 1992），頁62-66。

7 當年參加會議的李銳波訪談。

5 米高・嘉道理訪談，李銳波（Y. B. Lee）採訪。促成核電會談的策略細節，來自這些採訪，以及1974年8月5日威爾福德（K. M. Wilford）致麥理浩（Murray MacLehose）爵士的備忘錄，國家檔案館（/FCO/40/512 294929）；七十七項提交董事會的報告，1977年9月30日，香港社會發展回顧項目；李銳波《大亞灣曙光》（The Dawn of Daya Bay），中華電力內部文件，2007年10月，作者持有副本。

6 羅蘭士・嘉道理演說，1979年3月29日，香港社會發展回顧項目。

7 採訪當時曾經與羅蘭士・嘉道理談過的消息人士；法蘭克・金（Frank H. H. King），《發展與民族主義時期的香港銀行，一九四一至一九八四》（The Hongkong Bank in the Period of Development and Nationalism, 1941–1984. Cambridge: Cambridge University Press, 1991），頁684；嘉道理家表示，羅蘭士並沒有要求任何補償。

8 羅蘭士・嘉道理致詹姆斯・卡拉漢的信，1978年5月26日，國家檔案館，首相辦公室紀錄，英國邱園（National Archives, Records of the Prime Minister's Office, Kew, United Kingdom）。

9 米高・嘉道理訪談。

10 米高・嘉道理及威廉・莫卡塔訪談。

11 卡拉漢和羅蘭士・嘉道理之間的通信，以及卡拉漢對嘉道理計畫的評論，來自國家檔案館，首相辦公室紀錄，英國邱園。

12 首相與羅蘭士・嘉道理會面的簡要介紹，日期不詳，可能是1979年8月，國家檔案館，首相辦公室紀錄，英國邱園。

13 1980年7月28日與羅蘭士・嘉道理爵士會面紀要，國家檔案館，首相辦公室紀錄，英國邱園。

14 首相辦公室準備寄給羅蘭士・嘉道理的信件草稿，日期不詳，可能是1979年8月，國家檔案館，首相辦公室紀錄，英國邱園。

15 羅蘭士・嘉道理1980年6月27至30日在管理小組會議上的筆記，國家檔案館，首相辦公室紀錄，英國邱園。

Hong Kong, March 1986），頁58-59。

24 顧汝德（Leo Goodstadt），《不安的夥伴：香港公共利益與私人利益的衝突》（*Uneasy Partners: The Conflict between Public Interest and Private Profit in Hong Kong*. Hong Kong: Hong Kong University Press, 2005），頁176-180。

25 香港歷史檔案館（Hong Kong Public Records Office. HKRS 131/3091/48）。

26 關於維克多離開上海之後的生活細節，參見傑克森，《沙遜家族》，頁275-287；另取材自他妻子的姪女伊芙琳·考克斯訪談。

27 伊芙琳·考克斯訪談。

28 伊芙琳·考克斯訪談。

29 畢可思在他的《滾出中國：十九、二十世紀的國恥，如何締造民族主義的中國》（*Out of China: How the Chinese Ended the Era of Western Domination*. Cambridge: Harvard University Press, 2017）一書中生動地描述了文革給上海帶來的動盪。Kindle位置322-357。

30 畢可思與葉建民（Ray Yep）主編，《香港五月天：一九六七年的騷亂與緊急狀態》（*May Days in Hong Kong: Riot and Emergency in 1967*. Hong Kong: Hong Kong University Press, 2009）。

31 嘉道理祕書及其他人員口述史，香港社會發展回顧項目。

32 嘉道理家族對於一九六七年騷亂的反應細節，取材自米高·嘉道理的訪談與通信。

第十章　最後的大班

1 馬修斯，〈羅蘭士·嘉道理爵士延續了舊中國商人的傳奇〉。

2 威廉·莫卡塔和米高·嘉道理的訪談。

3 〈商人哲學家〉（*A Businessman Philosopher*），《富比世》（*Forbes*）雜誌，1983年12月19日，頁117。

4 羅蘭士·嘉道理與溫蒂·巴恩斯的對談。

版社，2015）。

13 關於嘉道理兄弟之間的關係，引自鍾逸傑（David Akers-Jones）、米高．嘉道理、威廉．莫卡塔、梁植、馬霍綺蓮（Eileen Marsden）、麥可．葛林（Michael Green）和羅伯特．多夫曼（Robert Dorfman）等人的訪談內容。另見麗塔．嘉道理和米高．嘉道理在香港社會發展回顧項目中的口述史。

14 園丁梁植訪談。

15 農場主人傅先生訪談。

16 陳瑞璋（S.J. Chan）訪談。

17 香港前政務司司長、代理港督鍾逸傑訪談。賀理士為新界難民和農民所做的事，引自賀理士．嘉道理給彭德（K. M. A. Barnett）的信，1955年7月5日；賀理士．嘉道理對於農村發展委員會會議不滿的信件草稿，1959年12月5日；賀理士．嘉道理致利丁頓區議會（DCC Liddington）信件，1970年12月14日，以上皆出自香港社會發展回顧項目。

18 曾家人的訪談；KAAA的活動在它們的網站www.kfbg.org/eng，以及哈里．羅爾尼克（Harry Rolnick）刊載於1976年11月號《亞洲商業與工業》的〈嘉道理的慈善實驗〉一文中有詳細描述。

19 梁植訪談。

20 曾銳生（Steve Tsang），《香港近代史》（*A Modern History of Hong Kong*. London: I. B. Tauris, 2004），頁158。

21 祁福德（Mark Lambert Clifford），《要有光：中電集團和現代香港的形成》（*Let There Be Light: China Light & Power and the Making of Modern Hong Kong*. PhD thesis, University of Hong Kong, March 2019）。

22 喬納森．斯威夫特（Jonathan Swift），〈從一只溢出的桶子開始〉（*It Started with a Spilled Barrel*），《讀者文摘》，沒有日期，作者持有副本。另參見1951年12月14日，羅蘭士．嘉道理為會見英國國務卿奧利弗．利特爾頓（Oliver Lyttleton）準備的備忘錄，香港社會發展回顧項目。

23 瓦丁．英格蘭，〈嘉道理勳爵〉（*Lord Kadoorie*），載於《探索》（*Discovery*.

顧項目。

6 羅蘭士・嘉道理寫給麥道高准將（Brigadier D .M. MacDougall）的備忘錄，1945年12月25日，香港社會發展回顧項目。

7 細節引自羅蘭士・嘉道理給賀理士・嘉道理的備忘錄，1945年11月28日；由嘉道理擔任房屋、大樓及重建委員會主席的備忘錄，1946年4月9日；《海港渡輪服務諮詢委員會報告，一九五〇年九月二十二日》（The Harbour Ferry Services Advisory Committee-Report, September 22, 1950）；《香港勞工顧問委員會會議紀錄，一九四五年十一月十五日》（Minutes of Meeting of Sub-Committee of Hong Kong Labor Advisory Board, November 15, 1945）；羅蘭士・嘉道理私人日記，1945年12月16日，以上皆出自香港社會發展回顧項目；〈房租與房屋〉，載於《南華早報》，1946年7月19日；邀請公眾就渡輪服務發表意見問卷計畫，載於《香港虎報》（Hong Kong Tiger Standard），1950年11月24日。

8 英格蘭，《尋找諾埃爾・裘槎》，頁160。

9 伊莉莎白・科爾（Elisabeth Koll），《榮氏家族：一段中國商業史》（*The Rong Family: A Chinese Business History*. Paper, Harvard Business School, 2010）。

10 這棟房子和馬賽克磁磚依然留存在上海陝西北路186號。

11 關於上海資本家來香港的細節，引自卡洛斯・布洛基（Carles Brasó Broggi），《上海紗廠：香港工業化的先鋒，一九四七一至一九五五》（*Shanghai Spinners: Pioneers of Hong Kong's Industrialization, 1947-1955*. Industrial History of Hong Kong Group, December 25, 2018, https://industrialhistoryhk.org/shanghai-spinners-pioneers-hong-kongs-industrialization-1947-1955）；香港社會發展回顧項目，《太平地氈簡史》（*Tai Ping Carpets-a Brief History*. www.hongkongheritage.org/pages/post.aspx?post=18）；米高・嘉道理爵士訪談，關於紡織業與上海資本家在香港的角色，見黃紹倫（Wong SiuLun），《移民企業家——香港的上海工業家》（*Emigrant Entrepreneurs: Shanghai Industrialists in Hong Kong*. London: Oxford University Press, 1989）。

12 榮毅仁去華懋飯店的經過，取自陳丹燕，《成為和平飯店》，（上海：上海文藝出

16 大維德爵士（David Ezekiel）給賀理士・嘉道理的信，1950年10月19日及1950年1月23日，香港社會發展回顧項目。

17 齊科維奇（S. Zenkovich）給羅蘭士・嘉道理的信，1954年10月14日，彼得・海博收藏。

18 莫切（J. W. Morcher）給賀理士・嘉道理的信，1950年2月28日；莫切給雷諾士夫人（Mrs. H. H. Lennox）的信，1950年3月17日。孫夫人對於受納粹主義迫害的猶太人的支持，見〈文明世界反對希特勒主義〉（*The Civilized World Against Hitlerism*），載於《以色列信使報》（*Israel's Messenger*.Shanghai: June 2, 1993），頁7。關於中國在上海其他地方查封嘉道理物業的細節，參閱《道格拉斯・韋伯斯特的法定聲明》（Statutory Declaration by Douglas Webster，1989年11月9日）和《關於上海禮查飯店的報告》（A Report on the Astor House in Shanghai，1957年4月7日），香港社會發展回顧項目。

19 沃瑟斯特，《世界的上海》，頁77。

20 羅蘭士・嘉道理給賀理士・嘉道理的信，1956年11月22日，香港社會發展回顧項目。

第九章　報應

1 關於羅蘭士返回香港的情況，見羅蘭士・嘉道理，《嘉道理回憶錄》；米高・嘉道理爵士訪談。

2 瓦汀・英格蘭（Vaudine England），《尋找諾埃爾・裘槎：香港安靜的慈善家》（*The Quest for Noel Croucher: Hong Kong's Quiet Philanthropist*. Hong Kong: Hong Kong University Press, 1998），頁159。

3 摘自羅蘭士・嘉道理日記，1945年12月15日；嘉道理給慕麗・嘉道理的信，1945年5月4日，香港社會發展回顧項目。

4 馮國經（Victor Fung）訪談。

5 羅蘭士・嘉道理給賀理士・嘉道理的備忘錄，1946年6月7日，香港社會發展回

第八章　我放棄了印度，中國放棄了我

1 米高・嘉道理訪談。美國解放上海後幾週，大理石宮中的活動細節，見1945年9月30日賀理士・嘉道理致羅蘭士・嘉道理的備忘錄，香港社會發展回顧項目。

2 羅蘭士・嘉道理，《嘉道理回憶錄》。

3 賀理士・嘉道理給羅蘭士・嘉道理的信，1945年9月23日，香港社會發展回顧項目。

4 羅蘭士・嘉道理日記，1945年12月20日，香港社會發展回顧項目。

5 傑克森，《沙遜家族》，頁267。

6 維克多・沙遜日記，1948年6月10日、12日，見從男爵埃利斯・維克多・伊利亞斯・沙遜先生的GBE文件和照片，德州達拉斯南衛理公會大學戴高禮圖書館館藏。

7 傑克森，《沙遜家族》，頁268。

8 賀理士・嘉道理給亨利奎斯（Henriques）的信，1946年11月4日；賀理士・嘉道理給李維（S. E. Levy）的信，1946年8月8日，香港社會發展回顧項目。

9 賀理士・嘉道理給羅蘭士・嘉道理的信，1948年1月30日；另見1948年2月17日、1948年3月16日賀理士致嘉道理信件，香港社會發展回顧項目。

10 與米高・嘉道理爵士的通信。

11 賀理士・嘉道理給羅蘭士・嘉道理的信，1948年3月19日，香港社會發展回顧項目。

12 賀理士・嘉道理給羅蘭士・嘉道理的信，1948年4月19日，香港社會發展回顧項目。

13 格雷斯哥，《大上海》，頁298。

14 傑克森，《沙遜家族》，頁268。

15 關於奧瓦迪亞於共產黨統治期間在上海的細節，引自奧瓦迪亞寫給維克多・沙遜的信件，史丹利・傑克森收藏，波士頓大學霍華・戈利特檔案研究中心；另見傑克森，《沙遜家族》，頁271-274。

Muriel-Kadoorie/600000001118143 7076。

11 馬戈利斯，《在中國上海的活動報告》；潘光，〈獨特性與普遍性：猶太離散編年史中的上海個案〉（*Uniqueness and Generality: The Case of Shanghai in the Annals of the Jewish Diaspora*），載於羅曼．馬萊克（Roman Mallek），主編《從開封到上海》（*From Kaifeng to Shanghai*. Sankt Augustin: Steyler Verlag, 2000）；梅爾，《從巴比倫河到黃浦江》，頁207-208；迪克，《遠東的漂泊者與開拓者》，頁112-125。

12 柯蘭茲勒，《日本、納粹與猶太人》，頁620-626。

13 韓素音，《無鳥的夏天》（*Birdless Summer*. New York: St. Martin's Press, 2016）。另在格雷斯哥，《大上海》，頁295也有敘述。

14 亨利．福特寫給維克多．沙遜的信，1943年4月10日，作者持有影本；另引自格雷斯哥，《大上海》，頁273-274。

15 傑克森，《沙遜家族》，頁259。

16 歐內斯特．赫普納（Ernest Heppner），《上海避難所：二戰猶太人聚居區回憶錄》（*Shanghai Refuge: A Memoir of the World War II Jewish Ghetto*. Lincoln: University of Nebraska Press, 1993），頁58。

17 伊利耶．瓦克斯（Illie Wacs）、黛博拉．史特羅賓（Deborah Strobin），〈上海猶太人區的解放〉（*The Liberation of the Shanghai Jewish Ghetto*），載於《赫芬頓郵報》（Huffington PostHuffington Post, January 27, 2012），www.huffpost.com/entry/the-liberation-of-the-shanghai-jewish-ghetto_b_1236647。

18 他的女兒何曼禮訪談。

19 梅西．梅爾訪談。

20 西奧多．亞歷山大口述史。

21 丸山直起教授訪談，他參觀過公寓，並看到了那張照片。

嘉道理爵士的訪談與通信。

2 金馬倫，《權力：中國之光的故事》，頁IX-X。

3 羅蘭士・嘉道理訪談，香港社會發展回顧項目。

4哈恩，《壞女孩遇上中國——項美麗自傳》。

5 茱迪・格林（Judy Green）與茱迪・迪埃斯塔（Judy Diestal），〈猶太人在香港〉（*Jews in Hong Kong*），載於《猶太人大離散百科全書》（*Encyclopedia of the Jewish Diaspora*. 3. ABCCLIO, 2009），頁1188。

6 尼基・卡林姆（Nicky Careem）和霍珀（M.A. Hopper），〈傳奇姓氏嘉道理〉（*The Legendary Name of Kadoorie*），載於《萬花筒》（*Kaleidoscope*. Hong Kong: 3, no. 9, 1976），頁4-20。

7 關於勞拉・馬戈利斯在上海的經歷詳情，引自勞拉・馬戈利斯，〈一九四一年十二月八日至一九四三年九月在中國上海的活動報告〉（*Report of Activities in Shanghai, China, from December 8, 1941, to September, 1943*. American Joint Distribution Committee Archives, New York）。馬戈利斯在一九四四年三月提交給美國猶太聯合委員會的一份報告〈在上海與時間賽跑〉（*Race Against Time in Shanghai*）中也敘述了她的經歷，報告可以在JDC檔案館網站上找到：https://archives.jdc.org/wp-content/uploads/2018/06/shanghai_race-against-time-in-Shanghai.pdf；另見美國大屠殺博物館（U.S. Holocaust Museum）對她的口述採訪：https://collections.ushmm.org/search/catalog/irn504643；以及威斯康辛大學研究員訪談：https://dc.uwm.edu/etd/548；梅爾，《從巴比倫河到黃浦江》，頁214-217。

8 作者持有信件影本；關於在香港被囚禁，與轉移到上海的細節，取自羅蘭士・嘉道理，《嘉道理回憶錄》，以及米高・嘉道理訪談口述史，香港社會發展回顧項目。

9 米高・嘉道理的信件和採訪；另見與羅蘭士・嘉道理的訪談，香港社會發展回顧項目檔案。

10 慕麗・嘉道理女士，Geni, accessed May 23, 2018, www.geni.com/people/Lady-

28 維克多・沙遜寫給伊馮・費茲羅伊的信，1939年5月3日，大英圖書館館藏（IOPP/Mss Eur E312）。

29 馬文・托卡雅和瑪麗・史瓦茲（Mary Swartz），《河豚計畫：二戰期間日本人和猶太人未曾說出的故事》（*The Fugu Plan: The Untold Story of the Japanese and the Jews During World War II*. New York: Gefen Publishing House, 2004）。

30 格雷斯哥，《大上海》，頁234。

31 導致日本決定停止接納猶太難民的事，引自柯蘭茲勒，《日本、納粹與猶太人》；高蓓，《上海庇護》；以及梅爾，《從巴比倫河到黃浦江》，頁214-215。

32 維克多・沙遜日記，1939年6月22日，見從男爵埃利斯・維克多・伊利亞斯・沙遜先生的GBE文件和照片，德州達拉斯南衛理公會大學戴高禮圖書館館藏。

33《以色列信使報》（*Israel's Messenger*），未註明日期，來自聯合分配委員會檔案，作者持有副本。梅爾，《從巴比倫河到黃浦江》，頁205-208也描述了人們對納粹在上海影響力日益增長的擔憂。

34 維克多・沙遜的備忘錄，1939年6月1日，大英圖書館館藏。

35 梅爾，《上海的巴格達猶太人》，頁277。

36 維克多・沙遜日記，1940年6月18日，見從男爵埃利斯・維克多・伊利亞斯・沙遜先生的GBE文件和照片，德州達拉斯南衛理公會大學戴高禮圖書館館藏。

37 會面細節引自傑克森，《沙遜家族》，頁255-256。這次會面在1940年6月17日的維克多・沙遜日記中也有記錄。

38 西奧多・亞歷山大口述史。

39 拉比馬文・托卡雅訪談；另見1943年亨利・福特寫給維克多・沙遜的信，作者持有副本。

第七章　戰爭

1 日本入侵並占領香港時，關於羅蘭士的行動細節，引自金馬倫，《權力：中國之光的故事》，頁139-148；羅蘭士・嘉道理與溫蒂・巴恩斯對談；羅蘭士之子米高・

286-289。

15 維克多・沙遜寫給伊馮・費茲羅伊的信，未註明日期，大英圖書館館藏（IOPP/Mss Eur E312）。

16 羅蘭士・嘉道理寫給賀理士・嘉道理的備忘錄，1939年9月4日，香港社會發展回顧項目。

17 維克多・沙遜寫給伊馮・費茲羅伊的信，未註明日期，大英圖書館館藏（IOPP/Mss Eur E312）。

18 撒克特（Ezra Yehezkel-Shaked），《猶太人、鴉片與和服》（*Jews, Opium, and the Kimono*. Jerusalem: Rubin Mass, 1995），頁114。

19 梅爾，《上海的巴格達猶太人》，頁282。

20 向聯合分配委員會提交的一系列報告中，記錄了難民人數的增長情況，例如斯俾利門（M. Speelman），1939年6月21日，《上海猶太難民問題報告》（Report on Jewish Refugee Problem in Shanghai），紐約州紐約市聯合分配委員會檔案館：另參見梅爾，《從巴比倫河到黃浦江》，頁200-202。

21 百德新寫給耆紫薇的信，1938年10月19日，劍橋大學怡和洋行檔案館館藏。

22 關於維克多對難民的慈善及支持，詳見瑟爾吉，《上海》，頁319-320；維克多・沙遜，1939年3月8日、1939年4月17日、1939年4月23日、1939年6月13日日記，見從男爵埃利斯・維克多・伊利亞斯・沙遜先生的GBE文件和照片，德州達拉斯南衛理公會大學戴高禮圖書館館藏；梅爾，《上海的巴格達猶太人》，頁283-286；格雷斯哥，《大上海》，頁230-234。

23 梅爾，《從巴比倫河到黃浦江》，頁212。

24 艾里希・雷斯曼口述史。

25〈上海神話〉（*The Shanghai Myth*），載於《美國希伯來與猶太人論壇報》（*American Hebrew and Jewish Tribune*. 145, no. 20, 1939），頁5。

26 艾里希・雷斯曼口述史。

27 拉比西奧多・亞歷山大口述史訪談，美國大屠殺博物館館藏（United States Holocaust Museum），登錄號1999.A.0122.508, RG Number: RG- 50.477.0508。

NewYork: Oxford University Press, 2013)，頁50-57。

3 格倫・桑珊(Glenn Sunshine)，〈改變世界的基督徒〉(*Christians Who Changed Their World*)，載於《斷點》(*Breakpoint*. Colson Center for Christian Worldview)，www.breakpoint.org/2015/09/ho-feng-shan-1901-1997。

4 關於二戰前日本人對猶太人的印象，以及日本反猶太主義興起的細節，引自高蓓，《上海庇護》，頁19-29；大衛・柯蘭茲勒(David Kranzler)，《日本、納粹與猶太人》(*Japanese, Nazis and Jews*. New York: Yeshiva University Press, 1976)。

5 本章中的引述，與犬塚、日本備忘錄及指示，引自柯蘭茲勒，《日本、納粹與猶太人》，頁608-619；另見高蓓，《上海庇護》，頁29-126；赫爾曼・迪克(Herman Dicker)，《遠東的漂泊者與開拓者》(*Wanders and Conservators in the Far East*. New York: Twayne Publishers, 1962)，頁80-97。

6 梅爾，《從巴比倫河到黃浦江》，頁197。

7 拉比馬文・托卡雅訪談。埃利的兒子羅蘭士・嘉道理向他講述了這個故事。

8 這句話被廣泛引用，例如在瑟爾吉、傑克森和羅斯的書中，但有些人認為這句話是杜撰的。

9 丸山直起教授訪談。

10 1937年11月10日日記，見從男爵埃利斯・維克多・伊利亞斯・沙遜先生的GBE文件和照片，德州達拉斯南衛理公會大學戴高禮圖書館館藏。

11 伊芙琳・沙遜(Evelyn Sassoon)給史丹利・傑克森的信，1966年8月5日，史丹利・傑克森收藏，波士頓大學霍華・戈利特檔案研究中心(Howard Gotlieb Archival Research Center)。

12 1938年1月3日日記，見從男爵埃利斯・維克多・伊利亞斯・沙遜先生的GBE文件和照片，德州達拉斯南衛理公會大學戴高禮圖書館館藏。

13 傑克森，《沙遜家族》，頁253。

14 關於維克多與日本人打交道的細節，引自傑克森，《沙遜家族》，頁253-257；梅爾，《從巴比倫河到黃浦江》，頁208-214；梅爾，《上海的巴格達猶太人》，頁

年11月4日、1945年11月7日，從男爵埃利斯·維克多·伊利亞斯·沙遜先生的GBE文件和照片，德州達拉斯南衛理公會大學戴高禮圖書館館藏

53 上海銀行政變的背景，詳見西格雷夫，《宋氏王朝》，頁323-326、345-352；帕克·詹姆斯訪談。

54 約瑟夫·張伯倫（Joseph Chamberlain），《費唐法官研究上海公共租界情形報告書》（*The Feetham Report on Shanghai*），載於《外交》雜誌（*Foreign Affairs*. October 1931）。

55 維克多·沙遜寫給伊馮·費茲羅伊的信，3月21日（無年份），大英圖書館館藏（IOPP/Mss Eur E312）。

56 維克多·沙遜寫給伊馮·費茲羅伊的信，1932年3月6日，大英圖書館館藏（IOPP/Mss Eur E312）。

57 從《日日新聞》剪下的剪報，附在維克多·沙遜寫給伊馮·費茲羅伊的信中，12月23日（無年份），大英圖書館館藏（IOPP/Mss Eur E312）。

58 維克多·沙遜寫給德瑞克·費茲傑羅（Derek Fitzgerald）的信，1938年1月11日，從男爵埃利斯·維克多·伊利亞斯·沙遜先生的GBE文件和照片，德州達拉斯南衛理公會大學戴高禮圖書館館藏

第六章　瞧！我就這麼走起了鋼索

1 艾里希的故事，詳見史蒂夫·霍切斯達特，（Steve Hochstadt）的口述史，《艾里希·雷斯曼口述史採訪》（*Reisman, Erich, oral history interview*. 1997），上海猶太人口述史收集，https://scarab.bates.edu/shanghai_oh/11；關於上海難民經歷的細節，參見霍切斯達特，《避難上海》（*Exodus to Shanghai*. New York: Palgrave Macmillan, 2012）。

2 何鳳山的一生和活動細節，來自他女兒何曼禮的訪談；另參見高碚，《上海庇護：二戰期間中國和日本對歐洲猶太難民的政策》（*Shanghai Sanctuary: Chinese and Japanese Policy toward European Jewish Refugees during World War II.*

World. New York: St. Martin's Press, 2016)，Kindle位置79。

36 如1933年1月12日的日記，從男爵埃利斯・維克多・伊利亞斯・沙遜先生的GBE文件和照片，德州達拉斯南衛理公會大學戴高禮圖書館館藏。

37 麥可・葛林（Michael Green）訪談，他父親曾經為維克多・沙遜工作。

38 柯煒文（Patrick Cranley）訪談。

39 關於愛蜜莉・哈恩和維克多之間的關係細節，引自格雷斯哥，《大上海》，特別是頁84-92、133-135和192-194；以及卡斯伯特森，《沒有人說不去》，特別是第十四章和第十八章。

40 格雷斯哥，《大上海》，第十五章。

41 愛蜜莉・哈恩，《潘先生》（*Mr. Pan: A Memoir*. New York: Open Road Media, 2014），Kindle位置40。

42 格雷斯哥在有趣的《大上海》一書中，描述了維克多・沙遜和愛蜜莉・哈恩之間的關係。這句話出自頁211。

43 愛蜜莉・哈恩，《壞女孩遇上中國—— 項美麗自傳》（*China to Me*. New York:Open Road Media, 2016）。

44 格雷斯哥，《大上海》，頁111。

45 格雷斯哥，《大上海》，頁159-160。

46 埃德加・斯諾（Edgar Snow），〈美國人在上海〉（*The Americans in Shanghai*），載於《美國信使》（*American Mercury*. 20, August 1930），頁437-445）。

47 楊孟亮，〈我在華懋飯店當西崽〉，載於《炎黃春秋》雜誌第二期（2005）。

48 梅爾，《上海的巴格達猶太人》，頁271。

49 格雷斯哥，《大上海》，頁188。

50 維克多・沙遜寫給伊馮・費茲羅伊的信，1932年3月6日；大英圖書館館藏（IOPP/Mss Eur E312）。

51 同上。

52 關於「銀行政變」的細節及其背景，取自詹姆斯，《維克多・沙遜與外國人的上海黃昏》；西格雷夫，《宋家王朝》；維克多・沙遜日記，1935年4月25日、1935

21瑟爾吉，《上海》，頁5；另見海博，《華懋的和平》；彼得・海博訪談。

22 海沃德・帕克・詹姆斯（Heyward Parker James），《維克多・沙遜與外國人的上海黃昏》（*Victor Sassoon and the Twilight of Foreign Shanghai*. M.A. thesis, 1993, Tufts University）；我採訪了詹姆斯，他親切地分享了他對維克多・沙遜和上海的看法。

23 艾薩克・沙遜訪談。

24 在從男爵埃利斯・維克多・伊利亞斯・沙遜先生的GBE文件和照片中到處可見，德州達拉斯南衛理公會大學戴高禮圖書館館藏（DeGolyer Library, Southern Methodist University, Dallas, Texas）。

25 伊羅生（Harold Isaacs），《中國革命的悲劇》（*Tragedy of the Chinese Revolution*. New York: Haymarket Books, 2010），頁155-156。

26 關於維克多與國民黨人士頻繁的會面，記錄在他的日記裡，收藏於德州達拉斯南衛理公會大學戴高禮圖書館，例如1933年1月9日、1933年1月11日、1933年1月28日的日記；另外，他給伊馮・費茲羅伊的信件中也經常提到這些會面，大英圖書館館藏（IOPP/Mss Eur E312）。

27 西格雷夫，《宋氏王朝》，頁338。

28 維克多・沙遜寫給伊馮・費茲羅伊的信，12月23日（無年份），大英圖書館館藏（IOPP/Mss Eur E312）。

29 梅爾，《上海的巴格達猶太人》。

30〈上海崛起〉（*The Shanghai Boom*. Fortune, January 1935.）。

31 貝弗利・豪威爾斯（Beverly Howells），〈香港故事之布力架的財富〉（Braga's Wealth of Hong Kong Stories，《南華早報》，1987年5月31日），作者擁有副本。

32 詳見瑟爾吉，《上海》，頁132-134。

33 瑟爾吉，《上海》，頁131。

34 梅爾，《上海的巴格達猶太人》，頁274。

35 泰拉斯・格雷斯哥（Taras Grescoe），《大上海：舊中國的愛戀生死迷局》（*Shanghai Grand: Forbidden Love and International Intrigue in a Doomed*

5 同上。

6 瑟爾吉，《上海》，頁130。

7 傑克森，《沙遜家族》，頁202-203。

8 關於維克多早年在印度的生活細節，引自傑克森，《沙遜家族》，頁200-204。

9 維克多・沙遜寫給伊馮・費茲羅伊（Yvonne FitzRoy）的信，1923年7月22日，大英圖書館館藏（IOPP/ Mss Eur E312）。

10 維克多・沙遜寫給伊馮・費茲羅伊的信，8月5日（無年份），大英圖書館館藏（IOPP/Mss Eur E312）。

11 維克多・沙遜寫給伊馮・費茲羅伊的信，1923年7月22日，大英圖書館館藏（IOPP/Mss Eur E312）。

12 哈佛大學教授馬若德（Roderick MacFarquhar）訪談內容，他的父親一九二〇年代在印度擔任英國公務員。

13 關於維克多・沙遜對上海最初的印象，在傑克森，《沙遜家族》，頁211-212有詳細描述。

14 維克多・沙遜寫給伊馮・費茲羅伊的信，1927年2月11日，大英圖書館館藏（IOPP/Mss Eur E312）。

15 瑟爾吉，《上海》，頁131；梅爾，《上海的巴格達猶太人》，頁269-270。

16 關於華懋飯店及其歷史，詳見彼得・海博，《華懋的和平》（*Peace at the Cathay*. Shanghai: Earnshaw Books Ltd., 2013）以及他的訪談，他和我慷慨分享了他的私人檔案。

17 瑟爾吉，《上海》，頁132。

18 詹姆斯・赫奇森（James Hutchison），《中國通》（*China Hand*. Lothrop, Lee and Shepard, 1936），頁273、220。

19 梅爾，《上海的巴格達猶太人》，頁273-274。

20 在華懋飯店（現稱費爾蒙和平飯店Fairmont Peace Hotel）大廳外的小展覽館裡，展出許多唱片與有關這個錄音間的資料，以及飯店在一九三〇年代經歷的社會動盪。

21 茅盾，《子夜》，（北京，外文出版社，1957），頁1。

22 嵐森（Arthur Ransome），《上海思維》（*The Shanghai Mind*），轉載於嵐森，《中國之謎》（*The Chinese Puzzle*. London: George Allen & Unwin, 1927），頁29-30。

23 米高．嘉道理爵士訪談。

24 沃瑟斯特，《世界的上海，一八五〇至二〇一〇：碎片中的歷史》（*Global Shanghai, 1850-2010: A History in Fragments*. New York: Routledge, 2009），頁68。

25 毛澤東，〈中國革命與中國共產黨〉，1939年12月，https://radicaljournal.com/essays/the_chinese_revolution_party.html。

26 關於一九二七年上海戰役，詳見哈里特．瑟爾吉（Harriet Sergeant），《上海》（*Shanghai*. New York: Crown Publishers, 1990），頁68-94。

27 史特林．西格雷夫（Sterling Seagrave），《宋氏王朝》（*The Soong Dynasty*），Kindle位置287-289。

28 關於芙蘿拉的崛起和失勢細節，引自傑克森，《沙遜家族》，頁103-122。

29 關於瑞秋．沙遜的一生，在尼格夫、科倫，《艦隊街第一夫人》有詳細描述，是本節資料和引文的來源。

第五章　娛樂大亨

1 肯．卡斯伯特森（Ken Cuthbertson），《沒有人說不去：愛蜜莉．哈恩的生活、愛情和冒險》（*Nobody Said Not to Go: The Life, Loves, and Adventures of Emily Hahn*. New York: Faber & Faber, 1998），Kindle位置2749（第十四章）。

2 傑克森，《沙遜家族》，頁202；關於沙遜對商業越來越不感興趣的過程，詳見頁198-202。

3 傑克森，《沙遜家族》，頁203。

4 傑克森，《沙遜家族》，頁135-138描述了維克多此行的細節。

一九五〇年嘉道理企業研究》，特別是第四章和第五章。

14 梅爾，《從巴比倫河到黃浦江》，頁171-174。

15 關於孫逸仙對猶太人的看法以及他與埃利・嘉道理打交道的細節，引自梅隆・梅德茲尼（Meron Medzini），〈中國、大屠殺和猶太國的誕生〉（*China, the Holocaust, and the Birth of the Jewish State*），《以色列外交雜誌》（*Israel Journal of Foreign Affairs*. 7, no. 1, 2013）；湯姆・賽格夫（Tom Segev），〈猶太復國主義在遠東有個朋友〉（*Zionism Had a Friend in the Far East*），《國土報》（Haaretz [Israel], March 1, 2013）；梅爾，《從巴比倫河到黃浦江》，頁172-174；〈孫逸仙博士與猶太人〉（*Dr. Sun Yat-sen and the Jews*），《中國猶太研究院學術論文》（*Sino-Judaica: Occasional Papers of the Sino-Judaic Institute*. 2, 1995)）；梅隆・梅德茲尼訪談。

16 柯彼得（Peter Kupfer）主編，《猶太：猶太人和猶太教在中國的存在和認知》（*Youtai-- Presence and Perception of Jews and Judaism in China*. New York: Peter Lang, 2008），頁169。

17 伊恩・迪克斯（Ian Deeks），《不太可能的援助：二戰期間中國人和日本人如何在上海拯救了兩萬猶太人》（*Unlikely Assistance: How the Chinese and the Japanese Saved 20,000 Jews in Shanghai during World War II*），http://history.emory.edu/home/documents /endeavors/volume1/Ians.pdf。

18 琳達・馬修斯（Linda Matthews），〈羅蘭士・嘉道理爵士延續了舊中國商人的傳奇〉（*Sir Lawrence Kadoorie Carries on the Legend of Old China Traders*. Wall Street Journal, March 2, 1977）；溫蒂・巴恩斯（Wendy Barnes）訪談羅蘭士・嘉道理，《歲月如流話香江》（Time to Remember），香港電台節目，1970年4月26日。

19 梅爾，《從巴比倫河到黃浦江》，頁171-180；拉比馬文・托卡雅（Marvin Tokayer）訪談，他曾經和羅蘭士・嘉道理討論過這個爭議性的問題。

20 耆紫薇給J・J・帕特森的信（1935年10月31日，劍橋大學圖書館怡和洋行檔案館）。

Kadoorie），出自《以色列傳訊報》（*Israel's Messenger*，上海，1919年3月14日）。

第四章　上海崛起

1 關於上海在一九二〇和三〇年代蓬勃發展的細節，及其對中國人的影響，引自馮客（Frank Dikotter）的精采著作《開放時代》（*The Age of Openness*. Berkeley and Los Angeles: University of California Press, 2008）。
2 芭芭拉．貝克（Barbara Baker），《上海：電與炫目之城》（*Shanghai: Electric and Lurid City*. Hong Kong: Oxford University Press, 1998），頁20-23。
3 巴爾，《帶愛去中國》，頁142。
4 艾薇娃．沙比（Aviva Shabi），《巴格達猶太人在上海》（*Baghdadi Jews in Shanghai*），轉載自：www.dangoor.com/72page34.html。
5 馮客，《開放時代》，頁26。
6 關於史迪威對上海的印象，見芭芭拉．塔奇曼（Barbara Tuchman），《史迪威與美國在華經驗：一九一一至一九四五》（*Stilwell and the American Experience in China: 1911-1945*. New York: Random House, 1971），Kindle位置856-945。
7 羅蘭士．嘉道理，《嘉道理回憶錄》。
8 J．K．百德新寫給耆紫薇的信（1935年11月14日，劍橋大學圖書館怡和洋行檔案館）。
9 金馬倫，《權力：中國之光的故事》，頁96。
10 羅蘭士．嘉道理，《嘉道理回憶錄》；米高．嘉道理訪談。
11 梅爾，《上海的巴格達猶太人》，頁119-121。
12 關於嘉道理家飯店（包括大華酒店及半島酒店）的歷史，詳細資料來自彼得．海博（Peter Hibbard），《超越酒店：香港和上海飯店的歷史》（*Beyond Hospitality:the history of the Hongkong and Shanghai hotels*. Singapore: Marshall Cavendish, 2010）。
13 關於這些商業操作的細節，引自江玉翠《上海的猶太商人社群：一八九〇至

1895-1915. Albany: State University of New York Press, 2017），頁87-112；另見〈東方新生活〉（*New Life in The East*），出自《猶太紀事報》（*Jewish Chronicle*，1909年11月26日），頁18。

13 蘿拉．嘉道理日記，香港社會發展回顧項目。

14 羅蘭士．嘉道理，《嘉道理回憶錄》；米高．嘉道理訪談。

15 這個轉變的細節，見江玉翠的博士論文《上海的猶太商人社群：一八九〇至一九五〇年嘉道理企業研究》（*Jewish merchants' community in Shanghai: a study of the Kadoorie Enterprise, 1890-1950*，香港浸會大學，2017年8月30日）。

16 大衛．史考特（David Scott），《一八四〇至一九四九年的中國與國際體系》（*China and the International System, 1840-1949*. New York: SUNY Press, 2008），頁167。

17 見〈上海個人大地主：塞拉斯．哈同的崛起〉（*The Rise of Silas Aaron Hardoon [1851-1931] as Shanghai's Major Individual Landowner*），以及〈孫逸仙博士與猶太人〉（*Dr. Sun Yat-sen and the Jews*），均出自《中國猶太研究院學術論文》（*Sino-Judaica: Occasional Papers of the Sino- Judaic Institute*. 2, 1995）。

18 梅爾，《從巴比倫河到黃浦江》，頁162；另見琪亞拉．貝塔（Chiara Betta），〈上海的西方邊緣人〉（Marginal Westerners in Shanghai），畢可思與安克強（Christian Henriot）合編，《新疆域：帝國主義在東亞的新社群，一八四二至一九五三》（*New Frontiers: Imperialism's New Communities in East Asia, 1842-1953*. Manchester: Manchester University Press, 2017）。

19 蘿拉．嘉道理日記。

20 徐新教授及其同事訪談，出自南京大學戴安娜和吉爾福德．格拉澤猶太人與以色列研究所（Diane and Guilford Glazer Institute for Jewish and Israel Studies, Nanjing University，中國南京）。

21 蘿拉．嘉道理日記。

22 蘿拉．嘉道理去世報紙報導，香港社會發展回顧項目，作者持有副本。

23〈已故的蘿拉．莫卡塔．嘉道理夫人〉（*The Late Mrs. Laura Mocatta*

年10月14日，香港社會發展回顧項目；金馬倫（Nigel Cameron），《權力：中國之光的故事》（*Power: The Story of China Light*. Hong Kong: Oxford University Press [China] Ltd., 1982），頁87-98；莎拉．拉撒路（Sarah Lazarus），〈猶太人在造就香港中扮演的角色〉（*The Role of Jews in the Making of Hong Kong*），載於《南華早報》2014年12月13日；梅爾，《上海的巴格達猶太人》（*Shanghai's Baghdadi Jews.* Hong Kong: Blacksmith Books, 2015），頁116-127；以及與米高．嘉道理爵士的採訪與通信。

3 雖然這部分超出了本書的範圍，但埃利的哥哥伊利士．嘉道理的故事和他的商業及慈善活動也記載在香港社會發展回顧項目的紀錄裡。

4 羅蘭士．嘉道理，《嘉道理回憶錄》；米高．嘉道理訪談。

5 何東寫給羅蘭士．嘉道理的信，沒有日期，但可能是一九三〇年代，信件由香港社會發展回顧項目收藏；另參見韋，《名字背後的故事》。

6 《伊利士．嘉道理遺囑》：「伊利士．嘉道理爵士，已故……」出自香港大學圖書館「的近律師行特藏」（Deacons Collection）收藏。

7 關於莫卡塔家族和蘿拉．莫卡塔的詳細資料，引自提摩西．格林（Timothy Green），《珍貴遺產》（*Precious Heritage.* London: Rosendale Press, 1984）；以及威廉．莫卡塔（William Mocatta）與米高．嘉道理爵士訪談。

8 《嘉道理夫人日記》（*Mrs. Laura Kadoorie's Diary*，香港社會發展回顧項目）。以下簡稱蘿拉．嘉道理日記。

9 羅蘭士．嘉道理，《嘉道理回憶錄》。

10 羅蘭士．嘉道理訪談，香港社會發展回顧項目；米高．嘉道理訪談。

11 帕特．巴爾（Pat Barr），《帶愛去中國：一八六〇至一九〇〇年新教傳教士在中國的生活與時代》（*To China with Love: The Lives and Times of Protestant missioners in China, 1860-1900*. London: Secker and Warburg, 1972），頁143。

12 喬納森．沙爾科（Jonathan Sciarcon），《沙漠中的教育綠洲：一八九五至一九一五年以色列大學聯盟在鄂圖曼伊拉克的女子學校》（*Educational Oases in the Desert: The Alliance Israelite Universelle's Girls' Schools in Ottoman Iraq,*

E115-Letters），英國肯特歷史及圖書館中心收藏（Kent History and Library Centre, Maidstone, Kent, UK.）。

27 伊夫林・瑞奇醫生致芙羅倫斯・奧格蘭德信件（Letter from Dr. Evelyn Rich to Florence Oglander, OG/CC/2121A），英國懷特島檔案局收藏（the Isle of Wight Record Office, UK.）。

28 馬丁・吉爾伯特（Martin Gilbert），《邱吉爾與猶太人》（*Churchill and the Jews*. New York: Macmillan, 2008），頁5。

29 傑克森，《沙遜家族》，頁71。

30 關於沙遜反對結束鴉片貿易的遊說，見中國協會（China Association），〈致總務委員會的通告，編號54-161〉（Circular to the General Committee, numbers 54-161. SOAS University of London Library, CHAS/MCP/18）。

31 鄭揚文（Yangwen Zheng），《鴉片在中國的社會生活》（*The Social Life of Opium in China*. Cambridge: Cambridge University Press, 2005），頁133。

32 張仲禮、陳曾年，《沙遜集團在舊中國》（北京人民出版社，1985）。

第三章　蘿拉與埃利

1 伊娜・麥凱比（Ina McCabe）等，《離散猶太人企業網路》（*Diaspora Entrepreneurial Networks*. Oxford: Berg, 2005），頁271。

2 關於埃利・嘉道理抵達中國以及之後職業生涯的細節，詳見羅蘭士・嘉道理，《嘉道理回憶錄》（*The Kadoorie Memoir*），香港社會發展回顧項目（Hong Kong Heritage Project）嘉道理家族檔案館收藏；另見丹尼斯・韋（Dennis Way），《名字背後的故事》（*Names Behind the Name*），作者擁有手稿；貝嘉蘭（Caroline Pluss），〈香港的塞法迪猶太人：社群身分的建構〉（*Sephardic Jews in Hong Kong: Constructing Communal Identities*），載於《中國猶太研究院學術論文》（*Sino Judaica: Occasional Papers of the Sino- Judaic Institute*. 4, 2003）；埃利・嘉道理致《美國猶太人名人錄》（*Who's Who in American Jewry*），信件，1937

19 本野英一（Eiichi Motono），《一八八〇年代買辦法律地位研究——以大衛・沙遜父子公司一八八四至一八八七年間與買辦的三起民事案件為例》（*A Study of the Legal Status of the Compradors During the 1880s with Special Reference to the Three Civil Cases Between David Sassoon Sons & Co. and their Compradors, 1884–1887*. Acta Asiatica 62, Feb. 1992）。

20 珍・莫克羅夫特・威爾遜（Jean Moorcroft Wilson），《西格里夫・沙遜：從戰壕出發的旅程》（*Siegfried Sassoon: The Journey from The trench*. London and New York: Routledge, 2003）；www.worldcat.org/wcpa/servlet/DCARead?standardNo=0415967139&standardNoType=1&excerpt=true。

21 艾伊拉・尼格夫（Eilat Negev）、葉胡達・科倫（Yehuda Koren），《艦隊街第一夫人：改革派女繼承人和報業先驅瑞秋・比爾的一生》（*The First Lady of Fleet Street: The Life of Rachel Beer, Crusading Heiress and Newspaper Pioneer*. New York:Bantam Books, 2011），頁43。

22 沙遜家族兄弟之間關於鴉片和其他話題的信件，收藏於耶路撒冷希伯來圖書館。感謝該校猶太歷史暨當代猶太人系教授、塞法迪猶太人及東方猶太人遺產研究中心主任亞隆・本奈，他從猶太阿拉伯文信件中挑選出幾十封，翻譯成英文。參見本奈，《沙遜家族：十九世紀東西方之間的猶太巨頭》（*The Sassoon Family: Jewish Magnates Between East and West in the Nineteenth Century*），www.eacenter.huji.ac.il/uploaded/fck/Ben-Nae_Paper.pdf。

23 關於愛德華與猶太人，尤其是包括沙遜一家在內的猶太商人的關係，在安東尼・奧爾弗萊（Anthony Allfrey），《愛德華七世和他的猶太朝臣》（*Edward VII and His Jewish Court*. London: Weidenfeld and Nicholson, 1991）中有所描述。

24 奧爾弗萊，《愛德華七世和他的猶太朝臣》，頁48-59；傑克森，《沙遜家族》，頁67-73；羅斯，《沙遜王朝》，頁108-188。

25 喬治・斯莫利（George Washburn Smalley）等，《新統治時期的社會》（*Society in the New Reign*. London: Unwin, 1904），頁191。

26 羅姆尼伯爵（Earls of Romney）文件，1874、1875年（U1644/ESTAE/U1644/

（*Baghdadi Jews in India and China in the Nineteenth Century*），載於喬納森·高斯坦（Jonathan Goldstein）主編，《中國的猶太人》（*The Jews of China*. 1. Armonk, NY: M. E. Sharpe, 1990），頁141–156。

14 愛德華·勒費亞（Edward Le Fevour），《清末中國的西方企業：怡和洋行經營的選擇性調查》（*Western Enterprise in Late Ch'ing China: A Selective Survey of Jardine, Matheson and Company's Operations*. Cambridge, MA：Harvard East Asian Monographs, no. 26, 1968），頁13。勒費亞精采概述了怡和洋行在鴉片貿易中扮演的角色，為本章提供了基礎；另見馬克·尼可斯（Mark Nichols），《洋行之王：怡和洋行、香港與東方貿易》（*The Princely Hong: Jardine Matheson, Hong Kong, and Eastern Trade*），出自劍橋大學圖書館特展，1997年5月7日至7月24日。在英國劍橋大學圖書館的怡和檔案館中，可以看到怡和洋行與沙遜家族的早期關係，後者是從屬地位。例如1864年5月15日，怡和洋行在給沙遜洋行的信中，對運送「受損鴉片」的批評（JM/C14/10）；另見1854年10月20日的一份無標題文件，當中重述了某個關於運送三箱鴉片的案件中，法庭對沙遜洋行不利、對怡和洋行有利的判決（JM/F2342）。

15 關於怡和洋行與沙遜洋行之間鴉片貿易的競爭細節，摘自勒費亞，《清末中國的西方企業》，頁27-30；卡爾·特羅基（Carl Trocki），《鴉片、帝國與全球政治經濟》（*Opium, Empire and the Global Political Economy*. London and New York: Routledge, 1999），頁103-128；布里娜·古德曼（Bryna Goodman），《故鄉、城市與國家：上海的區域網絡與身分認同》（*Native Place, City, and Nation: Regional Networks and Identities in Shanghai, 1853-1937*. Berkeley: University of California Press, 1995），頁47-133。

16 古德曼，《故鄉、城市與國家》，頁68-72。

17 舉例來說，怡和洋行1873年9月19日的帳本顯示，怡和只往福州運送了十箱鴉片，相較之下，沙遜運到福州的鴉片有四十二箱。而且，此時福州倉庫裡已有兩箱怡和鴉片，但沙遜鴉片有兩百六十箱。帳本保存在劍橋大學圖書館怡和檔案館（JM/A8/119/3）；另見美琪·凱瑟克（Maggie Keswick）主編，《薊和玉：怡和洋行一百五十週年紀念文集》（*The Thistle and the Jade: A Celebration of 150 Years of Jardine, Matheson & Co*. London: Octopus Books, 1982），頁79；此外，細節也摘錄自勒費亞，《清末中國的西方企業》。

18 傑克森，《沙遜家族》，頁52-54。

Wasserstrom），《世界的上海，一八五〇至二〇一〇：碎片中的歷史》（*Global Shanghai, 1850-2010: A History in Fragments*. New York: Routledge, 2009），頁1-33；許舒（James W. Hayes），〈富饒與幸運：通商口岸時代之前的上海〉（*Fertile and Fortunate: Shanghai Before the Treaty Port Era*），載於《皇家亞洲學會香港分會學報》（*Journal of the Royal Asiatic Society Hong Kong Branch*. 48, 2008），頁175-203。

2 關於沙遜家族在上海早期活動的細節，引自傑克森，《沙遜家族》，頁31-48；羅斯，《沙遜王朝》，頁70-93；梅爾，《從巴比倫河到黃浦江》，頁1-16；〈沙遜家族〉（*The Sassoons*），此為與香港猶太教莉亞會堂展覽同時出版的手冊，無出版日期，副本由作者持有；喬治・泰柯爾，（George Thirkell），《班傑明・大衛・班傑明和沙遜洋行諸位先生們的離奇故事》（*Some Queer Stories of Benjamin David Benjamin and Messrs. E. D. Sassoon & Co*. Shanghai: Celestial Empire Office, 1888）。

3 參看《韋氏大辭典》。

4 沃瑟斯特，《世界的上海》，頁32。

5 傑克森，《沙遜家族》，頁23-24。

6 傑克森，《沙遜家族》，頁26-27。

7 《香港中外新聞報》（*The Daily Press*. August 30, 1861），納森・沙遜私人收藏，以色列耶路撒冷，作者持有副本。

8 這些信件以猶太阿拉伯方言寫成，現存於耶路撒冷希伯來大學。

9 傑克森，《沙遜家族》，頁30。

10 傑克森，《沙遜家族》，頁39。

11 關於伊利亞斯和阿卜杜拉之間的競爭細節，以及大衛去世後的結果，引自羅斯，《沙遜王朝》，頁95-107；傑克森，《沙遜家族》，頁40-48。

12 瓊安・羅蘭，《印度的猶太社群：殖民時代的身分認同》（*Jewish Communities of India: Identity in a Colonial Era*. London and New York: Routledge, 2018）。

13 傑克森，《沙遜家族》，頁45-48；羅蘭，〈十九世紀印度和中國的巴格達猶太人〉

7 約翰・達爾文（John Darwin），《帝國計畫：一八三〇至一九七〇年英國世界體系的興衰》（*The Empire Project: The Rise and Fall of the British World-System, 1830–1970*. New York: Cambridge University Press, 2009）。

8 傑克森，《沙遜家族》，頁19。

9 出自希伯來大學猶太史暨當代猶太人系教授、塞法迪猶太人及東方猶太人遺產研究中心主任亞隆・本奈（Yaron Ben-Naeh）訪談內容。本奈審閱了大衛・沙遜寫給家人的幾百封以猶太阿拉伯文書寫的信件。

10 傑克森，《沙遜家族》，頁19。

11 傑克森，《沙遜家族》，頁10。

12 傑克森，《沙遜家族》，頁20-22, 39-40。

13 傑克森，《沙遜家族》，頁333-334；梅爾，《從巴比倫河到黃浦江》，頁15-16。

14 出自皇帝致英王喬治三世的信件，許多地方都有轉載這封信，如https://sourcebooks.fordham.edu/mod/1793qianlong.asp。

15 海倫・羅賓斯（Helen Robbins），《我們的第一個駐中大使：馬戛爾尼伯爵喬治生平記述》（*Our First Ambassador to China: Account of the Life of George, Earl of Macartney-With Extracts from His Letters, and the Narrative of His Experiences in China, as Told by Himself*. London: John Murray, 1908），頁386。

16 梅爾《從巴比倫河到黃浦江》頁57-68；傑克森，《沙遜家族》，頁22-24。關於鴉片戰爭的精采概述，請參見藍詩玲（Julia Lovell），《鴉片戰爭：毒品、夢想和現代中國的形成》（*The Opium War: Drugs, Dreams and the Making of Modern China*. New York, NY: Overlook Press, 2015）。

17 傑克森，《沙遜家族》，頁35-36。

第二章　兒子們的江山，鴉片的帝國

1 沙遜家族抵達上海之前的生活細節，引自傑佛瑞・沃瑟斯特（Jeffrey N.

注釋

第一章　一家之長

1 史丹利・傑克森（Stanley Jackson），《沙遜家族》（*The Sassoons*. London: Heinemann, 1968），頁8。

2 描述巴格達豐富多彩的生活，見傑克森，《沙遜家族》，頁2-3；塞西爾・羅斯，（Cecil Roth），《沙遜王朝》（*The Sassoon Dynasty*. London: Robert Hale Limited, 1941），頁17-24。

3 關於沙遜家族在巴格達扮演的角色，以及大衛・沙遜在巴格達那段時間的細節描寫，引自傑克森，《沙遜家族》，頁1-9；羅斯，《沙遜王朝》，頁24-36；梅西・梅爾（Maisie J. Meyer），《從巴比倫河到黃浦江：塞法迪猶太人在上海的百年生活》（*From the Rivers of Babylon to the Whangpoo: A Century of Sephardi Jewish Life in Shanghai*. Lanham, New York: University Press of America, 2003），頁31-32。

4 傑克森，《沙遜家族》，頁8。

5 傑克森，《沙遜家族》，頁12-13

6 關於大衛・沙遜在孟買獲得成功的細節，引自傑克森，《沙遜家族》，頁17-22；羅斯，《沙遜王朝》，頁37-62；湯瑪斯・廷伯格（Thomas A. Timberg），〈印度港口城市的巴格達猶太人〉（*Baghdadi Jews in Indian Port Cities*），載於廷伯格主編，《印度的猶太人》（*Jews in India*. New York: Advent Books, 1986），頁273-281；瓊安・羅蘭（Joan Roland），《英屬印度的猶太人：殖民時代的身分認同》（*Jews in British India: Identity in a Colonial Era*. Hanover: Brandeis University Press/University Press of New England, 1989），頁14-57。

英文

十五劃

十六劃以上

十四劃

十三劃

十二劃

十一劃

十劃

九劃

八劃

七劃

六劃

五劃

四劃

索引

一劃

二劃

三劃

從上海到香港，最後的金融大帝

令中共忌憚，支配近代中國經濟 200 年的猶太勢力
【沙遜 & 嘉道理金融王朝】

The Last Kings of Shanghai: The Rival Jewish Dynasties that Helped Create Modern China.

作　　者：喬納森．考夫曼（Jonathan Kaufman）
譯　　者：王聖棻、魏婉琪

野人文化股份有限公司
社　　長：張瑩瑩｜總 編 輯：蔡麗真｜編　　輯：王智群、陳瑞瑤
行銷企畫：林麗紅｜專業校對：魏秋綢
封面設計：萬勝安｜內頁排版：藍天圖物宣字社

讀書共和國出版集團
社長：郭重興｜發行人兼出版總監：曾大福｜業務平臺總經理：李雪麗
業務平臺副總經理：李復民｜實體通路協理：林詩富｜網路暨海外通路協理：張鑫峰
特販通路協理：陳綺瑩｜印務：黃禮賢、李孟儒

出版 野人文化股份有限公司
發　　行：遠足文化事業股份有限公司
地址：231 新北市新店區民權路 108-2 號 9 樓
電話：（02）2218-1417　傳真：（02）8667-1065
電子信箱：service@bookrep.com.tw
網址：www.bookrep.com.tw
郵撥帳號：19504465 遠足文化事業股份有限公司
客服專線：0800-221-029

法律顧問：華洋法律事務所　蘇文生律師
印　　製：呈靖彩藝有限公司
初　　版：2021 年 5 月

ISBN 978-986-384-495-2（平裝）
ISBN 978-986-384-496-9（epub）
ISBN 978-986-384-497-6（pdf）

歡迎團體訂購，另有優惠，請洽業務部（02）22181417 分機 1124、1135

國家圖書館出版品預行編目（CIP）資料

從上海到香港，最後的金融大帝：令中共忌憚，支配近代中國經濟 200 年的猶太勢力（沙遜 & 嘉道理金融王朝）／喬納森．考夫曼（Jonathan Kaufman）著，王聖棻、魏婉琪譯——初版——新北市：野人文化股份有限公司出版：遠足文化事業股份有限公司發行，2021.05
320 面；17×23 公分——地球觀，62
譯自：The Last Kings of Shanghai: The Rival Jewish Dynasties that Helped Create Modern China.
1. 沙遜家族 2. 嘉道理家族 3. 傳記 4. 商業 5. 猶太民族
783.557　　110003510

從上海到香港，最後的金融大帝

野人文化
官方網頁

野人文化
讀者回函

線上讀者回函專用 QR CODE，你的寶貴意見，將是我們進步的最大動力。